# 행복산업

THE HAPPINESS INDUSTRY by William Davies
First published by Verso
© William Davies 2015
Korean translation copyright © 2015 Dongnyok Publishers

# 행복산업

자본과 정부는 우리에게 어떻게 행복을 팔아왔는가

**초판 1쇄 펴낸날** 2015년 7월 10일

**지은이** 윌리엄 데이비스
**옮긴이** 황성원
**펴낸이** 이건복
**펴낸곳** 도서출판 동녘

**전무** 정락윤
**주간** 곽종구
**책임편집** 이정신
**편집** 구형민 최미혜 박은영 이환희 사공영
**미술** 조하늘 고영선
**영업** 김진규 조현수
**관리** 서숙희 장하나

**교정·교열** 홍상희
**디자인** 맹스북스 스튜디오 김욱
**인쇄·제본** 영신사 **라미네이팅** 북웨어 **종이** 한서지업사

**등록** 제311-1980-01호 1980년 3월 25일
**주소** (413-120) 경기도 파주시 회동길 77-26
**전화** 영업 031-955-3000 편집 031-955-3005 **전송** 031-955-3009
**블로그** www.dongnyok.com **전자우편** editor@dongnyok.com

ISBN 978-89-7297-737-7 03300

•잘못 만들어진 책은 바꿔 드립니다.
•책값은 뒤표지에 쓰여 있습니다.
•이 도서의 국립중앙도서관 출판시도서목록(CIP)은 서지정보유통지원시스템 홈페이지 (http://seoji.nl.go.kr)와
  국가자료공동목록시스템(http://www.nl.go.kr/kolisnet)에서 이용하실 수 있습니다.(CIP제어번호: CIP2015017042)

자본과 정부는
우리에게 어떻게 행복을
팔아왔는가

# 행복
# 산업

윌리엄 데이비스 지음

황성원 옮김

동녘

일러두기

1. 맞춤법과 띄어쓰기는 '한글 맞춤법'에 따랐다.
2. 원서의 이탤릭체 강조는 굵게 강조했다.
3. 독자를 이해를 돕기 위해 옮긴이가 주를 단 경우 대괄호([])를 사용했다.
4. 본문에 사용한 기호의 쓰임새는 다음과 같다.
   《 》: 단행본, 잡지
   〈 〉: 논문, 영화명 등
5. 본문에 등장하는 책 제목은 국내에 번역 출간된 경우 번역된 제목을 따라 표기했다.

리디아에게

# 서문

1971년 창립 이후 매년 다보스에서 개최되는 세계경제포럼은 전 세계의 경제적 시대정신을 보여주는 유용한 지표 역할을 해왔다. 1월 말엽 며칠간 진행되는 이 회의에는 기업 임원, 고위 정치인, 비정부기구 대표, 경제문제에 관심을 가진 유명 인사들이 모여 세계경제가 당면한 주요 현안을 놓고 고민하는 한편 그 처리를 맡고 있는 의사 결정자들과 의견을 나눈다.

세계경제포럼이 아직 '유럽경영포럼'이라는 이름을 사용하던 1970년대에는 유럽의 생산성 증가율 급감이 주요 화두였다. 1980년대에는 시장규제 완화 문제에 정신이 팔려 있었다. 1990년대에는 혁신과 인터넷이 주목받았고, 세계경제에 활기가 돌던 2000년대 초에는 9.11 테러 이후 안보가 부각되면서 광범위한 '사회적' 문제에 관심을 보이기 시작했다. 2008년 금융권이 붕괴된 이후 5년간 다보스회의의 주된 관심사는, 어떻게 하면 과거의 화려한 모습을 다시 무대 위에 올릴 수 있을까에 대한 것이었다.

2014년 회의에는 잘못 찾아온 듯한 참가자 한 명이 억만장자와 톱스타, 국가원수 들과 어울리고 있었다. 바로 불교 승려였다. 매일 아침 회의 일정이 시작되기 각국 대표단은 이 승려와 명상을 하면서 긴장 이완 기법을 배우는 시간을 가졌다. "여러분은 여러분들이 가진 생각의 노예가 아닙니다." 붉은색과 노란색 법의를 갖춰 입은 그는 아이패드를 손에 쥐고 이렇게 말했다. "그냥 생각들을 가만히 바라보세요…. 풀밭에 앉아 양 떼를 지켜보는 목동처럼 말이죠."[1] 청중들의 영적 초원을 굽이굽이 흘러다니는 것은 십중팔구 귀국길에 장관에게 안겨줄 불법적인 선물과 주식 포트폴리오

6

에 대한 수백 가지 생각들이었으리라.

경쟁에 목을 매는 다보스 조직 위원들이 그냥 아무 승려나 데려왔을 리는 만무했다. 그는 엄청난 엘리트 승려였다. 마티유 리카르Matthieu Ricard라는 이름의 이 승려는 프랑스 출신의 전직 생물학자로, 알 만한 사람들은 아는 유명 인사에 가깝다. 달라이 라마의 저서를 프랑스어로 옮긴 번역자이자 행복을 주제로 테드TED 강연을 하기도 했다. '세계에서 가장 행복한 사람'이라는 명성 덕분에 리카르는 행복에 대한 강연자로서는 타의 추종을 불허하는 자격을 갖추었다. 그는 수년간 위스콘신 대학에서 수행하는 한 신경과학 연구에 참여한 적이 있었는데, 여러 수준의 행복이 뇌에 어떻게 새겨지고 시각화되는지 이해하려는 시도에서 이루어진 연구였다. 이 연구에서는 한 번에 3시간 동안 피실험자의 머리에 256개의 센서를 부착한 뒤 비참함(+0.3)에서 황홀경(-0.3) 사이의 눈금으로 등급을 매긴다. 리카르는 -0.45점을 받았다. 연구자들은 한 번도 접해본 적 없는 점수였다. 이제 리카르는 자신의 노트북 윗면에 이 점수표를 복사해서 붙여놓았다. 자랑스럽게도 그의 이름은 가장 행복한 자의 위치에 당당히 놓여 있다.[2]

리카르가 2014년 다보스 회의에 모습을 드러낸 것은 전반적인 관심의 초점이 과거와 달라졌음을 의미했다. 포럼에는 '마음챙김mindfulness'에 대한 이야기가 넘쳐났다. 긍정의 심리학, 불교, 인지 행동 치료, 신경과학의 원리들을 혼합해서 만든 긴장 이완 기법이었다. 2014년 회의에서 심신의 행복과 관련한 문제를 중점적으로 다룬 세션의 수는 스물다섯 개에 달했는데, 이는 2008년보다 두 배 이상 늘어난 숫자였다.[3]

'뇌를 다시 연결하기' 같은 세션에서는 참석자들에게 뇌의 기능을

7

향상시킬 수 있는 최신 기법을 소개했다. '건강이 재산이다' 세션에서는 향상된 충족감을 좀 더 친숙한 형태의 자본으로 변환할 수 있는 방법을 다루었다. 엄청나게 많은 전 세계 고위 정책 결정자들이 한자리에 모이는 유일무이한 기회라는 점을 고려했을 때, 이런 세션이 '마음을 더 잘 추스르고' 스트레스가 적은 생활양식을 지원하는 기기, 앱app, 조언들을 판매하는 기업들이 주도하는 거대한 마케팅 전시장과도 같은 모습이었던 것은 어쩌면 당연한 일인지도 모른다.

여기까지는 마음의 평화를 깰 정도는 아니다. 하지만 회의는 단순한 말에 그치지 않았다. 모든 대표단에게 몸에 부착할 수 있는 장치가 주어졌다. 이 장치를 부착한 사람의 최근 활동이 건강에 미치는 영향을 평가하여 그 내용을 스마트폰으로 꾸준히 보내주는 장치였다. 착용자가 충분히 걷지 않거나 잠을 잘 자지 못하면 이 평가 내용은 사용자에게 전달된다. 참석자들은 자신의 생활양식과 만족 상태에 대한 새로운 통찰을 얻을 수 있었다. 게다가 이를 통해 모든 행동을 심신에 미치는 영향을 기준으로 평가하는 미래의 모습을 살짝 엿볼 수도 있었다. 전통적으로는 실험실이나 병원 같은 전문적인 기관에서만 모을 수 있었던 형태의 지식을 개인이 나흘의 회의 동안 다보스를 어슬렁거리면서 모을 수 있게 된 것이다.

오늘날 전 세계 엘리트들이 관심을 갖는 것은 바로 이런 것들이다. 다양한 변장이 가능한 행복은 더 이상 돈을 버는 중차대한 사업에 있으면 좋고 없으면 그만인 장식품이 아니다. 죽치고 앉아서 자기가 먹을 빵을 직접 구울 시간적 여유가 충분한 사람들이나 끌어들이는 뉴에이지적 관심사도 아니다. 행복은 계산 가능하고, 눈으로 볼 수 있으며, 향상시킬 수 있는 실체로 이제는 전 세계 경제를 관리하는 요새까지 깊숙이 침투해 있다. 세계경제포럼이 어떤 안내자의 역할을 한다면, 그리고 과거에 항상 어느 정도 안내자의 역할을 했다고 볼 수 있다면, 성공적인 자본주의의 미래는 스트레스와 비참함, 질병을 물리치고 그 자리를 안락함과 행복, 건강으로 채우는 우리의 능력에 좌우될 것이다. 오늘날에는 이를 달성할 수 있는 기교와 척도와 기술이 마련되어 있고, 작업장, 번화가, 가정과 인체 등 곳곳을 침투한다.

이 의제는 스위스의 산꼭대기에만 머물지 않고 이미 멀리까지 확장되어 있다. 실제로 수년간 정책 입안가들과 경영자들은 그 유혹에 조금씩 넘어가는 중이다. 미국, 영국, 프랑스, 호주를 비롯한 전 세계 수많은 공식적인 통계 기관들은 오늘날 '국가 행복' 수준에 대한 정기 보고서를 발간한다. 캘리포니아 산타모니카 같은 개별 도시들은 국가 행복 보고서의 지역판에 투자한다.[4] 긍정심리학 운동은 무익한 생각과 기억을 차단하는 법을 배우는 등의 방식으로 사람들이 일상생활에서 자신의 행복을 증진시킬 수 있는 기법과 슬로건을 전파한다. 이런 방법 중 일부를 학교 커리큘럼에 포함시켜 아이들에게 행복을 훈련시키자는 생각은 이미 시험대에 올랐다.[5]

갈수록 많은 기업들이 '최고 행복 경영자chief happiness officer'를 채용하고, 구글Google은 마음챙김과 공감을 확산시키기 위해 사내에 '참 좋은 친구 jolly good fellow'를 두고 있다.[6] 전문적인 행복 컨설턴트들은 고용주에게는 직원들의 사기를 북돋는 방법에 대해, 실업자에게는 일에 대한 열정을 되찾는 법에 대해 그리고 (영국에서 이런 사례가 한 번 있었는데) 집에서 강제로 쫓겨난 사람에게는 감정을 다른 쪽으로 이동시키는 방법에 대해 조언한다.[7]

9

과학은 이 의제를 지원하는 방향으로 빠르게 발전하고 있다. 위스콘신의 연구자들이 마티유 리카르와 함께했던 것처럼 신경과학자들은 행복과 불행이 뇌에 어떻게 물리적으로 각인되어 있는지를 규명하는 한편, 노래 부르기나 녹색식물이 어째서 우리의 정신 건강을 증진시키는 것처럼 보이는지에 대한 신경학적 설명을 내놓기 위해 노력한다. 이들은 자극을 받으면 '더없는 행복'을 촉발하는 부위와 '고통 경감 스위치'처럼 긍정적인 감정과 부정적인 감정을 만들어내는 뇌의 정확한 부위를 찾아냈다고 주장한다.[8] 이 실험적인 '정량화된 자아' 운동 안에서, 개인이 일기와 스마트폰 앱을 통해 맞춤형 '기분 추적'을 수행하는 혁신이 일어나기도 했다.[9] 이 영역의 통계적 증거가 쌓이면서 '행복경제학'이라는 분야가 이 모든 새로운 데이터를 이용하여 성장했고, 어떤 지역과 생활양식, 고용 형태 혹은 소비 양식이 최고의 정신적 건강을 발생시키는지 세심한 그림을 만들어가는 중이다.

우리의 기대는 객관적이고 측정 가능하며 관리된 행복에 대한 이 같은 탐색에 전략적으로 쏠리고 있다. 전에는 '주관적'이라고 생각했던 기분의 문제에 대해 이제는 객관적인 데이터를 사용하여 답을 찾는다. 동시에 이 정신적 건강의 과학은 경제학적·의학적 전문 지식과 얽혀버렸다. 행복 연구가 갈수록 간학문적인 성격을 띠게 되면서 마음과 뇌, 신체와 경제활동에 대한 주장들은 철학적 문제에는 크게 관심을 두지 않은 채 서로 다른 것에 대한 주장으로 탈바꿈했고, 그 결과 일반적으로 최적화된 인간의 상태에 대한 단일한 지표가 불쑥 등장했다. 분명한 것은 행복과 관련한 사실을 만들어내는 기술을 가진 이들은 상당히 영향력 있는 자리에 있고, 권력자들은 이런 기술의 약속에 더욱 현혹되고 있다는 점이다.

행복에 반대할 수도 있을까? 철학자라면 이런 입장을 취하는 것이 타당한지의 여부를 논쟁거리로 삼을 수 있을 것이다. 아리스토텔레스 Aristoteles는 행복을 인류의 궁극적인 목표로 이해했다. 물론 이때의 행복이란 풍부하고도 윤리적인 의미에서의 행복이다. 하지만 모든 사람들이 이에 동의하지는 않을 것이다. 프리드리히 니체Friedrich Nietzsche는 "인간은 행복을 위해 노력하지 않는다. 행복을 위해 노력하는 사람은 영국인들뿐"이라고 했다.[10] 1990년대 이후로 긍정심리학과 행복 측정이 우리의 정치적·경제적 문화에 침투하면서 정책 입안가들과 경영자들이 행복과 건강 개념을 채택하는 방식을 불편해하는 사람들이 늘고 있다. 이들의 과학이 각자의 비참함을 개인의 탓으로 돌리고(또한 개인에게 해결을 맡기고) 그에 기여하는 맥락을 무시할 위험이 있기 때문이다.

이 책 또한 이러한 불편함을 상당 부분 공유한다. 우리가 개인적으로 경험하는 정신적·신경학적 조건들에 많은 관심을 쏟기 전에 지금 당장 처리해야 할 정치적·물질적 문제들이 산적해 있음을 부정할 수 없다. 게다가 세계경제포럼의 중진들이 대단한 열정을 가지고 어떤 의제를 포착했다면 일단 최소한 어느 정도는 의심을 할 수밖에 없다. 기분 추적 기술, 감정 분석 알고리즘, 스트레스 해소를 위한 명상 기법이 만들어진 것은 어떤 정치적·경제적 이익 때문이다. 이런 것들이 아리스토텔레스적 번영을 위해 우리에게 그저 선물로 주어지지는 않는다. 행복은 개인의 '선택'이라는 주문呪文만 되뇌는 긍정심리학으로는, 많은 이들이 소비주의와 자기중심성을 좇고 있음을 알면서도 거기서 벗어날 수 있는 출구를 마련하는 데 아무것도 할 수 없다.

하지만 이는 비판의 일부에 불과하다. 행복과학은 과거의 고통과 정치, 모순을 극복할 수 있는 참신한 시작을 알리는 완전히 새로운 것으로 포장되어 이데올로기적으로 기능하기도 한다. 21세기 초, 이러한 약속의 수단은 바로 뇌다. "과거에는 무엇이 사람들을 행복하게 만드는지에 대한 단서가 전혀 없었다. 하지만 이제 우리는 알고 있다"라는 식으로 이야기가 펼쳐진다. 주관적인 정서를 다루는 자연과학이 응용 가능한 형태로 확산되면서 이제 경영, 의학, 자조自助, 마케팅, 행동 변화 정책에 이것을 활용하지 않고는 배겨내지 못하는 상태가 될 것이다.

이런 심리학적 과열이 사실 이미 200년 전부터 진행되어 온 현상이라면 어떨까? 오늘날의 행복과학은 마음과 세상의 관계를 수학적으로 탐구할 수 있다고 가정하는 꾸준한 프로젝트의 최신판일 뿐이라면 어떨까? 이 책이 보여주고자 하는 것은 바로 이것이다. 프랑스대혁명 시절부터 현재까지(19세기 말에 특히 가속화되었다) 꾸준히 판매되어온 어떤 과학적 유토피아가 있다. 바로 인간의 감정을 다루는 적절한 과학이 있으면 도덕성과 정치의 핵심 문제들을 해결할 수 있으리라는 생각이다. 인간의 감정을 과학적으로 분류하는 방법은 분명 다양할 수 있다. 감정을 '감성적'이라고 볼 수도 있겠지만 '중립적인 것'이거나 '태도에 가까운 것', 혹은 '심리적인 것'이라고 볼 수도 있다. 하지만 주관적인 감정의 과학이 도덕적·정치적 행동 양식에 대한 답을 알려주는 궁극적인 방편으로 제시될 때 여기에는 어떤 패턴이 나타나게 된다.

이 같은 의제의 정신은 계몽주의에서 출발한다. 하지만 그것을 가장 잘 활용했던 이들은 많은 경우 사적 이윤을 위한 사회적 통제에 관심을 가진 사람들이었다. 이 불행한 모순 때문에 행복산업은 지금과 같은 방식으로 발전하게 되었다. 행복과학을 비판하면서 행복의 윤리적 가치를 폄하할 생각은 없다. 만성적인 불행 혹은 우울 때문에 힘겨워하는 사람들의 고통을 무시할 생각은 더더욱 없다. 이런 사람들이 행태 관리 혹은 인지 관리의 새로운 기법에서 도움을 얻고자 하는 것은 충분히 있을 수 있는 일이라고 생각한다. 내가 비판하고자 하는 것은 정부와 감시와 측정의 장치들 안에 희망과 즐거움이 갇혀버리는 것이다.

이런 정치적·역사적 관심은 수많은 다른 문제를 일으킨다. 마음을 기계적 대상으로 보든 유기적 대상으로 보든, 그 움직임과 병을 모니터하고 측정할 수 있다고 여기는 과학적 관점은 어쩌면 우리가 가진 문제에 대한 해법이라기보다는 그보다 더 뿌리 깊은 문화적 관념에 속할지도 모른다. 우리는 이미 우리의 감정과 행동을 주시하려는 여러 가지로 중첩되는, 때로 모순적인 노력들의 산물이라 할 수 있다. 19세기 말 이후로 광고업자, 인력 관리자, 정부, 제약회사들은 우리를 관찰하면서 유인책을 제시하고, 무언가를 넌지시 장려하고, 최적의 상태에서 활용하거나 심리적으로 매수해왔다. 어쩌면 지금 당장 우리에게 필요한 것은 더 많은, 혹은 더 좋은 행복과학이나 행태과학이 아니라 더 적은, 혹은 최소한 다른 행복과학이나 행태과학일 것이다. 과연 200년 뒤 역사학자들이 21세기 초를 돌아보면서 "아, 맞아. 그때가 바로 인간 행복에 대한 진실이 마침내 밝혀진 시기였지"라고 말하게 될 가능성이 얼마나 될까? 그리고 그런 가능성이 별로 없어 보인다면, 우리는 어째서 이런 이야기를 꾸준히 이어가려는 것일까? 이런 이야기는 권력자에게나 쓸모 있을 뿐인데 말이다.

13

그렇다면 오늘날 행복에 대한 정치적·산업적 관심이 폭증하는 것은 단순히 수사적인 유행에 불과할까? 윤리적·정치적 문제들을 수치적 계산으로 환원할 수 없음을 재발견하고 나면 이 유행은 알아서 소멸될까? 그럴 것 같지는 않다. 행복과학이 21세기 초에 갑자기 두각을 나타내게 된 데에는 사회학적 성질을 지닌 두 가지 중요한 원인이 있다. 그렇다 보니 정작 행복과학을 발전시킨 신경과학자, 심리학자, 경영인, 경제학자들은 이 원인들을 결코 직접적으로 해결하지 못한다.

첫 번째 원인은 자본주의의 본성과 관련된 것이다. 2014년 다보스 회의의 한 참석자는 어쩌면 자신도 모르게 상당한 진실이 담긴 말을 했다. "우리가 지금 해결하려고 애쓰는 문제들은 우리가 과거에 저질러 놓은 것들입니다."[11] 이는 하루 24시간 주 7일 노동 관행과 항상 켜져 있는 디지털 기기들 때문에 고위 경영자들이 스트레스에 시달린 나머지 이제는 그 결과를 감당하느라 명상을 해야 할 지경에 이르렀음을 토로하다가 나온 말이었다. 하지만 더 넓게는 후기 산업자본주의 문화에 똑같은 진단을 확장할 수 있다.

1960년대 이후로 서구 국가들은 (일과의 관계에서든, 브랜드와의 관계에서든, 우리 자신의 건강과 행복과의 관계에서든) 우리의 심리적·정서적 관계 맺음에 갈수록 의존하면서도 이를 유지하기가 점점 더 어려워지는 골치 아픈 문제에 시달렸다. 우울증과 심리적인 질병으로 종종 나타나는 사적 유리遊離의 형태는 개인의 고통에서 그치지 않고 정책 입안자들과 경영자들에게도 골칫거리가 되었으며 경제적인 비중도 커지고 있다. 하지만 사회 역학疫學의 근거 자료들은 불행과 우울증이 물질주의적 가치를 강하게 좇고 경쟁이 심하며

| 행복산업 |

고도로 불평등한 사회에 집중되어 있다는 암울한 사실을 보여준다.[12] 작업
장에서는 갈수록 공동체와 심리적 헌신을 강조하지만, 이는 원자화와 불안
정을 향해 치닫고 있는 장기적인 경제적 흐름과 배치된다. 우리의 경제모델
이 그것이 의지하는 심리적 속성들을 정확하게 저해하는 것이다.

그러니까 좀 더 일반적으로, 그리고 역사적으로 보자면 정부와 기업
들은 '지금 자신들이 해결하려고 하는 문제를 일으킨 장본인들'이라고 말
할 수 있다. 행복과학이 지금과 같은 영향력을 손에 넣게 된 것은 장기적
인 해법을 내놓을 수 있다는 약속 때문이다. 무엇보다 행복경제학자들은
비참함과 소외 같은 문제에 금전적인 가격을 매긴다. 가령 여론조사 기업
인 갤럽Gallup은 노동자들의 불행은 생산성 손실, 세수 감소, 보건 비용 등
의 형태로 매년 미국 경제에서 5,000억 달러의 손실을 유발한다고 추정했
다.[13] 덕분에 우리의 감정과 행복 상태는 이제 폭넓은 경제적 효율성을 계
산할 때 함께 고려된다. 계산이 끝나면 긍정심리학과 관련 기법들이 사람
들의 에너지와 동력을 북돋기 위해 발 벗고 나선다. 이 속에는 심각한 정치
적·경제적 문제들을 마주하지 않고도 오늘날의 정치 경제가 안고 있는 근
본적인 결함을 극복할 수 있을지 모른다는 희망이 숨어 있다. 심리학은 사
회가 현실을 외면하는 방편으로 사용될 때가 많다.

행복에 대한 관심이 폭증하는 두 번째 구조적인 이유는 첫 번째 이
유보다 더 심란한데, 이는 기술과 관련되어 있다. 최근까지 다른 사람의 기
분을 파악하거나 조작하려는 대부분의 과학적 시도는 심리학 실험실이나
병원, 작업장, 포커스 그룹[여론조사 등을 위해 각 계층을 대표하도록 뽑은 소수의 사람들
로 이루어진 집단] 등과 같이 비교적 공식적인 식별이 가능한 기관에서 진행되

15

었다. 하지만 이제는 더 이상 그러지 않는다. 2014년 7월 페이스북Facebook은 뉴스피드를 조작하는 방식으로 이용자 수십만 명의 기분을 어떻게 성공적으로 바꿔 놓았는지를 세세하게 설명한 학술 논문을 발표했다.[14] 어떻게 이런 조작을 당사자도 모르게 할 수 있냐는 항의가 빗발쳤다. 하지만 사태가 진정 국면에 접어들자 분노는 걱정으로 바뀌었다. 과연 앞으로도 페이스북이 굳이 성가시게 이런 논문을 발표할까? 아니면 어떻게든 그냥 실험을 하고 나서 그 결과를 내부적으로 간직하기만 할까?

우리의 기분과 감정을 모니터링하는 것은 점점 물리적 환경의 한 기능이 되어가고 있다. 2014년 브리티시 에어라인British Airline은 신경 모니터링을 통해 승객들의 만족도를 보여주는 '행복 담요'라는 것을 시험했다. 승객들이 안락함을 느끼면 담요는 빨간색에서 파란색으로 바뀌고, 이는 항공사 직원들에게 승객 서비스가 양호한 상태임을 알려준다. 손목시계부터 스마트폰, 음료가 건강에 미치는 영향을 모니터하는 '스마트' 컵 베실Vessyl에 이르기까지, 행복 상태를 측정하고 분석하는 다양한 종류의 소비자 기술들이 이미 시장에 나와 있다.

시장에 우호적인 신자유주의의 기본적인 주장 중 하나는 이런 기술들이 거대한 감각 기기처럼 기능하여 수백만 명의 개별적인 욕망과 의견, 가치관을 포착하고 이를 돈으로 바꿔줄 수 있다는 것이다.[15] 어쩌면 우리는 이제 시장이 더 이상 이처럼 대중들의 정서를 포착하는 주요 수단이 되지 못하는 새로운 후기 신자유주의 시대의 출발점에 서 있는지도 모른다. 행복을 모니터링하는 도구들이 우리 일상생활에서 한번 넘쳐나기 시작하면 실시간으로 감정을 수치화할 수 있는 여러 방법들이 나타나 시장보다 훨씬 빨리 우리의 삶에 침투할 수도 있다.

전통적으로 자유주의적 입장에서는 프라이버시를 보안과 함께 짝을 이루는 것으로 바라본다. 하지만 오늘날에는 우리의 건강과 행복, 만족감이나 감각적 즐거움을 향상시킨다는 명목으로 거대한 규모의 감시가 이루어지고 있다. 그 이면의 동기가 무엇인지를 떠나서, 만일 우리가 우리의 삶이 전문적으로 관리되는 정도에 한계가 있어야 한다고 믿는다면 우리가 추구해야 할 심리적·육체적 긍정성의 정도에도 한계가 있어야 할 것이다. 거미줄처럼 곳곳에 뻗어 있는 감시를 비판하려면 이제는 건강과 행복, 풍요를 조금 포기할 위험을 무릅쓰고라도 행복의 극대화를 함께 비판해야 한다.

이런 추세가 역사적이며 사회학적인 문제임을 이해한다고 해서 어떻게 여기에 저항하거나 이를 전복할 수 있는지가 저절로 밝혀지는 것은 아니다. 하지만 이렇게 이해했을 때 한 가지 커다란 해방적 장점이 있다. 바로 우리의 비판적 관심을 우리의 감정이나 뇌, 행동을 겨냥해 안으로 향하게 하는 대신 이 세상을 향해 밖으로 발산할 수 있다는 점이다. 우울증은 '내부를 향한 분노'라는 말이 있듯이, 행복과학 또한 많은 경우 '내부를 향한 비판'이다. 긍정심리학자들은 주위에 있는 세상을 '알아차리라'고 격려하지만 그 이상으로 나아가진 않는다. 주관적인 감정의 양에 대한 과도한 집착은 더 넓은 정치적·경제적 문제들에 대한 비판적 관심을 분산시킬 뿐이다. 이제는 우리가 가진 감정을 변화시키려고 애쓰기보다는 안으로 향하던 비판의 날을 다시 밖으로 돌려야 할 때다. 이를 위해 먼저 행복 측정의 역사를 회의적인 시각으로 바라볼 필요가 있다.

# 차례

서문 ——————————— 6

1. 네 감정을 알라 ——————————— 20
2. 쾌락의 가격 ——————————— 51
3. 구매 의향 ——————————— 83
4. 심신이 통합된 노동자 ——————————— 122
5. 권위의 위기 ——————————— 159
6. 사회적 최적화 ——————————— 207
7. 실험실에서 산다는 것 ——————————— 247
8. 비판적인 동물 ——————————— 280

감사의 말 ——————————— 316
옮긴이의 말 ——————————— 319
주註 ——————————— 322

# 1.

# 네
# 감정을
# 알라

런던 홀번의 하퍼스 커피숍에 앉아 있던 제러미 벤담Jeremy Bentham은 "유레카!" 하고 외쳤다. 이 외침은 목욕 중이던 아르키메데스가 지금까지도 인구에 회자되는 외침을 남겼을 때처럼 내부에서 솟구친 지적 영감 때문이 아니었다. 영국의 종교개혁가이자 과학자인 조셉 프리스틀리Joseph Priestley가 쓴《정부에 대한 에세이Essay on Government》라는 책의 한 구절 때문이었다.

모든 국가의 구성원, 그러니까 구성원 다수의 선善과 행복은 해당 국가와 관련한 모든 것을 최종적으로 판단할 수 있는 중요한 기준이다.

당시 벤담은 열여덟 살, 1766년의 일이었다. 이후 60년간 벤담은 프리스틀리의 통찰력을 받아들여 이를 정부에 대한 폭넓고 엄청나게 영향력 있는 원칙인 공리주의로 탈바꿈시켰다. 공리주의는 올바른 행동이란 인구 전체를 위해 최대의 행복을 만들어내는 것이라는 입장의 이론이다.

벤담이 '유레카'를 외친 계기가 위대한 지적 독창성 때문이 아니었다는 사실에 주목할 필요가 있다. 그는 자신이 대단한 철학적 선구자라고 주장하지도 않았다. 벤담은 프리스틀리의 영향을 받았을 뿐만 아니라 인간 본성과 동기부여에 대한 자신의 설명 중 많은 부분을 스코틀랜드의 철학자 데이비드 흄David Hume에게서 가져왔다고 흔쾌히 인정했다.[1] 그는 새로운 이론이나 중량감 있는 철학서를 쓰는 데는 별 관심이 없었고, 글쓰기에서 큰 재미를 얻지 못했다. 벤담은 인류를 정치적 혹은 사회적으로 발전시키는 것과 관련한 일체의 사상이나 텍스트가 목표를 너무 낮게 잡았다고 생각했다. 단순히 '최대 다수의 최대 행복'이 정치학과 윤리학의 목표가 되어야 함을 믿는 것만으로는 큰 의미가 없다. 이 믿음을 정치의 기초 원리로 전환시키기 위해 일단의 수단과 기교, 기법을 고안해야 한다는 것이 벤담의 생각이었다.

벤담은 추상적인 사상가라기보다는 반은 철학자요 반은 기술자였다고 봐야 한다. 다음과 같은 여러 가지 모순들이 이를 뒷받침한다. 그는 지식인이었지만 지성주의에 대한 영국인 특유의 혐오감이 있었다. 법 이론가였지만 법의 근거는 많은 경우 그저 헛소리일 뿐이라고 믿었다. 계몽주의적 낙관론자이자 근대인이었지만 인간의 생득권이나 자유 같은 개념을 비웃었다. 쾌락주의를 지지했지만 모든 쾌락은 신경학적으로 설명할 수 있다고 주장했다. 그의 사람됨에 대한 평가는 분분한데, 대단히 따뜻하고 겸손한 사람이라는 평가가 있는 반면 자존심이 강하고 오만하다는 평가도 있다.

아버지와의 관계는 벤담에게 상당한 고통의 근원이었다. 어린 시절 벤담은 약하고 수줍음이 많으며 때로 불행한 아이였는데, 다섯 살 때부터 고집스럽게 라틴어와 그리스어를 가르친 아버지의 위협에 못 이겨 신동이라는 지위에 이르게 된 것으로 보인다. 벤담은 웨스트민스터 학교에 다녔지만, 거기서 가장 작은 아이라는 사실이 그를 비참하게 만들었다. 열두 살에 옥스퍼드에 들어가 화학과 생물학에 매료되었다. 하지만 대학에 다니면서 벤담은 훨씬 불행해졌다. 그는 자신의 방에 작은 화학 실험실을 차려 놓고 10대 내내 좋아했던 자연과학에 흠뻑 빠져 지냈다. 권위적인 아버지만 아니었다면 이런 경험은 분명 자로 잰 듯 엄밀한 것을 좋아하는 그의 정신이 추구하던 지적 충족감을 안겨주었을 것이다. 하지만 변호사였던 벤담의 아버지는 아들이 자신의 전철을 밟아 근근한 수입을 유지해야 한다는 뜻

을 굽히지 않았다. 압력에 굴복한 그는 런던의 링컨스 인 법학원에서 변호
사가 되었다.

벤담은 법을 다루는 일에서 행복을 느끼지 못했고, 끊이지 않는 아
버지의 영향력도 그를 비참하게 만들었다. 수줍음을 타는 성격 때문에 법
정에 서서 발언을 해야 하는 것이 죽을 맛이었다. 어쩌면 그때까지도 자기
가 손수 만든 화학 실험실을 그리워했는지 모른다. 그는 당연하게도 정서적
이고 성적인 친밀감을 갈망했지만, 20대 초반 그가 사랑에 빠졌을 때 역시
아버지가 훼방을 놓았다. 문제의 여성이 충분히 부유하지 않다는 것이 훼
방의 이유였다. 사랑과 돈 사이의 갈등에서 결국 측량 가능한 것이 측량 불
가능한 것을 좌절시켰다. 이런 벤담은 훗날 동성애에 대한 관용을 포함하
여 성적인 자유를 적극적으로 지지하게 된다. 그는 성적인 자유가 인간의
쾌락을 극대화하는 데 없어서는 안 될 요소라고 보았다.[2]

링컨스 인 법학원에서 시작된 그의 경력은 언제나 직업과 도덕에 대
한 아버지의 명령과, 그의 내부에서 꿈틀대는 과학적·철학적 충동 간의 타
협이었다. 사실 그는 법이라는 분야에서 결국 이름을 날리게 되었지만 결
코 아버지가 의도했던 대로는 아니었다. 그는 법을 비판하고, 그 언어를 조
롱하며, 더 합리적인 대안을 요구하고, 정부가 추상적이고 도덕적인 원칙들
이라는 철학적 헛소리에서 빠져나올 수 있는 정책과 도구를 고안하는 데
착수했다. 이런 입장으로는 돈을 벌 수 없었기 때문에 벤담은 끝까지 아버
지가 주는 용돈에 재정적으로 의존해야 했고, 아버지는 실패한 변호사 아
들에 대한 실망을 거두지 못했다.

기술자 벤담이 철학자 벤담을 무색하게 만든 시절도 있었다. 1790년

23

대에 그는 요즘 식으로 하면 공공 부문 경영 컨설턴트에 가까운 활동을 하고 있었다. 이 시기 많은 시간을 국가의 효율성과 합리성 개선에 도움이 될 만한 진기한 제도와 기술들을 고안하는 데 할애했다. 그는 '대화관對話管'이라는 것을 통해 정부의 여러 부처들을 연결하여 소통을 개선하자는 내용의 편지를 내무부에 보내기도 했다. 음식을 신선하게 보존하는 장치인 '프리드가리움fridgarium'을 설계하기도 했다. 그리고 위조 불가능한 은행권을 찍어낼 수 있는 인쇄기의 청사진을 편지에 동봉하여 잉글랜드 은행에 보낸 일도 있었다.

이런 공학자적 소명 의식은 더 합리적인 형태의 정치에 대한 그의 관점에 없어서는 안 되는 것이었다. '파놉티콘Panopticon' 감옥 같은 벤담의 유명한 정책 제안들은 많은 경우 이런 소명 의식에서 비롯되었다. 파놉티콘 감옥은 1790년대에 잉글랜드 법으로 승인되기 직전까지 갔다가 무산되었다. 1770년대 말에는 처벌에 대한 글을 쓰기 시작했는데, 처벌이 쾌락을 추구하고 고통을 피하려는 인간의 타고난 심리적 성향을 제대로 겨누기만 한다면 인간의 행동에 영향을 미칠 수 있는 합리적인 수단이 될 수 있을 것으로 보았던 것이다. 이는 결코 단순한 학술적 혹은 이론적 문제가 아니었다. 이와 관련한 그의 저술들은 몇 년이 지난 뒤에야 발표되었다. 그의 목표는 언제나 공공 정책을 개혁하는 것이었다. 하지만 이를 위해서는 인간 심리의 본성을 더 깊이 있게 들여다볼 필요가 있다.

## 행복의 과학

벤담은 법률 체계를 맹렬히 비판하는 입장이었지만, 그렇다고 다른 곳에서 분출하던 급진적이고 혁명적인 운동에 공감하는 것도 아니었다. 프랑스와 미국의 혁명가들이 부르짖던 정치적 주장에 벤담은 콧방귀를 뀔 뿐이었다. "자연권은 다 헛소리다. 날 때부터 주어진 불가침의 권리라니, 수사적인 헛소리, 개가 풀 뜯어 먹는 소리나 다를 바 없다."[3] 벤담은 토머스 페인Thomas Paine 같은 급진적인 철학자들이 자연권 같은 개념을 전개할 때 군주나 종교 지도자들이 자신의 행동은 신 혹은 마법의 승인을 받았다고 주장할 때 범하는 것과 동일한 실수를 저지른다고 생각했다. 바로 실체가 없는 것에 대해 말한다는 것이다.

벤담의 대안은 정치적·법적 의사 결정 시 확실한 경험 데이터를 근거로 삼자는 것이었다. 이런 점에서 그는 정부의 개입 행위에서 일체의 도덕적 혹은 이데올로기적 원칙들을 일소하고 순수하게 사실과 수치의 안내를 받을 수 있다고 바라보는 '경험 기반 정책 결정'의 창시자였다. 오늘날 어떤 정책에 대해 측정 가능한 결과를 중심으로 평가하거나 비용 편익 분석을 가지고 그 효율성을 평가하는 경우 역시 벤담의 영향력이 미친 결과라 할 수 있다.

벤담의 관점에서 자연과학의 위대한 진보는 언어의 의미 없는 사용을 피하는 능력에서 비롯된다. 정치학과 법은 이 교훈을 새겨야 한다. 벤담이 보기에 모든 명사名辭는 '실체가 있는 것'을 가리킬 수도 있지만 '허구적인 것'을 가리킬 수노 있다. 하지만 우리는 종종 이 차이를 의식하지 못한

**1. 네 감정을 알라**

다. '선함', '의무', '존재', '마음', '정正', '사邪', '권위', '대의' 같은 단어들은 우리에게 의미 있는 것일 수 있고, 따라서 이런 단어들이 철학적 담론들을 지배하게 되었다. 하지만 벤담은 이런 단어들은 사실상 그 어떤 것도 지칭하지 않는다고 생각했다. "추상적인 진술일수록 오류일 가능성이 더 크다"라는 것이 벤담의 주장이다.[4] 문제는 우리가 이런 추상적인 진술들과 현실을 종종 혼동한다는 데 있다.

반면 자연과학의 언어는 형태가 있는 물리적 사물과의 관계 속에 조직되어 있어서 모든 단어에는 그에 해당하는 사물이 하나씩 존재한다. 하지만 어떻게 정부나 법을 이런 식으로 조직할 수 있을까? 화학자가 특정 화합물에 이름을 붙이는 것과 판사나 정부 관료가 자신들에게 필요한 어휘의 사용법을 훈련하는 것은 분명 다른 문제다. 정치를 구성하는 물리적 사물은 무엇일까? 정치가 더 이상 '정의'나 '신성한 권리' 같은 추상적인 문제에 관계하지 않는다면 어떤 것에 관심을 둬야 할까?

벤담의 답은 행복이었다. 여기서는 이것이 '실제적인 것'에 뿌리를 두고 있다는 전제가 있다. 하지만 어떻게 가능한가? '행복'이라는 단어가 어떻게 '미덕' 같은 단어보다 허구적이지 않단 말인가? 이 답을 찾기 위해 벤담은 자연주의적 주장으로 돌아갔다. "자연[본성]은 인간이 고통과 쾌락이라는 두 군주의 지배를 받도록 했다." 그리고 이것은 사실로 드러났다. 행복 그 자체는 객관적이고 물리적인 현상이 아닐 수 있지만, 탄탄한 생리학적 기초가 있는 다양한 쾌락의 원천을 통해 발생하기 때문이다.

우리 마음에서 발생하는 다른 많은 현상들과는 다르게 행복은 실제적이고 객관적인 것에 의해 촉발된다. 이는 우리가 다른 동물들과 마찬가지로 욕구와 공포를 가진 생물학적이고 생리학적인 존재임을 상기시켜준다. 사실상 다른 모든 철학적 범주에 대해서는 그러지 못해도 행복에 대해서는 과학적인 접근을 취할 수 있다. 이런 종류의 과학을 추구할 경우 정부는 정책과 법을 설계하기 위한 완전히 새로운 기초를 마련할 수 있고, 이를 통해 오직 현실적인 혹은 합리적인 의미에서 인류의 행복을 증진할 수 있다.

정치에 대한 이 같은 심리학적 이론에서 벤담 자신의 인생 경험을 추적하는 것도 가능하다. 이 이론은 기본적으로 비극적인 전제 위에 서 있는데, 이는 저자 자신의 불행과도 연결되어 있다. 벤담은 모든 인간은 고통을 느끼는 능력을 공통적으로 지니고 있다고 생각했다. 따라서 낙관주의는 고통을 덜고 쾌락을 증진시키는 쪽으로 국가의 방향을 완전히 재조정하는 속에서만 싹틀 수 있다고 보았다. 벤담은 보기 드물게 이해심 있고, 종종 잘못에 대해서도 관대했던 것으로 알려져 있다. 다른 사람의 불행에 크게 반응하는 예민한 성격이었던 것이다. 도덕철학으로서 공리주의가 가진 최대의 미덕 가운데 하나는 바로 이 같은 공감의 측면, 즉 다른 사람들의 행복을 우리 자신의 행복만큼 진지하게 여겨야 한다는 믿음이다. 고통을 느낄 수 있는 종은 인간만이 아니라는 점에서 많은 공리주의자들은 이를 동물로 확장시키기도 한다.

인간의 심리 이면에 있는 동기를 더 잘 이해하게 되면 정책 입안가들은 인간의 활동을 모두가 최대의 행복을 느낄 수 있는 방향으로 전환시킬 수 있을지 모른다. 벤담이 그렇게 많은 시간과 에너지를 처벌의 문제에 쏟았던 것은 개별 활동을 죄적의 방향으로 조정할 때 입법가들이 사용할

27

수 있는 가장 효과적인 도구가 처벌이라고 생각했기 때문이다. 그는 '정부의 일은 처벌과 보상을 통해 사회의 행복을 증진시키는 것'이라고 주장했다.[6] 벤담이 열렬히 지지했던 자유 시장이 바로 이런 정부의 일 중에서 보상을 맡고, 국가는 처벌을 책임진다. 육체나 정신을 통해 사람에게 고통을 가하는 것은 정치를 형태가 있는 실체의 영역으로 보내는 행위이자, 언어의 환영幻影으로 이루어진 세상을 벗어나는 길이었다. 계몽주의적 낙관론과 비교했을 때 벤담의 관점은 더 어두운 날을 세우고 있었던 것이다.

벤담이 육체적 고통의 외면할 수 없는 실체를 강조했던 것과 언어를 불신했던 것은 상호 강화의 관계에 있다고 볼 수 있다. 문화사학자인 조안나 버크Joanna Bourke는 18세기 이후 이어진 언어와 고통 간의 껄끄러운 관계를 강조한다.[7] 고통은 그 어떤 말로도 표현할 수 없는 것처럼 보이기도 하고, 말없이 경험해야 하는 금기의 주제로 다뤄지기도 한다. 누군가 고통을 표현할 경우, 특히 평소 그 사람의 평판이 양호하지 않은 경우, 고통을 과장한다거나 잘못 표현하고 있다고 치부하는 일은 상당히 오래전부터 비일비재했다. 여기에는 벤담이 그랬듯 적합한 단어가 있거나 고통을 당하는 사람에게 능력만 있다면 고통에 재현 가능한 객관적인 실체가 있다는 가정이 있다. 이로써 고통을 당하는 사람 자신은 그렇게 하지 못한다는 전제하에 전문가들이 이 실체를 파악하거나 묘사할 길이 열리게 되었고, 말로는 표현할 수 없다는 전제하에 숫자를 가지고 이런 감정들을 재현하게 되었다.

따라서 행복과학은 합리적인 형태의 정치와 법을 쟁취하는 데 있어서 대단히 중요한 요소였다. 이 행복과학을 이용하면 모두에게 가장 이로운 목표로 행동을 전환시킬 수 있다. 그리고 정부가 과학적으로 운영되면 행복과학을 가지고 여러 개입 활동이 개인의 선택에 어떻게 영향을 미칠지 예측할 수도 있게 된다. 이때 행복은 어떤 초현실적이거나 형이상학적인 의미의 행복도, 아리스토텔레스가 이해한 것과 같은 윤리적 의미의 행복도 아니었다. 여기서 행복은 인체에서 일어나는 육체적인 사건이라는 의미에서의 행복이었다. 심리학을 생물학적 과정으로 환원시키는 이 작업의 완결판인 현대의 신경과학은 우리가 가진 모든 정치·도덕 문제에 대한 답을 벤담에서 찾았는지도 모른다. 역으로 뇌와 행태에 대한 최근의 엄청난 과학적 관심은 상당 부분 벤담의 가정에 기반한다.

2014년 코넬의 한 연구자 집단이 발표한 신경과학 연구는 이를 잘 보여준다. 이 연구자들은 신경과학의 '마지막 개척지', 즉 내밀한 감정의 비밀을 파헤쳤다면서 인간의 뇌가 모든 즐거움과 고통을 다루는 '암호'를 풀었다고 주장했다. 주 저자는 이렇게 설명했다.

> 인간의 뇌는 쾌에서 불쾌, 좋은 감정에서 나쁜 감정으로 이어지는 원자가原子價 스펙트럼 전체에 대해 특별한 암호를 만들어내는 것으로 보인다. 신경세포 군집이 한쪽으로 기울어지면 긍정적인 감정을, 다른 쪽으로 기울어지면 부정적인 감정을 나타낸다는 점에서 이 원자가 스펙트럼을 '신경 원자가 계량기'처럼 생각할 수 있다.[8]

쾌락과 고통이 물리적으로 어떻게 작동하는가에 대한 이 같은 설명은 앞서 벤담이 전제했던 바와 일맥상통하며, 신경과학이 그 주창자들의 문화적 전제에서 벗어나기는 할 수 있는지 의문을 제기한다. 측정 도구로 무장한 과학자들이 인체 장기 역시 측정 도구들로 무장되어 있음을 발견했다는 것은 아무리 좋게 봐도 우연의 일치일 뿐이다.

위 연구는 공리주의에서 가장 논란이 많은 지점에 속하는, 다양한 형태의 인간 경험을 모두 하나의 잣대로 평가할 수 있는가의 문제를 건드린다. 코넬의 신경과학자들은 분명 그렇게 할 수 있다고 믿고 있다. "당신과 내가 고급 와인을 마시거나 일몰을 감상하면서 비슷한 쾌락을 느낀다면, 그것은 안와 전두 피질에서 미세한 패턴을 그리는 활동들이 공통적으로 일어나고 있기 때문이다." 고급 와인이나 일몰의 경우라면 이런 식의 믿음은 상대적으로 순수하다. 하지만 심오한 사랑의 경험이나 예술적인 아름다움이 마약 복용이나 쇼핑 같은 더 저급한 경험과 등치될 경우에는, 모든 쾌락은 안와 전두 피질에서 동일한 방식으로 산출된다는 주장이 그리 탐탁지만은 않게 된다.

철학자들은 모든 쾌락과 고통을 단일한 잣대로 평가할 수 있다고 보는 이 같은 입장을 '일원론'이라고 부른다. 벤담은 탁월한 일원론자였다.[9] 벤담은 우리가 다양한 단어를 가지고 갖가지 다른 행복과 만족감에 대해 이야기한다는 사실을 부정하진 못했지만, 이 모든 유형들의 객관적인 기초는 항상 동일하다고 보았다. 즉, 모든 행복의 객관적인 기초는 육체적 쾌락이라는 것이다. 우리는 태생적으로 "이득, 혜택, 쾌락, 선이나 행복"을 추구하는데, "이 모든 것의 궁극적인 수렴 지점은 동일하다".[10] 마찬가지로 통증이라는 육체적 경험에 뿌리를 두고 있는 고통은 양적으로는 다양하지만 질적으로는 차이가 없는 어떤 실체를 의미한다.

'좋고' '싫은' 모든 경험과 실천의 근간에 단일하고 최종적이며 육체적인 감각이 있다는 주장을 일단 수용하고 나면, 이 감각은 오직 양적인 차이만을 갖게 된다. 벤담은 이 문제에 대해 과학적 연구를 한 적이 전혀 없었지만, 쾌락이 양에 따라 어떻게 달라질 수 있는지를 세세하게 보여주는 심리학 모델을 제안했다. 이 주제에 대한 벤담의 가장 유명한 글 〈도덕과 입법의 원리 서설Introduction to the principles of morals and legislation〉에서 그는 쾌락과 관련한 여러 범주 가운데 일곱 가지를 제안했는데, 양적인 측면에서 파악하기 쉬운 것들이 대부분이다.¹¹ 먼저 쾌락의 '지속 기간'은 상대적으로 분명한 양적 범주다. 미래 쾌락의 '확실성'은 요즘에는 수학적인 위험 모델링에 적용시킬 수 있다고 간주할 만한 것이다. 어떤 행위에 영향을 받는 인구의 '크기' 역시 간단한 양적 척도에 해당한다.

[하지만] 벤담의 야심 찬 과업 전반에는 큰 과학적 걸림돌이 있었으니 그것은 바로 특수한 변화의 한 범주인 '강도強度'였다. 과학자나 입법자, 처벌자나 정책 입안가는 특정한 쾌락이나 고통이 얼마나 강한지 어떻게 파악할 수 있을까? 물론 자신의 경험을 근거로 알아낼 수도 있지만, 이것을 대단히 과학적인 방법이라고 보기는 어렵다. 다른 사람에게 언어를 가지고 자신들이 겪은 쾌락이나 고통을 설명하라고 요구할 수도 있다. 하지만 공리주의자라면 철학적 언어라는 거울의 방으로, 우리가 보통 인간의 특징으로 묘사하는 '소리의 폭정' 속으로 끌려들어가지 않으려 할 것이다. 다양한 쾌락과 고통의 강도를 측정하는 것은 벤담의 프로젝트가 발판으로 삼을 수도 있지만 발을 헛디뎌 추락할 수도 있는 기술적인 과제였던 것이다.

**1. 네 감정을 알라**

## 어떻게 측정할 것인가?

18세기는 측정 도구 개발에서 엄청난 독창성을 뽐낸 시대였다. 1724년에는 온도계가, 1757년에는 (항성을 비롯한 모든 눈에 보이는 물체들 간의 각도를 측정하는) 육분의六分儀가, 1761년에는 항해용 시계가 탄생했다. 새로운 측정 도구와 표준의 도입은 1790년대 프랑스혁명가들이 일궈낸 최초의 업적 중 하나였다. 이는 파리의 국가 기록관 보관실 한켠을 차지하고 있는, 백금으로 된 표준 미터원기原器인 **메트르 데 아르시브**mètre des archives의 선포와 관련되어 있었다.

믿을 만한 표준화 측정 수단의 필요성은 계몽주의의 핵심과 맞닿아 있는데, 이 계몽주의의 전성기는 공교롭게도 벤담이 경력을 쌓아가던 전반기와 일치한다. 1784년 임마누엘 칸트Immanuel Kant의 정의에 따르면 계몽주의는 인류가 '스스로 초래한 미성숙함'에서 벗어나려 함을 의미했다. "[여기서] 미성숙함이란 다른 무언가의 안내를 받아야만 자신이 가진 이해력을 사용할 수 있는 상태를 말한다."[12] 종교적·정치적 권위체가 진실과 거짓, 옳고 그름을 결정하도록 맡겨두었던 이전 세대와는 달리, '성숙'하고 계몽된 시민들은 자신의 판단 외에는 그 어떤 것에도 의지하지 않으려는 경향을 보였다. 칸트의 제언에 따르면 계몽주의의 모토는 **사파레 아우데**sapare aude, 즉 '감히 알려 하다'였다. 비판적인 개인의 정신만이 권위 있는 진실의 지표였다. 하지만 이 때문에 모든 사람이 똑같은 비교의 척도를 사용하는 것이 그만큼 중요했다. 그러지 않을 경우 이 모든 기획은 주관적 관점들의 상대주의적인 주절거림으로 전락할 수 있기 때문이다.

벤담은 정치와 처벌, 법의 작동을 이와 유사한 과학적·회의적 시각으로 바라보고자 했다. 정의正義나 공통의 가치에 대한 무조건적인 신념 대신 무엇이 사람들을 더 행복하게 만들지 알아내야 하고, 만인의 감정을 등가의 것으로 다뤄야 한다는 것이 벤담의 주장이었다. 그는 이와 관련한 과학적인 질문을 제기하는 방법을 정확히 알고 있었다. 이 정책이나 법, 혹은 처벌이 전체로서의 사회에 만들어내는 쾌락이 늘어나는가, 줄어드는가?

하지만 이를 알아내려면 어떤 형태의 측정 도구가 있어야 할까? 이런 관심의 바탕은 타인의 고통에 공감할 줄 아는 대단히 훌륭한 감정이고 벤담이 그런 감정을 가진 사람이었다는 점에는 의심의 여지가 없지만, 다양한 쾌락과 고통을 비교할 수 있는 기준이 없는 상태에서는 이러한 공리적 정신도 막연한 추측일 뿐이다. 다른 한편으로, 즐겁거나 고통스러운 감각의 본질은 이런 감각들이 주관적이라는 데 있다. 행복의 공통 척도를 찾는 것은 결코 만만한 일이 아니다.

벤담은 자신의 정치적 기획의 실행 가능성에 대해 비판적이었으면서도 위의 문제에 대해서는 놀라울 정도로 거의 아무런 관심을 기울이지 않았다. 때로 벤담은 정치적 판단의 '최대 행복' 원칙은 그저 원칙일 뿐 결코 현실에서 정량적인 과학으로 전환할 수는 없다고 말하기도 했다. 하지만 벤담의 심리학을 관통하는 견고한 경험적 실체에 대한 호소를 생각했을 때, 또한 모든 형태의 철학적 추상에 대한 그의 매서운 말들을 고려했을 때, 우리는 벤담이 측정과 계산이라는 기술적 형태 위에 정치와 법을 재건하려 했던 의미를 진지하게 생각하지 않을 수 없다. 만일 행복이 인간에게 소용 있는 것들 가운데 과학적 논의가 가능한 유일한 것이라면, 과학적 방

33

법을 사용하지 않고 행복을 추구한다는 것은 기이한 일이 될 것이다. 그래서 우리는 다시 다음 문제로 돌아가게 된다. 유쾌하거나 불쾌한 감정의 강도는 어떻게 측정할 수 있을까? 어떻게 하면 공리를 측정 가능한 방식으로 파악할 수 있을까?

벤담은 이에 대해 두 가지 잠정적인 대답을 제시했지만, 실용적인 방식으로든 실험적인 방식으로든 두 가지 모두 직접 따르지는 않았다. 이 두 대답은, 감정이 그 자체로 파악 가능한 것이라는 주장보다는 행복을 측정하기 위해 사용할 수 있는 대용물을 규명하는 일과 관련되어 있었다. 하지만 두 경우 모두 벤담은 자신도 모르게 광대한 과학적 탐구의 영역에 대한 암시를 주었고, 이에 대해서는 훗날 심리학자, 마케팅 종사자, 정책 입안가, 의사, 정신의학자, 인사 전문가, 소셜 미디어 분석가, 경제학자, 신경과학자 및 그 외 관심 있는 개인들이 탐구하고 있다.

벤담의 첫 번째 대답은 인간의 맥박이 측정 문제를 해결할 수 있는 쾌락의 지표가 될지 모른다는 것이었다.[13] 특별히 이 생각에 얽매인 것은 아니지만, 그는 마음이 무엇을 경험하고 있는지 측정할 수 있는 어떤 징후를 몸이 제공한다고 생각했다. 행복은 결국 유쾌한 감정의 집합이기 때문에, 몸을 통해 행복의 수준을 밝힐 수 있을지 모른다는 생각은 그리 기발한 것이 아니다. 일상생활에서 우리는 다른 사람의 표정이나 신체 언어를 읽을 때 이 사실을 직관적으로 이해한다. 따라서 이런 징후들과 관련한 과학이 가능할 수 있다. 문화를 초월하는 견고하고 정량적인 행복과학의 가능성을 맥박이 열어 보일 수도 있는 노릇이다. 말은 사기를 칠 수 있지만 심박수는 사기를 치지 않는다.

벤담이 더 열의를 보였던 그의 두 번째 대답은, 바로 화폐를 사용할 수 있다는 것이었다. 서로 다른 두 상품이 동일한 화폐가치를 가진다면 우리는 이 두 상품이 구매자에게 동일한 양의 유용성을 발생시킨다고 추정할 수 있다. 이러한 주장은 시대를 한참 앞서 있었다. 경제학자들은 벤담의 사후 약 30년이 지난 뒤에야 이 같은 분석을 따라잡았다. 하지만 벤담의 관심은 개인 간의 사적인 시장 거래에서 어떤 일이 발생하는지보다는 공공의 전체적인 행복에 영향을 미치기 위해 정부가 할 수 있는 일은 무엇인지였기 때문에, 경제학자로서 이 생각을 밀고 나가는 것에는 흥미가 없었다. 그럼에도 불구하고 화폐가 다른 어떤 측정 수단의 능력을 훨씬 능가하는, 우리 내부의 경험과 특권적인 관계를 가질지 모른다는 생각을 내놓음으로써 심리학 연구와 자본주의가 결합할 수 있는 장을 열었고, 이는 20세기의 기업 활동에 큰 영향을 미쳤다.

예나 지금이나 화폐인지 몸인지, 경제학인지 생리학인지는 선택의 문제로 남아 있다. 정치가 과학성을 띠고 추상적인 말장난에서 해방되고자 할 때, 그것의 실현은 경제학이나 생리학, 혹은 이 둘의 적당한 결합을 통해서 가능해진다. 2014년 9월 아이폰 6가 공개되었을 때 상당히 시사적인 큰 두 가지 혁신이 있었다. 신체 활동을 모니터하는 앱과 매장 내 지불에 사용할 수 있는 앱이 바로 그것이다. 전문가들이 우리의 쇼핑 습관이나 뇌, 스트레스 수준을 파악하려 할 때 이들은 자신도 모르게 벤담이 설계해놓은 기획에 참여하고 기여한다. 이 과학에서 화폐의 지위는 대단히 흥미롭다. 정치적·도덕적 개념들은 공허하고 무의미한 추상이라며 공격받지만, 화폐의 언어는 우리 내부의 감정과 무언가 확실하고 자연스러운 관계를 갖

35

는 것으로 이해된다. 19세기 말 이후로 경제학이 사회과학보다는 자연과학에 가깝다고 평가하며 예외적인 지위를 부여하는 것은 이런 세계관의 한 유산이다.

측정 문제가 괴짜들이나 좋아할 만한 과학적 방법론의 문제처럼 보일지도 모른다. 벤담이 정부는 만인의 최대 행복을 추구해야 한다고 말했을 때, 굳이 머리를 싸매고 고민하지 않아도 그 말의 의도는 자명하다. 이것을 계산하기 위한 시시콜콜한 방법론에 집착할 필요가 있을까? 물론 우리는 벤담의 창의적이고 기술적인 야망을 무시한 채 그에게 철학자로서의 지위를 부여할 수도 있다. 철학 세미나실에서 분석 놀이를 하면서 공리주의가 추상 수위에서 어떻게 작동하는지를 들여다볼 수도 있다.

이런 유산을 벤담이 얼마나 흡족하게 생각했을지는 미지수다. 그가 남긴 가장 중요한 유산이 이것인지는 더더욱 알 수 없다. 다양한 가면을 쓰고 나타나는 벤담주의Benthamism의 기술적·계산적·방법론적 문제들은 우리의 정치적·경제적·의학적·개인적 삶의 뼈대를 결정한다는 점에서 가장 큰 변화의 힘을 가진다고 할 수 있다. 이 때문에 행복이 (맥박 같은) 신체를 통해 표현되는지 아니면 화폐를 통해 표현되는지는, 공리주의가 실제로 우리 주위의 세상을 구성하는 데 있어서 대단히 중요한 문제가 될 것이다. 하지만 감각을 정량적으로 측정하기 위한 체계적인 시도는 1832년 벤담이 사망하고 몇 년이 지난 뒤에야 본격적으로 시작되었다.

## 라이프치히의 무게 실험

1850년 10월 22일, 이번에는 독일 라이프치히에서 두 번째 "유레카"가 터져 나왔다. 오랫동안 시달리던 신경쇠약에서 갓 벗어난 신학자이자 물리학자 구스타프 페히너Gustav Fechner에게, 당시 많은 독일 철학자들이 골몰하던 마음과 몸의 문제를 수학으로 풀 수 있지 않을까 하는 생각이 번뜩 스치고 지나간 것이다. 그는 일기에 이 돌파구를 찾은 날짜를 기록했다.

몸을 비롯한 물리적 세계가 마음과 맺는 관계는 근대 철학의 기본 문제다. 물리적 세계의 실재에 대한 르네 데카르트René Descartes의 의심은 자신의 존재에 대한 확신과 결합하여 사고의 영역과 물리적 사물의 영역으로 구성된 이원론을 만들어냈다. 이원론은 항상 둘 중 한 방향의 환원론에 빠질 위험이 있다는 점에서 유지하기가 대단히 까다로운 철학적 입장이다. 세계 전체가 생각하는 마음의 효과로 환원될 수도 있고(관념론), 벤담이 생각했던 것과 다소 유사하게 자연적인 힘에 사고가 종속된, 단순한 물리적 사건으로 환원될 수도 있다(경험론). 다양한 계몽주의 사상가들이 이 문제와 씨름했는데, 가장 유명한 칸트의 경우 과학적 지식의 일들을 도덕적·철학적 원칙의 일들과 체계적으로 구분함으로써 두 운명을 모두 벗어났다고 생각했다. 칸트에게 있어서 인간의 마음은 단언컨대 후자의 범주인 도덕적·철학적 원칙이 적용되는 문제이기 때문에 어떤 정신과학도 성립할 수 없었다.

페히너는 이원론자였지만 독특한 경우에 속했다. 그의 사상은 대단히 절충적인 지적 배경 속에 형성되었고, 이 때문에 그는 전통적인 철학 문제들과의 관계에서 이례적인 위치에 놓이게 되었다. 목사였던 그의 아버지

37                            **1. 네 감정을 알라**

는 (벤담의 아버지처럼) 페히너가 어렸을 때 직접 라틴어를 가르쳤다. 페히너는 의학을 공부하기 위해 라이프치히 대학에 등록했지만, 그곳에서 식물학, 동물학, 물리학, 화학 수업을 들을 기회를 얻었다. 동시에 그는 쉘링의 자연철학, 낭만주의, 헤겔 등 독일 관념철학에 차고 넘치도록 노출되었다. 학자로서의 경력을 쌓던 초기에 페히너는 전기로 실험을 하면서 동시에 영혼의 본질에 관한 신학적 논쟁에도 말려들었다. 지금이야 '과학'과 '철학'을 독립적인 영역이라고 생각하지만 1830년대 독일 대학에서 두 가지는 얽혀 있는 학문이었다.

페히너는 요즘 식으로 하면 뉴에이지 사상가로 분류될 만한 사람이었다. 이질적인 지적 관심사를 한데 모아 철학자이자 과학자로, 형이상학자이자 물리학자로 정체성을 유지하는 데 천재성을 발휘했던 것이다. 이 과정에서 그는 (칸트가 지식의 영역 너머에 있다고 규정한) 마음의 문제를 과학의 영역으로 끌고 들어왔다. 이 때문에 페히너는 오늘날 우리가 심리학이라고 알고 있는 학문의 발달에 결정적인 역할을 한 인물 중 하나로 손꼽힌다.

그렇다면 수학이 마음과 몸의 문제를 풀어내는 데 어떠한 도움을 줄 수 있을까? 이에 대한 대답은 페히너가 관심을 가졌던 물리학에서 나왔다. 많은 물리학자들이 1840년대에 '에너지보존법칙'의 체계를 세웠는데, 이는 기본적인 문제를 이해하는 데 있어서 혁신적인 의미를 갖는다. 에너지보존법칙에 따르면 에너지는 파괴할 수 없고, 그 형태만 바뀔 뿐 양은 변하지 않는다. 열이 빛으로, 또는 석탄이 열로 바뀔 경우 이 법칙에 따라 우리는 같은 양의 에너지가 그 변환 과정에서도 꾸준히 유지된다고 생각할 수 있다. 이는 일원론의 한 변형태처럼 보이기도 한다. 산업혁명이라는 맥락에서 이 같은 발견은 기술의 효율성에는 결코 한계가 없다는 무시무시한 낙관론의 근거가 되었다.

물리학에서의 이 같은 돌파구 덕분에 모든 변화의 형태를 설명하는 수학의 힘이 크게 증대되었다. [모든 변화의] 기저에 있는 양적 안정성이 파헤쳐진 것이다. 이와 동일한 원칙을 철학의 영역에 머물러 있던 문제로 확장시킨 것이 바로 페히너의 혁신이었다. 물리학자들의 주장이 맞다면 마음 역시 이러한 수학적 구조에 포함될 수 있어야 할 것이다. 페히너가 찾아낸 돌파구에서 흥미로운 점은, 그가 단순히 생물학적 환원론의 한 형태를 제안한 것이 아니었다는 사실이다. 그는 마음이 물리적인 사건에 의해 구성된다고 주장한 것이 아니라 "의지, 사고, 마음 전체는 [다른 무언가에 속박되지 않고] 자유로울 수 있지만, 이 자유를 실행하기 위해서는 운동에너지의 일반 법칙들을 거스르는 대신 이런 법칙들을 통해야만 할 것"이라고 제기했다.[14] 페히너가 이해한 바에 따르면 에너지는 몸과 마음의 경계를 가로지르는데, 이 과정에서 수학 법칙을 따른다.

페히너는 그가 제안했던 '정신물리학psycho-physics'이라는 분야에서는, 마음과 물질은 독립적인 개체이나 그럼에도 불구하고 서로 안정적이고 수학적인 관계를 가지는 것이 분명하다고 주장했다.[15] 어떤 점에서 페히너의 심리학이론은 벤담의 이론과 닮아 있었다. 페히너 역시 사람은 쾌락을 추구한다고 확신했다. 그것이 자연적인 원인과 효과의 문제라기보다는 즉흥적인 리비도적 욕망의 문제에 가깝다고 본 차이가 있긴 하지만 말이다. (페히너는 '쾌락 욕구 원칙pleasure principle'이라는 용어를 만들었는데, 훗날 지그문트 프로이트가 이 용어를 채택했다.)[16]

페히너는 자신이 벤담의 영국식 경험주의와 두 가지 점에서 다르다고 선을 그었다. 첫째, 철학은 그에게 아무런 위협이 되지 못했다. '영혼', '마음', '자유', '신' 같은 단어들은 특정한 물리적 의미나 측정 가능한 의미까지는 아니지만 현실의 사물들과 연관이 있었다. 이는 헤겔의 영향을 받았다는 증거였다. 정신물리학의 철학적 혁신은 이런 추상적인 단어들이 물리적 육체를 통해 인식 가능해질 수 있다고 주장하는 데 있었다. 에너지가 물리적 영역과 비물리적 영역을 넘나들면서 보존된다는 것은 철학적 사고가 물질적인 것과 육체적인 것들과의 안정된 수학적 관계에 놓여 있음이 분명함을 의미했다.

따라서 페히너는 철학적 사고와 과학적 사실이라는 두 개의 병렬적인 영역이 존재한다는 믿음을 유지했다는 점에서 이원론자였다. 그가 데카르트나 칸트 같은 철학적 이원론자들과 달랐던 점은 이 두 가지가 일종의 수학적 조화를 이루고 있다는 다소 신비로운 믿음 때문이었다. 여기서는 산업과 관련한 은유가 유용하게 사용되었는데, 이는 페히너가 활동하던 당시의 경제적 맥락을 보여주기도 한다. 증기 엔진은 물리적 형태와 눈에 보이지 않는 힘으로 구성되어 있다. 마찬가지로 인간 또한 비물질적인 마음과 물질적인 육체의 복합체로 이해해야 한다.[17]

둘째로 페히너는 이 수학적 관계가 실제로 어떻게 현실에서 작동하는지 찾아내기 위해 열과 성을 다했다. 그는 1855년부터 일련의 난해한 실험을 통해 이 작업에 착수했다. 무게가 미세하게 다른 물건들을 들어 올려 물리적 무게의 변화가 주관적 감각의 변화와 어떠한 상관관계를 갖는지 밝히는 실험이었다. 만일 내가 무게가 아주 비슷한 두 물건을 들어 올릴 경우,

40 | 행복산업 |

어느 쪽이 더 무거운지 자신 있게 말할 수 있으려면 이 둘 간의 차이가 정확히 어느 정도나 커야 할까? 이를 평가하기 위해 도입한 측정 단위를 페히너는 "간신히 알아차릴 수 있을 정도의 차이"라고 불렀다.

그 외에도 가령 내가 이미 어느 정도 무게감이 있는 물건을 들고 있는데 여기에 그 절반의 무게가 더해질 경우 내가 느끼는 추가적인 감각의 크기는 얼마나 될까? (일반적인 기대대로) 여기에 다시 절반의 무게를 더하거나, 혹은 그 이하의 무게를 더했을 경우에도 감각이 바뀔까? 마음의 영역과 육체의 영역 간의 관계가 적절하게 측정되면, 철학적 문제들에 대한 과학적 해답이 가능해질 수 있다. 정신물리학자들이 품었던 야망의 크기는 어마어마했다. 아쉽게도 이 야망의 발판으로 삼으려 했던 실험들은 상대적으로 원시적이긴 했지만 말이다.

벤담은 여러 가지 제도와 정책, 감옥의 청사진, '대화관' 계획 등을 고안하긴 했지만 인체 그 자체에 공을 들이거나, 맥박과 화폐에 대한 이론적 고찰을 넘어 측정의 문제까지 건드리지는 않았다. 영국 철학자들은 사상이라는 형이상학적 세계보다는, 사물들로 구성된 물리적이고 지각 가능한 세계를 더 우선시하는 편향을 나타내곤 했다. 하지만 이런 편향은 [구체적인 경험이나 실험에 바탕을 두기보다는] 안락의자에 팔자 좋게 늘어진 상태에서 표출된 것이다. 인간의 몸을 이리저리 살피고, 감각을 측정하며, 실험을 수행함으로써 형이상학을 땅에 실제로 끌어내린 사람이 다른 누구도 아닌, 관념론자이자 신비주의자이며 낭만주의자인 페히너였다는 것은 재미있는 사실이 아닐 수 없다.

페히너는 물리적인 것이 심리적인 것에 우선한다고 간단하게 전제하

41

지 않았기 때문에(벤담은 그렇게 전제했지만), 서로가 어떻게 관계를 맺는지 알아 내는 실험이 필요했다. 이것은 정신적 과정을 이끄는 것이 정말로 생물학적 과정인지 아니면 그 역인지를 단순하게 기술하는 이론이 아니었다. 이를 통해 새로운 과학적 탐구의 장이 열렸고, 19세기 말에 이르러 이 새로운 장 에는 심리학자, 경제학자, 그리고 경영 컨설턴트라는 신생 산업이 몰려들었 다. 벤담이 그냥 생각만 했던, 마음의 이론들을 등급과 척도로 대체하는 정 량적이고 경제학적인 심리학이 이제 그 형체를 드러내고 있었다. 개인의 감 정과 행동이 전문가의 조정에 따라 바뀔 수도 있다는 생각 역시 이제 기술 적이고 기계적인 가능성을 갖게 되었다.


## 몸의 민주주의


기능성 자기공명영상fMRI 스캐너를 사용하는 시대에, 우리의 뇌가 무엇을 '하고 있는지', '원하는지', 혹은 '느끼는지'에 대한 이야기는 날로 일상화되 고 있다. 많은 상황에서 이런 이야기들은 의향을 확인할 수 있는 가장 깊 이 있는 언술로 재현된다. 2005년 옥스퍼드의 신경과학자 아이린 트레이시 Irene Tracey가 발표한 논문의 제목은 〈고통에서 이야기를 뽑아내기〉였다.[18] 기 능성 자기공명영상을 가지고 소비자 수천 명의 뇌를 연구한 마케팅 전문 가 마틴 린드스트롬Martin Lindstrom은 '사람은 거짓말을 하지만 뇌는 거짓말 을 못 한다'는 생각을 발판으로 경력을 쌓았다.[19] 마음챙김 수련 같은, 심리 경영 가운데 최첨단과 거리가 있는 분야에서는 걱정을 덜어내는 방법으로 사람들에게 지금 이 순간 자신의 마음과 감정이 무엇을 하고 있는지 의식하라고 가르친다. 명상의 도움을 받으면 이런 침묵 속의 과정들을 주시하고 수용하기가 수월해진다.

이는 많은 문제를 제기한다. 우리 몸이나 자아의 특정 부분이 어떻게 고유의 목소리를 가질 수 있으며, 전문가들은 어떻게 그 부위가 무슨 말을 하는지 안다고 주장할 수 있단 말인가? 이런 형태의 주장들은 벤담과 페히너가 최초로 도입한 주장과 기교들을 발판으로 삼는다. 먼저 가장 중요한 것은 언어를 재현의 매개라고 믿지 않는 것이다. '소리의 폭정'을 두려워했던 벤담은 개인이 적절하게 자신의 의사표현을 할 능력에 의심을 품었다. 물론 벤담은 각 개인의 삶에서 사적인 쾌락과 행복을 가장 잘 판단하는 사람은 자기 자신이라는 점을 인지하고 있었다. 하지만 공적인 정치가 목적인 경우에는 사람들에게 어떤 것이 좋은지를 알아내기 위한 다른 수단을 발명할 필요가 있었다.

독심술의 여러 변형태가 발명된 것은 언어가 감정, 욕망, 가치를 전달하는 역할을 수행하기에 부적절하다는 분명한 문제를 해결하기 위해서였다. 이 기술이 화폐나 가격과 관련한 것이든, (맥박, 땀, 피로 감지기 같은) 인체를 측정하기 위한 것이든, 우리 내부의 감각을 대상으로 하는 이 과학은 모두 궁극적으로 발화發話를 우회할 수 있는 형태의 진실을 추구한다. 2014년 이 이상을 실행에 옮긴 가장 충격적인 사례 중 하나가 보고되었는데, 과학자들이 뇌전도EEG라는 신경 스캐너를 가지고, 최초로 뇌 대對 뇌 '텔레파시' 소통에 성공했다는 소식이었다. 이것이 지속적으로 발전할 경우 그 마지막 종착점은 소리 없는 육신으로만 구성된, 침묵 속의 민주주의

43

가 될 것이다. 벤담은 쾌락과 고통의 측정이 얼마나 확장될 수 있는지에 대해 별다른 생각이 없었지만, 페히너는 실험 대상을 타인이 아닌 자신의 몸에 국한시켰다. 하지만 이들의 논리적인 결론을 따를 경우, 이 박학한 두 학자의 작업은 결국 우리가 아무런 말을 하지 않아도 전문가와 권위체가 알아서 우리에게 좋은 것이 무엇인지 예측할 수 있는 사회로 귀결된다.

이 과정에서 중요한 것이 유실된다. 벤담과 페히너의 일원론적 세계관에서 경험은 극한의 쾌락과 극한의 고통 사이에서 등급이 매겨진 뒤 양이라는 측면에서 차별화된다. 이런 방식으로는 인간이 각자에게 중요한 행복이나 불행의 이유를 가질 수 있고, 이는 감정 그 자체만큼이나 중요할 수 있음을 필연적으로 간과하게 된다. 개인에게 '비판력', '판단력', '요구 사항'(또는 '감사하는 마음'이나 '칭찬하고자 하는 마음')이 있다고 믿기 위해서는 이들이 자신의 생각과 육체를 대변할 권한을 가지고 있음을 인정해야 한다. 이는 가령 어떤 사람이 '절망'과 '슬픔'이라는 단어를 사용할 때, 두 단어의 차이를 충분히 이해하고 그 의미를 살려 의도적으로 사용하는 능력이 있음을 인정하는 것이다. 예를 들어 누군가 "나 화났다"라고 했는데 이 사람의 기분을 풀어주는 데만 집중한다면 이 말의 핵심을 완전히 놓치게 될 수 있으며, 경우에 따라서는 모욕을 주는 행위가 될 수도 있다. 누군가 영국과 미국의 소득 불평등이 1920년대 이후 최고조에 달했다는 사실에 불행해하고 있는데 (일부 행복경제학자들이 그러듯) 다른 사람이 얼마나 버는지 모를 때 인간은 가장 부유해진다고 충고한다면 이는 일종의 절망으로 비춰질 것이다.[20] 일원론의 세계에서는 머릿속에서 조용히 등락을 거듭하는 쾌락과 고통의 경험, 감각만이 있을 뿐이고, 그 증상들은 전문가만이 식별할 수 있다.

이는 정치적·도덕적 권위의 본질에 엄청난 함의를 지닌다. 벤담이 상상한 합리적이고 계몽된 사회는 모든 제도가 돌발적인 인간 심리에 완벽하게 대응할 수 있도록 고안된 사회였다. 자유로운 근대사회를 통치하는 일은 두 가지 물질적인 형태 사이의 대립처럼 보이게 되었다. 한편에는 식욕이나 수면욕만큼이나 부정할 수 없는 쾌락의 추구와 고통의 회피에 지배되는 마음의 역학力學이 있고, 다른 한편에는 이런 심리에 영향을 미치도록 설계된 여러 가지 물질적인 힘들이 있다. 금전적인 유인, 사회적 평판, 체벌과 구속, 심미적 유혹, 규칙과 규제 등은 개인을 계산된 방향으로 몰고 갈 때 빛을 발한다.

이런 사회에서는 개인을 가장 잘 측정하고 관리할 수 있는 전문가가 정치적 권위체를 책임진다. 이미 많은 신자유주의적 체제들이 최근 들어 알아차렸듯이, 국가가 이런 성격의 행정기관을 직접 운영해야 할 하등의 이유가 없다. 벤담의 정책 권고 사항 중에는 거의 200년 뒤의 대처리즘과 노동 복지 제도[workfare, 전통적인 복지 제도가 노동 의욕을 떨어뜨려 생산성을 저해한다는 비판에서 도입된 제도]를 내다보기라도 한 듯, 국가가 국립 자선 회사(동인도회사를 모델로 한 주식회사)를 설립하고 이를 통해 민간이 관리하는 '산업용 주택industry houses'에 수십만 명을 채용하여 빈곤을 경감시키자는 안도 있었다.[21] 파놉티콘과 관련해서도 민간 회사가 감옥을 지어 운영하도록 하고 국가는 이에 대한 면허를 발행하자는 안이 있었다. 법적 권위의 근간을 재상상하는 것이 마뜩잖아 민간 위탁을 생각해낸 제레미 벤담은 가히 민간 위탁의 창시자라 할 만하다.

페히너는 벤담이 닦은 길을 오늘날 우리에게 친숙한 개인의 미시석인 관리로 이끌었다. 마음과 세계와의 관계를 수치 비율로 재현하면서, 페히너는 인간의 운명을 개선할 수 있는 두 가지 대안을 넌지시 제시했다. 만일 (노동이나 빈곤 같은) 어떤 물리적 맥락이 고통의 원인일 때 진보적인 노선이라면 이 맥락의 변화를 도모할 것이다. 하지만 고통이 경험되는 방식에 변화를 주는 것 역시 하나의 대안이 될 수 있다. 정신과학자, 치유사, 분석가 등 많은 전문가들이 페히너의 뒤를 이어 감정을 일으키는 대상보다는 해당 감정을 느끼는 주체를 비판적인 시각으로 바라보았다. 역기를 드는 것이 너무 고통스러울 경우 선택은 두 가지다. 역기의 무게를 줄이거나, 고통에 대한 관심을 줄이는 것. 21세기 초에는 '회복력' 훈련, 마음챙김, 인지 행동 치료 같은 분야에서 갈수록 많은 전문가들이 두 번째 전략에 부합하는 조언을 늘어놓고 있다.

개인의 심리적 계산 방식과 감정을 바꾸기 위해 끼어드는 작업은 여러 유형의 기관과 전문가들이 나눠 맡을 수 있다.[22] 우리는 이 중 어떤 것을 '의학'이나 '경영'으로 분류하고 어떤 것은 '교육'이나 '처벌'로 분류한다. 하지만 실제로 이런 용어들은 더욱 심화된 관념이자 허구일 뿐이다. 어떤 분류에 속해 있든 결국 유일한 관심은 인간의 활동과 경험을 더 나은 방향으로 바꾸기 위해 당근과 채찍을 얼마나 효과적으로 사용하는가뿐이기 때문이다.

# 행복의 (비)가시성

2013년 영국의 첼튼엄 문학제는 참석자들이 해당 문학제에서 향유하는 가치를 정확히 파악하고자 하는 노력에서 혁신적인 평가 방식을 도입했다. 이 문학제에서는 콸리아Qualia라는 회사가 개발한 기술로 행사장 곳곳에 카메라를 설치하고 돌아다니는 방문객들의 얼굴에 나타나는 미소를 추적했다. 그런 다음 컴퓨터를 통해 이 미소를 해석하여 이를 일종의 가치로 변환했다. 이는 연구자들을 길거리에 배치해놓고 이들에게 주위에서 얼마나 많은 미소를 목격하는지 기록하도록 했던 호주 포트 필립이라는 마을의 행복 측정 실험을 첨단 기기를 활용해 업그레이드한 것이었다. 이 평가 방식을 통해 '시간당 미소'값이 매일 산출되었다.

콸리아의 기술은 아직 완벽하다고 보기 어렵다. '진짜' 미소와 '가짜' 미소를 구분하는 컴퓨터의 능력은 인간의 능력에 턱없이 못 미친다. 하지만 미소의 과학은 심리학 분야와 생리학 분야 모두에서 다양한 방향으로 빠르게 진보하고 있다. 미소라는 육체적 행위가 질병에서 회복되는 시간을 단축시킨다는 사실이 밝혀지기도 했다.[23] 미소 짓는 얼굴을 보는 경험이 공격성을 낮추는 것으로 드러나기도 했다.[24] '진짜' 미소는 '비위를 맞추기 위한' 미소와는 다른 감정적·행태적 반응을 이끌어낸다는 사실을 보여주는 실험도 있다.[25]

맥박, 화폐의 사용, 혹은 두 저울추 사이의 '간신히 알아차릴 수 있을 정도의 차이'처럼 미소 역시 표면 아래서 어떤 일이 벌어지고 있는지를 보여주는 지표(이자 표면 아래서 벌어지는 일에 영향을 미치는 요인)이다. 이런 지표에

47         

는 애플과 구글이 스트레스를 모니터하기 위해 개발한 '스마트' 워치, 우울증을 평가하는 데 사용되는 심리 측정용 감정 상태 설문지 등 최근 개발된 수많은 측정 도구를 추가할 수 있다. 이 모두가 주관적인 경험을 보고 만질 수 있는 것으로 전환시켜 서로 비교 가능하게 만드는 수단이다. 해수면에서 대양저의 지형을 파악하여 지도를 그리는 데 사용되는 수중 음파탐지 기술처럼 이런 도구들은 우리 감정의 굴로 파고들어가 이를 모든 사람이 볼 수 있도록 백일하에 드러내는 것을 목적으로 삼는다.

하지만 이 기획은 해소되기 힘든 불편함을 야기한다. 행복 못지않게 중요한 것이 있을 뿐만 아니라, 그 어떤 척도로도 행복의 철학적 중요성을 논하기는 어려워 보인다. 우리는 일반적으로 대양저의 지형을 그린 지도가 대양저 그 자체와 완벽하게 일치하지 않고, 여러 가지 장단점을 가진 재현일 뿐임을 기꺼이 받아들인다. 하지만 행복의 경우 항상 뭔가 껄끄러움이 남는다. 정량화된 미소, 심박수, 화폐, '간신히 알아차릴 수 있을 정도의 차이'는 감정적 경험의 본질에서 중요한 무언가를 놓치고 있다는 느낌이다. 미소는 그 사람의 어떤 부분을 드러내 보여줄 수 있지만, 이것은 분명 과학적 재현과는 다르다.

벤담의 정치적 과학의 근간을 다시 한 번 살펴보자. "자연은 인간이 고통과 쾌락이라는 두 군주의 지배를 받도록 했다." 벤담은 이 주장을 통해 정치 계획의 추상적이고 비과학적인 토대를 허물고자 했다. 하지만 '자연'에 대한 그의 주장이 정말로 [다른 정치적 주장들에 비해] 형이상학적이지 않다고 볼 수 있을까? 언제부터 자연이 어떤 종 위에 '군주'를 군림시키는 일에 간여했단 말인가? 이것도 어딘가 형이상학의 냄새가 나는 것은 마찬가지다.

자신의 동기가 아무리 과학적 욕구에서 비롯되었다고 주장해봤자, 그 장대한 일반론은 벤담이 그렇게 개탄해 마지않았던 철학의 추상성과 별반 다르지 않다. 그리고 그것이 다르다면 정부의 궁극적인 목표로서의 행복이라는 개념은 유지하기 어려워질 것이다.

여기에 역설이 있다. 행복이 '군주'로서 거대하고 철학적이며 도덕적인 지위를 부여받을 경우, 우리는 궁극적으로 행복이 모든 삶의 지향점이라는 데 의견을 모을 수 있다. 하지만 그렇다면 그런 행복을 어떻게 과학적으로 측정할 수 있을까? 반대로 행복이 쾌락과 고통이라는 육체적이고 감각적인 경험에 견고하게 뿌리를 두고 있다면 그 누가 그렇게 속된 것이 근원적이거나 정치적인 중요성을 갖는다고 말할 수 있을까? 그러면 행복은 우리 뇌 안에서 진행되는, 물컹거리는 잿빛 과정이 되고 만다. 공리주의는 이 딜레마에 앞에서 그냥 나 몰라라 해버리기 일쑤다. 영향력 있는 영국의 경제학자이자 긍정심리학의 주창자인 리처드 레이어드 경Lord Richard Layard은 이렇게 적었다. "만일 어째서 행복이 중요한지 물어보면 더 심오한 외적 근거를 댈 수 없다. 행복이 중요하다는 사실은 자명하다."[26] 정말 행복 측정으로 도덕적, 철학적 논쟁을 해소할 수 있을까? 오히려 행복 측정이 이런 논쟁을 모두 침묵시켜버리는 것은 아닐까? 기술 관료가 책임자가 되는 순간, 더 이상 본질적인 의미나 집합적인 목적 같은 문제는 제기할 수 없게 된다.

행복과학은 항상 단순한 대상 너머에 도달하려 한다는 점에서 다른 과학과 많이 다르다. 행복과학은 뭔가 의미 있는 것을 포착하고자 하지만, 그 의미를 적절하게 붙들기에는 너무 차가운 도구와 척도를 사용한다. 무게 비교를 통해 초월적인 진리를 평가하고자 했던 페히너의 기묘한 노력은 오늘날의 심리 경영이 어떻게 작동하는지 잘 보여주는 모범이 되었다. 신경학적, 생리학적 모니터링 기기들과 행동 모니터링 기기들에는 명상법과 대중용 실존주의가 사은품처럼 딸려 있다. 행복과학의 철학적 결함은 불교와 뉴에이지의 개념을 끌어옴으로써 처리한다. 정량적인 과학과 유심론 사이 어딘가쯤에 행복이 자리하고 있다.

그로 인한 문화적 결과는 일부 행복의 지표와 척도가 자체적인 도덕적 후광을 얻게 되었다는 사실이다. 행복 그 자체는 아직도 눈에 보이지 않을 수 있지만 미소나 양호한 건강 상태를 확인해주는 진단서가 일종의 상징적 가치를 얻게 된 것이다. 물질적인 징후나 지표가 내면의 상태에 이르는 일종의 출입구가 되어 마법적인 성격을 부여받게 된다. 효용을 판단하는 최고의 척도가 맥박인지 아니면 화폐인지 한가하게 머리를 굴리던 벤담은, 우리 내부의 감정을 재현할 특정한 지표들의 권리를 확증하고 강화하는 데 혈안이 된 산업이 발달하리라고 전혀 상상하지 못했을 것이다. 이 중에서도 가장 큰 권위를 획득한 지표는 바로 추상성과 물질성에 양다리를 걸친 독보적인 물건, 화폐였다.

# 2.

# 쾌락의
# 가격

이스트런던의 왕립 런던 병원 응급실은 결코 입맛 도는 환경은 아니다. 특히 토요일 밤이면 그곳은 전쟁터와 엽기적인 공포 영화를 반씩 섞어놓은 듯한 상태가 된다. 술집에서 붙은 싸움 때문에 맞아서 멍든 취객들이 어슬렁거리며 배회하고, 구급차 요원과 경찰관은 경쟁이라도 하듯 음주 운전 용의자와 대화를 시도한다. 무엇보다 가장 심란한 광경은 찾아온 가족들의 얼굴에 어린 공포 혹은 비탄이다.

아내와 나는 한 돌이 안 된 딸아이와 함께 바로 이런 풍경 속으로 뛰어들었다. 사실 우리는 딸에게 무슨 문제가 있기는 한 것인지조차 전혀 모르는 상태였다. 그게 바로 아기들의 문제다. 말을 하지 못한다는 것. 의사가 아이를 가진 부모에게 항상 물어보는 "그런데 아이가 원래는 괜찮았나요?"라는 질문은 "타고난 당신의 본능을 믿으세요"의 다른 표현일 뿐이다. 당시 딸아이는 평소와는 다른 시간에 잠에서 깨어 우리가 한 번도 들어보지 못한 방식으로 새된 소리를 질러댔다. 몸에는 발진이 돋았고 열도 있었다. 아무래도 뭔가 이상해 보였다.

새벽 2시의 대기실, 지극히 예측 가능한 혼돈 속에서 뭔가 긴급하게 모의하는 듯한 세 젊은 남자의 모습이 내 시야에 들어왔다. 세 남자는 종이 한 장을 가운데 두고 빙 둘러서 있었는데, 그중 한 남자가 다른 둘과 상의해가면서 종이에 뭔가를 적고 있었다. 두 남자는 종이의 어딘가를 가리키며 펜을 든 남자에게 뭐라고 쓸지 지시하는 듯했고, 다음 내용으로 넘어가기 전에 서로 동의하는지 확인하기도 했다. 두 친구들이 다음에 무엇을 해야 하는지를 두고 토론하는 동안 펜을 든 남자는 서류에 빠르게 내용을 기입하며 이따금 누가 지켜보지는 않는지 확인하려는 것처럼 주위를 둘러

보기도 했다. 모종의 음모를 꾸미기라도 하는 듯 수차례 고개를 주억거리고 손가락으로 종이를 가리켰다. 20여 분쯤 흘렀을까, 그동안 이제는 화가 날 정도로 생기를 되찾은 딸아이는 국민 의료보험 안내지를 가지고 노는 데 정신이 팔려 있었다.

잠시 후 간호사가 나오더니 서류에 내용을 작성하던 젊은 남자의 이름을 호명했다. 간호사의 호명에 이 남자가 반응하는 모습을 보고 나는 깜짝 놀랐다. 어깨를 축 늘어뜨리고 얼굴을 찌푸리더니 아주아주 느리게 자리에서 일어서는 것이었다. 동시에 다른 두 친구들은 갑자기 걱정과 연민으로 가득 찬 사람들처럼 행동했다. 남자는 고개를 한쪽으로 푹 꺾고 손에 종이를 꼭 쥔 채 간호사에게 천천히 다가갔는데, 지금 대단히 아프다는 인상이 역력했다. 그가 천천히 그리고 (분명히) 아픈 듯이 간호사에게 걸어가자 간호사는 그를 치료실로 데려갔다. 그가 사라지자 다른 두 친구는 이내 안색이 밝아지더니 다시 원래의 쑥덕공론으로 돌아갔다.

그 젊은 남자는 목을 다쳐 아픈 것이 분명했다. 아니면 최소한 목 부상으로 이어질 수도 있는 어떤 사고를 당했으리라. 어쨌든지 간에 그것으로 이 세 젊은이는 일반적인 사고나 응급 상황에서 나타날 수 있는 것보다 약간 과한 열정을 표출했다. 내가 보기에 이것은 분명한 보험 사기 공모였다. 이들이 명백한 사기 행각을 벌이고 있다는 사실은 일단 차치하고, 이런 시간 낭비 때문에 우리가 대기 중이라는 사실에 나는 갑작스레 화가 치밀었다. 분명 교통사고가 있었을 것이고, 그 순간 이들 중 하나의 머리에는 돈을 벌 기회라는 생각이 번뜩 스치고 지나갔을 것이다. 유일한 문제는 '부상 피해자'가 틀키지 않고 필요한 의학적 검사를 통과할 수 있을지의 여부였다.

내가 너무 편파적이었는지도 모른다. 그렇지 않을 수도 있다. 아기들이 그렇듯 휘플래시 증후군[whiplash, 정차해 있는 차를 뒤에서 달려오던 다른 차가 갑자기 들이받았을 때 앞차 승객에게서 나타나는 경추의 염좌 증후군]도 마찬가지다. 정확히 알아낼 방법이 전혀 없다. 휘플래시 증후군은 몇 가지 이유에서 상당히 기묘한 의학 현상이다. 첫째, 용어 자체는 의학적 상태가 아니라 피해자가 겪었던 어떤 사건을 지칭한다[whiplash는 원래 채찍질을 의미한다]. 따라서 자동차가 뒤에서 들이받았을 때 종종 그러듯 갑자기 목 근육이 당긴다면 "휘플래시로 고생한다"라고 말해도 틀린 말은 아니다. 둘째, 증상이 있긴 한데, 그건 당사자만 알 수 있다. (만신창이가 된 자동차 범퍼 외에) '휘플래시'가 일어났다는 증거는 오랫동안 피해자가 느끼는 목과 등의 통증이 전부다. 하지만 일부 정신 질환처럼 이 증상의 기저에는 식별 가능한 이상이 전혀 없다.

의학 연구자들은 1950년대부터 휘플래시를 연구하며 이를 생리학적으로 설명하려 노력했지만 결과는 신통찮았다.[1] 먼저 이 변덕스러운 증후군과 타협할 방법을 찾던 전문가들은 1963년에 누적 문헌 색인Cumulated Index Medicus(미국 의학 저널 데이터베이스)을 내놓았다. 1960년대에 미국 과학자들은 후방 추돌 사고가 목뼈 조직을 정확히 어떤 식으로 손상시키는지 알아내기 위해 원숭이를 대상으로 높은 강도의 후방 추돌 모의실험을 했다. 하지만 이 실험으로 원숭이가 마비되거나 뇌 손상을 입는 경우가 너무 많아서 인간의 휘플래시 수수께끼를 푸는 데는 큰 도움이 되지 못했다.

하지만 휘플래시에 대해 잘 알려진 사실 한 가지는 국제적으로 대단히 불균등한 분포를 보인다는 점이다. 휘플래시의 진단율은 영어권 나라가 다른 대부분의 나라보다 훨씬 높으며, 1970년대 이후 크게 증가하고 있다.

54

이 증상이 주로 자동차 사고와 연관이 있고, 이 기간 동안 자동차의 안전성이 높아졌음을 감안한다면 이와 같은 증가세는 분명 보험 청구에 관한 다른 요인들과 연관성이 있는 것으로 볼 수 있다. 가령 영국에서 2006년부터 2013년 사이 자동차 사고 관련 개인 상해 청구가 60퍼센트 증가한 것은 휘플래시 때문이었다. 휘플래시에 대한 지불금은 이제 전체 자동차 보험료 비용의 20퍼센트에 육박한다.

다른 나라에서는 이 증후군이 훨씬 덜 알려져 있어서 이로 인한 보험업계의 지출도 훨씬 적다. 2012년 영국의 전체 개인 상해 청구 중 78퍼센트가 휘플래시였지만, 바다 건너 프랑스에서는 30퍼센트에 불과했다.[2] 2000년대 초 노르웨이의 신경학자 해럴드 슈래더Harald Schrader는 리투아니아의 경우 자동차 사고로 인한 장기적인 목 통증이 한 건도 일어난 적이 없었다는 사실에 주목했다. 이 현상을 연구하여 그 결과물을 발표한 그에게 노르웨이 휘플래시 환자 집단의 분노가 쏟아졌다(인구가 420만밖에 안 되는 노르웨이에서 이 단체의 회원수는 무려 7만 명에 육박한다). 그의 연구 결과가 암시하는 내용을 불쾌하게 생각했던 것이다.

휘플래시는 눈에 전혀 보이지 않는 통증이라는 기묘한 철학적 지위 덕분에 전례를 찾기 어려울 정도로 보험 사기에 알맞은 증세가 되었다. 이는 나라별로 진단율이 그렇게까지 큰 차이를 나타내는 이유를 직관적으로 설명해준다. 영국과 미국 같은 나라에서는 이 증세가 잘 알려져 있기 때문에 차가 뒤에서 들이받았을 때 운전자가 금전적인 보상의 기회를 노릴 공산이 훨씬 커진 것이다. 왕립 런던 병원의 응급실에 있던 세 남자가 바로 이에 해당하는 사례다. 이들은 그 즉시 어떤 계획을 세워야 할 것인지, 또한

55

피해자로 하여금 어떤 종류의 통증을 호소하게 해야 하는지 분명히 깨닫고 있었던 것이다. 휘플래시라는 진단을 받기 위해서는 해당 통증이 일정 기간 지속되어야 하긴 하지만 말이다. 1970년대 이후로 이런 유의 청구를 대리하는 전문 변호사들의 수가 크게 증가했다. 미국에서는 변호사들이 의료 사건의 성공률을 높이는 방법에 대한 전문가 교육용 세미나에 참석하기도 하는데, 이런 세미나는 참가비를 노리는 의사들이 조직한다.

하지만 이 증후군이 사기꾼에게 매력적인 바로 그 이유 때문에 정말로 얼마나 많은 사기가 진행 중인지 파악하기란 어려운 실정이다. 전문가들이 추정하는 사기의 비율은 0.1퍼센트에서 60퍼센트까지 천차만별이다. 이는 이 사안을 가리고 있는 안개가 얼마나 짙은지 보여준다.[3] 보험회사들은 대응 방법을 알아내기 위해 고군분투하고 있다. 피해자가 호소하는 통증이 진짜임을 확인하기 위해 중세식 '진실 서약'을 도입하여 사고 피해자와 그 변호사가 서명을 하게 하는 보험회사도 있다.

혼란은 여기서 그치지 않고 더욱 심도 깊은 철학적·문화적 수수께끼까지 보태진다. 휘플래시업계를 비판하는 이들마저 인정하듯, 영국이나 미국의 운전자들이 유럽 대륙의 운전자들에 비해 후방 추돌 사고 이후 장기적인 목 통증에 더 크게 시달릴 가능성도 분명히 존재하는 것이다. 휘플래시와, 이 증후군의 화폐가치를 알고 있는 사고 피해자는 의사와 상담한 후 목 보호대를 하고 휴식과 휴양을 위해 일을 쉬는 등 전체적으로 피해자처럼 행동하게 된다. 등과 목 통증은 일부 심리적 문제가 그 원인이므로, 이 사람은 실제로 오랫동안 문제를 겪게 될 수도 있다. 반면 툭툭 털고 일어나 다른 사고 차량 운전자와 전화번호를 교환하고 차 수리를 맡긴 사고 피해자는 같은 기간 동안 통증을 훨씬 적게 느낄 가능성이 크다. 관찰 가능한 행동과 주관적인 감각은 결국 서로에게 스며든다.

보험업계의 독려를 받은 의학계나 신경학계는 목 통증의 육체적 실체를 더욱 열심히 찾았다. 통증의 진실이 발견되기만 하면 사기는 일소될 것이다. 그 전까지는 진실 서약 같은 것을 하는 수밖에 없다. 벤담의 주장처럼, 이는 적절한 방법을 찾기만 하면 사고 피해자가 경험하는 일정량의 통증을 원칙적으로 관찰자 역시 과학적으로 인지할 수 있다는 가정을 발판으로 한다. 이때 적절한 방법은 어떤 식으로든 몸에 초점을 두게 될 것이다. 이 경우 벤담이 좋아했던 효용성 측정 방법(화폐를 효용의 대리물로 사용하는 것)은 배제된다. 문제의 1차적인 발생 원인이 바로 돈 욕심일 수 있기 때문이다.

하지만 애초에 휘플래시가 금전적 보상에 대한 욕심과 불가분의 관계라면 어떨까? 그리고 이런 종류의 사기가 우리의 보상 문화 한구석에 숨어 있는 어떤 불행하고 예외적이며 근절 가능한 요소가 아니라, 정의와 불의에 대한 감각이 금전적 계산의 식민지가 되는 과정에서 나타난 불가피한 특징이라면? 이 증세의 깊은 곳에는 신경계에서 만들어진 감각이 화폐와 등가 관계에 있다는 생각이 자리한다. 이 생각에 따르면 일정량의 주관적인 감정은 적당량의 화폐로 균형을 맞출 수 있다. 그렇다면 일부 사회에서 이 원칙이 폭넓게 남용될 수 있음을 인정할 수밖에 없다. 하지만 정말로 남용되고 있는지, 그리고 얼마나 많이 남용되고 있는지를 확인할 길이 없다는 사실은 이 가정이 어딘가 부조리하다는 사실을 말해준다. 어쩌면 육체적 통증의 '진실'을 열심히 찾는 대신 화폐가 우리 감정을 중립적이고 정직하게, 수학적으로 재현할 수 있는지 탐구해야 하는지도 모른다.

## 수학의 권위

1766년 그날 하퍼의 커피숍에서 벤담을 "유레카!" 하고 외치게 만들었던 장본인 조지프 프리스틀리는 산업화된 잉글랜드에 등장한 중산층에 지대한 영향을 미친 인물이었다. 1744년 그는 영국 최초의 유니테리언 교회를 세우는 데 힘을 보탰는데, 이는 당시만 해도 아직 불법적인 종교운동이었다. 유니테리언교도들은 성부와 성자와 성령의 삼위일체에 대한 정통 기독교의 믿음을 거부하고 단일신을 주장했다. 16세기 이후로 유럽 전역에는 다양한 유니테리언교가 존재했지만 결코 정치적으로 수용되지는 않았다. 프리스틀리가 공식적으로 교회를 세우기 전까지만 해도 잉글랜드에서는 지하운동을 하듯 목회 활동을 했다. 종교를 위해 탄압과 수모를 감내했던 이들은 당연하게도 열렬한 계몽주의적 낙관론자이자 표현의 자유와 종교적 결사의 자유를 옹호하는 투사들이었다.

이들은 역학과 공학이 인류의 진보를 가져다줄 힘을 갖고 있다고 굳건하게 믿는 과학적 낙관론자이기도 했다. 이 같은 신앙과 기계의 공존은 기업가들 사이에서는 일반적이었고 [모순이 되기는커녕] 쓸모가 많았다. 19세기 초 유니테리언교도들은 공학의 발전을 통해 공공선을 증진하려는 노력에서 많은 역학 강습소Mechanics' Institute를 설립했다. 이들은 유용한 기계를 만들고 인류의 편익을 위해 물리적인 세계를 변화시키는 데 도움을 준다는 점에서 특히 수학을 중요하게 생각했다. 하지만 자연계나 공학 연구에 머무르지 않고 사회적·정치적 영역으로 나아갈 필요가 있었다. 당연하게도 이들은 단박에 벤담이 동지同志임을 알아보았다.

윌리엄 스탠리 제본스William Stanley Jevons는 1835년 리버풀 외곽에 있는 유니테리언 가문에서 태어났다. 성공한 철 무역상이었던 아버지 덕분에 가족들은 유복하게 지냈다. 가족들은 유니테리언 원칙을 철저하게 지켰고, 이는 어린 제본스의 교육에도 영향을 미쳐 역학적인 장치들과 기하학적 추론이 자주 사용되곤 했다. 어린 시절 제본스는 평형 장치를 장난감처럼 가지고 놀았고, 훗날에도 이런 도구들에 사로잡혀 지냈다.[4] 그는 아홉 살때 어머니가 읽어준 대주교 리처드 와틀리Archbishop Richard Whately의《돈 문제에 대한 쉬운 학습Easy Lessons on Money Matters》이라는 어린이용 교과서를 통해 경제학에 처음으로 입문했다.[5] 열한 살에는 리버풀 역학 강습소에 다녔다. 여기서 그는 연구 대상이 무엇이든 '참된' 과학의 특징은 수학이라고 배우게 된다.

1850년대 초 제본스는 화학을 공부하기 위해 벤담의 모교인 런던대학에 입학했다. 대학에서 그는 또 다른 유명한 유니테리언교도이자 '정신철학'을 가르치는 벤담주의자 제임스 마티노James Martineau의 수업을 듣게 되었다. 1850년대는 라이프치히의 페히너의 작업에 견줄 만한 영국 심리학의 전통이 독자적으로 태동하던 시기였다. 19세기 중반에는 특히 알렉산더 베인Alexander Bain의 1855년 저작《감각과 지성The Senses and the Intellect》의 영향으로 마음의 내면을 연구하는 내성법introspection이 각광받았다. 이 전통 역시 벤담의 큰 영향을 받은 것인데, 이 경우에는 물리적 장치들을 정치의 실제 기초로 삼고자 했던 기술 관료적 성향의 벤담보다는, 쾌락의 이론을 만들어낸 사변적이고 철학적인 벤담이 활약했다. 유니테리언교와 공업의 영향을 받은 제본스는 자연스럽게 선교하고 기하학적인 역학에 끌렸다. 심리학도 수학으로 표현할 수만 있다면 아무런 문제가 없었다.

런던 대학에 좀 더 있을 수도 있었지만, 1853년 집안이 경제적 어려움에 처하는 바람에 제본스는 아버지의 도움으로 호주 시드니의 시금사試金士 자리를 얻게 되었다. 대단히 정교하게 조율된 기기와 저울을 사용해 금의 품질과 무게를 테스트하는 일이었으니, 제본스의 공학적 감수성에는 안성맞춤이었다. 수학을 물리적 세계에 적용하는 이 현실적인 도전을 통해 제본스는 평형 장치를 가지고 놀던 어린 시절로 돌아간 듯한 생활을 했다. 그뿐 아니라 그가 시금사 일을 하며 다루는 대상은 훗날 제본스의 학문적 생애를 결정하는 데 중요한 역할을 하게 될, 다름 아닌 돈이었다. 페히너가 물리적 대상과 심리적 감정 간의 수학적 관계를 알아내기 위해 저울추를 들어 올리는 실험을 시작했던 바로 그때, 1만 마일 떨어진 곳에 있던 제본스가 금이라는 귀금속의 화폐가치를 확인하기 위해 또 다른 형태의 무게 측정 장치들을 가지고 작업하고 있었다는 사실이 흥미롭다. 정신과 물질, 화폐라는 각기 다른 세 개체의 관계를 수학적으로 정립할 수 있다면 시장 경제를 이해하는 데 지대한 함의를 갖게 될 것이었다.

호주에서 제본스는 벤담의 연구를 분석하고 또 다른 영국 심리학자 리처드 제닝스Richard Jennings의 글을 발견하는 등 심리학에 대한 책을 폭넓게 읽었다. 경제학에는 상대적으로 거의 관심을 두지 않았는데, 당시 경제학은 1770년대 애덤 스미스Adam Smith에서 출발한 '고전 정치경제학'의 전통 아래 존 스튜어트 밀John Stuart Mill이라는 인물의 지배를 받고 있었다. 고전 정치경제학자들은 자유무역과 분업, 농업정책과 인구 성장을 통해 어떻게 국가의 생산력을 증대할 것인가 하는 중량감 있고 물질적이며 정치적인 문제에 관심을 가졌다. 이들은 주로 자유무역이 생산 증대의 한 방편이라는 생각에서 자유무역에 우호적인 주장을 펼쳤다. 부富가 목적이라면 노동력, 식량, 고정자본, 토지 같은 물리적인 자원을 연구해야 한다는 것이 이들의 논리였다. 고전 경제학자들은 감정이나 행복 같은 심리적인 문제에는 별 관심이 없었다. 그들에게 있어 경제학이 풀어야 할 문제는 궁극적으로 어떻게 하면 자연을 가장 잘 이용할 수 있을까 하는 것이었다.

하지만 제본스가 호주에 있는 동안 정치경제학의 핵심 가정들은 막 변화하려는 조짐을 보이고 있었다. 심리학자였던 제닝스는 1855년의 저작 《정치경제학의 자연 요소Natural Elements of Political Economy》에서 경제학자가 더 이상 심리학을 무시해서는 안 된다고 주장했다. 자본주의에 대한 고전 경제학적 관점에서 노동이 핵심임을 고려했을 때, 노동자가 하루 동안 다양한 수위의 고통을 겪는다는 것은 분명 관심을 둘 만한 문제였다. 이는 노동자의 생산력에 영향을 미칠 것이기 때문이다.

지루하거나 단조로운 일을 할 때 "마지막 1시간이 가장 느리게 간다"라는 말을 하곤 한다. 제닝스의 경우 특히 육체적인 노력과의 관계 속에서 이와 유사한 상황을 목격했다. 노동시간이 길어질수록 일을 힘들어한다는 것이다. 저울추를 들고 있는 시간이 길수록 더 무겁게 느낀다는 페히너의 관찰도 이와 맞닿아 있다. 이런 통찰력은 당시 기업가들이 느끼기 시작하던 우려와 맞아떨어졌다. 바로 노동자들이 피로에 찌들어 있고, 부르주아지들이 향유하는 부의 주요 원천인 노동력이 점점 고갈되고 있다는 데 대한 우려였다. 19세기가 지나는 동안 이 우려는 피로와 관련한 이상한 실험들과 인체 공학적인 해법들의 폭발적인 증가로 이어졌다.[6] 그리고 노동을

2. 쾌락의가격

고통이 조금씩 늘어나는 활동으로 인식하게 만든 이러한 주관적인 경험을 통해, 자본가들은 처음으로 인간의 사고와 감각의 방식에 관심을 갖게 되었다.

제본스가 경제학 연구에 끌린 것은 제닝스의 선구적인 연구 덕분이었다. 그리고 1856년 뉴사우스웨일즈의 철로 자금에 대한 논쟁에 개입하면서 경제학 이론에 대한 그의 관심은 더욱 커졌다.[7] 제본스의 유니테리언적 관점에 따르면 애덤 스미스에서 출발한 경제학은 엄밀하게 말해서 과학이 아니었다. 여기에는 역학적이고 수학적인 엄밀함이 빠져 있었기 때문이다. 하지만 제닝스가 이미 제기했듯 다른 전제에서 출발할 경우 어쩌면 경제학은 진정으로 과학적인 추론에 적합한 영역이 될 수도 있었다. 경제를 반¥역학적인 균형의 달성을 통해 해결할 수 있는 수학 문제로 이해할 경우, 경제학은 그야말로 과학적인 토대 위에 놓일 수 있게 된다. 1858년 자신의 누이에게 보내는 편지에서 제본스는 수학을 사회 연구로 확장하는 데 주력하기로 마음을 굳혔다고 밝혔다. 1859년 영국으로 돌아온 그는 다시 런던 대학에 들어가 경제학을 공부하기 시작했다.


## 평형 장치로서의 시장


화폐는 심리적 문제를 야기할 수 있는 별난 물건이다. 휘플래시 같은 일부 심인성心因性 상황에서 화폐는 심지어 생리적 문제를 일으킬 수도 있다. 화폐의 핵심은 가치의 저장소와 교환의 매개물이라는 두가지 모순적인 기능을 동시에 수행해야 한다는 점에 있다. 우리는 화폐가 가치의 저장소로 기능할 때는 화폐를 꼭 붙들고 쓰지 않으려 한다. 그래서 종종 은행에 예치하기도 한다. [하지만] 교환의 매개물로 기능할 때의 화폐는 그보다 훨씬 쓸모 있고 탐나는 다른 물건을 손에 넣을 수 있는 무한한 가능성을 열어준다. 이 모순은 (인장과 반짝임으로 표현되는) 상징적 호소력은 크지만 실제 물리적 유용성은 최소한을 유지해야 하는 화폐 그 자체의 디자인에서 분명하게 드러난다.

이자율은 자본주의 사회가 이 두 기능 간의 균형을 맞추는 주요 수단이다. 이자율이 올라가면 화폐를 움켜쥐고 있으려는 욕망도 함께 증대된다. 반대로 이자율이 내려가면 화폐를 지출하려는 욕망이 커진다. 때로 우리는 화폐가 전부인 듯 목을 매다가 아무것도 아니라는 듯 멸시하며 변덕을 부린다. 정신분석가 대리언 리더Darian Leader는 화폐가 때로 양극성 장애 환자의 행동에서 중심적인 역할을 한다는 점에 주목했다.[8] 이들이 조증 상태로 행복할 때 화폐는 순전히 유동적인 관점에서 그 자체로 내재적인 가치는 없지만 무한한 가능성을 지닌 것이 된다. 그냥 쥐버리거나 물 쓰듯 쓰면서 화폐를 통해 누릴 수 있는 자유를 만끽한다. 그러다가 다시 우울한 상태에 빠지게 되면 어디서나 빛나는 화폐의 중요성에 짓눌리게 되는데, 조증일 때 누적된 빚과 비용이 그 부담감을 더욱 가중시킨다.

따라서 애덤 스미스 이후 자유주의 경제학의 역사를 이해하는 한 가지 방법은 그것을 화폐의 극단적인 양면을 솜씨 있게 다루기 위한 꾸준한 시도라고 생각하는 것이다. 우리 모두의 직관처럼, 시장은 재화나 서비스가 어떤 종류의 화폐를 위해 교환되는 장소다. 하지만 우리는 이런 교환이 실제로는 얼마나 기이하게 이루어지는지 간과한다.

10파운드짜리 지폐 한 장이 가령 피자 한 판과 동일한 것으로 간주될 수 있다고 쳐보자. 이 교환이 성사되려면 교환의 매개물이자(나는 기꺼이 화폐를 써버릴 의향이 있다) 가치의 저장소(피자 판매자는 기꺼이 화폐를 받을 의향이 있다)인 화폐의 이중적인 역할이 동시에 작동해야 한다. 순수하게 숫자를 의미하는 상징이 어떻게 어느 한쪽도 손해를 본다고 느끼지 않는 상태에서 밀가루 반죽과 치즈로 만든 한 끼 식사의 등가물로 기능할 수 있을까? 화폐가 그런 기능을 하지 못할 경우 시장 시스템 자체가 완전히 불가능해지고, 우리는 각자의 의식주를 알아서 해결해야 하는 상황에 이를 것이다. 사람들이 화폐를 너무 중요하게 여기거나(이로써 축장과 가격 디플레이션의 신호를 보내거나), 반대로 충분히 중요하게 여기지 않을(이로써 물물교환과 초인플레이션의 신호를 보낼) 위험은 꾸준히 존재한다. 경제학자들이 내놓은 해법은 피자 안에 마법처럼 도사리고 있는 불가사의한 존재를 발명하는 것이었는데, 경제학자들은 이것을 '가치'라고 부른다.

우리는 종종 '가치'라는 단어를 '가격'의 의미로 사용한다. 가령 "이 그림은 1,000파운드의 가치를 지니고 있다"라고 말할 때처럼 말이다. 하지만 '가치'라는 용어의 다른 용법을 살펴보면 가격과는 전혀 다른 의미를 가지고 있음이 자못 분명해진다. 내가 만약 그 피자가 "돈의 가치만 못하다"라고 한다면 그것은 피자를 10파운드와 교환하지 않았어야 함을 의미한다. 사실상 피자의 가치와 가격은 서로 등가물이 아니었고 고객은 바가지를 쓴 것이다. 가치 개념은 우리로 하여금 시장은 평형 장치이고, 따라서 시장의 결과물은 원칙적으로 공정해야 한다는 생각에 이르도록 한다. 경제학자들은 가치를 화폐처럼 양적인 개념으로 제시함으로서 교환의 양측이 궁극적으로 어떻게 등가가 되는지를 보여주고자 한다. 피자 시장이 제대로 작동할 경우 10파운드의 화폐면 등량의 가치를 구입할 수 있다는 것이 이들의 주장이다. 질(피자)을 양(화폐)과 맞바꾸는 것이 아니라, 등식의 양쪽을 모두 숫자로 표현할 수 있다는 것이다. 시장은 화폐와 가치의 무게를 가늠하여 완벽한 균형 상태에 이르게 하기 위해 사용하는 일단의 저울로 그려진다. 가치 개념에는, 화폐라는 것이 그 자체로 인생에서 가장 중요한 것은 아니지만 우리가 중요하다고 생각하는 것은 무엇이든 잴 수 있는 완벽한 척도라는 의미가 담겨 있다.

그렇다면 가치란 무엇인가? 어디에나 존재하는 이 양적 개념을 어떻게 생각해야 할까? 고전 경제학자들은 상품이나 서비스의 가치는 그것을 만드는 데 투입된 시간의 양에서 비롯된다고 주장했다. 이 경우 피자의 실제 가치는 그 다양한 재료를 생산하고 그것을 조리하는 데 들어간 시간의 양에 따라 정해진다. 원칙적으로 시장이 공정하게 작동할 경우 피자의 가격은 이 노동시간의 양과 어떤 식으로든 일치해야 한다. 이 '노동 가치 이론'은 약 100년간 경제학을 지배했다. 1848년 존 스튜어트 밀은 "기쁘게도 현재나 미래의 저술가가 가치 법칙에 대해 설명해야 할 것은 더 이상 없다. 이 주제와 관련한 이론은 완벽하다"라고 쓸 정도로 자신만만했다.[9] 하지만 이런 식의 이론은 결코 제본스의 흥미를 끌지 못했다.

1860년 2월 19일, 제본스는 일기장에 이렇게 적었다.

---

하루 종일 집에 있으면서 주로 경제학 연구를 했다. 최근에 엄청나게 너름서리며 헤매던 가지 문제에 대한 진정한 이해에 도달한 것 같다.[10]

---

**2. 쾌락의가격**

이 '가치에 대한 진정한 이해'를 정리한 책《정치경제학 이론The Theory of Political Economy》은 이후 10년이 지나서야 세상의 빛을 보게 된다. 당시 유럽 대륙의 두 경제학자, 프랑스의 레온 왈라스Leon Walras와 오스트리아의 카를 맹거Carl Menger도 비슷한 방향으로 '더듬거리며 헤매고' 있었다. 이 세 경제학자는 힘을 합쳐 경제학 내에서 혁명을 일으켰고, 결국 우리가 오늘날 경제학이라고 알고 있는 협소하고 수학적인 학문을 만들어냈다.


## 쾌락을 위한 쇼핑

벤담을 포함한 많은 영국 이론가들은 소비자의 심리 상태가 실제로 상품의 가격이 정해지는 데 있어서 결정적인 요인인지의 여부에 관심을 가졌다. 이 생각은 심지어 제본스의 어머니가 어린 제본스에게 읽어준 와틀리 대주교의 어린이용 경제학 책에도 실려 있다. 하지만 이 생각을 경제학의 새로운 기초로 삼은 것은 제본스와 왈라스, 그리고 맹거였다. [이들에게도] 가치 문제는 여전히 중요했다. 시장을 공정한 교환 장소가 아닌 다른 무엇으로 어떻게 재현할 수 있을까? 이들의 참신함은 가치를 상품을 생산하는 사람이 아닌, 화폐를 사용하는 사람의 관점에서 바라본 것이었다. [이 경우] 가치는 주관적인 관점의 문제가 될 수 있다.

제본스의 남다른 점은 쾌락과 고통의 심리학 위에 직접 이 이론을 정초하고자 한 의지였다. 그는 벤담을 강하게 연상케 하는 표현으로 자신의 기획을 설명했다.

최소한의 노력으로 우리의 욕구를 최상으로 충족시키는 것은(바람직하지 않은 것을 최소한으로 사용하여 바람직한 것을 최대한 많이 얻는 것은), 다시 말해서 쾌락을 극대화하는 것은 경제학의 문제다.[11]

자본주의의 원심이 이동하고 있었다. 애덤 스미스에서 카를 마르크스Karl Marx에 이를 때까지 시장에서 판매되는 상품의 가격을 좌우하는 것은 공장과 노동자였다. 하지만 1870년 이후 이 모든 것이 바뀌었다. 이제는 가치라는 지극히 중요한 문제를 확정하는 소비자의 내적 '욕구'가 공장과 노동자를 대신하게 되었다. 이 관점에서 노동은 그저 '부정적인 효용'의 한 형태이자 행복의 반대이며, 유쾌한 경험에 들어가는 화폐를 더 많이 얻기 위해서 그저 참아내야 하는 일일 뿐이다.[12] 주관적인 감각, 그리고 이 감각이 시장과 벌이는 상호작용이 경제학의 핵심 문제로 등극하게 된 것이다.

유니테리언교도로서의 뿌리를 잊지 않았던 제본스는 경제학을 수학적으로 탐구할 방법을 찾을 경우에만 경제학에 간여할 생각이었다. 제본스는 이렇게 주장했다. "경제학이 과학이라면 그것은 수학적인 과학임이 틀림없다. 경제학은 양을 다뤄야 하므로 수학적이어야 한다." 제본스 자신이 수학에 특히 뛰어났는지는 확인할 수 없지만 그의 편애는 지속되었다. 경제학은 쾌락과 고통의 과학을 바탕으로 삼을 수 있지만, 여기에는 정신적인 현상들 역시 일정한 수학 법칙을 따른다는 전제가 있었다. 경제학에 대한 이러한 관점이 주류가 되기 위해서는 마음 그 자체를 계산기처럼 취급해야 한다.

제몬스는 《정치경제학 이론》 제2판 서문에서 책 제목에 '경제학'이라는 용어 대신 '정치경제학'이라는 용어를 사용한 것을 후회한다고 밝혔다. 둘 사이의 차이는 중요하다. 그는 분명 자신의 작업을 정치경제학자들이 달성했던 것보다 더 엄밀한 학문의 새로운 출발점으로 여겼다. 수학적인 토대가 일단 정확하게 확립되고 나면 경제학 연구 또한 새롭고 객관적인 토대 위에 놓이게 될 거라는 것이 그의 생각이었다.

제본스에게 있어서 모든 것은 양으로 측정할 수 있는 균형의 문제였다. 마음의 기계 같은 성격에 사로잡힌 그는 덕분에 훗날 컴퓨터 과학을 낳은 인공두뇌학의 선구자가 되었다. 심지어 그는 샐퍼드의 한 시계 제작자에게 나무를 가지고 원시적인 계산기를 만들어달라는 주문을 넣기도 했다. 그는 합리적인 사고를 표현한 기계 모형이라는 의미로 이 계산기를 '논리 주판Logical Abacus'이라고 불렀다.[13] 그에게 마음이란 자신이 어릴 때 가지고 놀던 장난감 저울이나 시드니에서 사용했던 시금 도구와 비슷했다.

피자를 먹을 것인지 말 것인지 결정할 때 우리는 한쪽에는 쾌락을, 다른 한쪽에는 고통을 올려놓고 저울질을 한다. 피자에서 얻을 수 있는 쾌락과 고통을 가늠하는 것이다. 무게가 더 많이 나가는 쪽이 우리의 결심을 좌우할 것이다. 벤담의 주장처럼 우리 마음은 꾸준히 장점과 단점을 저울질하는 수학 계산기처럼 움직인다.[14]

제본스의 획기적인 기여는 계산적인 쾌락주의자라는 상像을 시장에 이식한 것이었다. 벤담은 주로 공공 일반에 영향을 미치는 정부 정책과 처벌 기관 개혁에 주력했다. 하지만 제본스는 공리주의를 합리적인 소비자 선택론으로 탈바꿈시켰다. 가치가 깃들어 있는 마음의 역학과, 가격을 만들어내는 시장의 역학은 서로 완벽하게 조율될 수 있다는 것이 그의 생각이었다. 그는 이렇게 제안했다.

우리는 마치 진자의 움직임으로 중력의 영향을 가늠하듯 마음의 결
정을 가지고 감정의 평등함이나 불평등함을 추정할 수 있다. 의지는
우리의 진자요, 그 움직임은 시장의 가격표에 분 단위로 기재된다.[15]

시장은 사회의 욕망을 발견해내고 재현해내는, 거대한 심리적 감사
기관이다.

이는 화폐에 이례적인 심리적 지위를 부여했다. 화폐가 다른 사람들
의 사적 욕망을 엿볼 수 있게 해주기 때문이다. 벤담은 화폐가 쾌락을 측정
하는 대용물이 될 수 있을지 한가하게 사유했을 뿐 결코 이것을 경제학 이
론에 적용시키지는 못했다. 제본스는 가격(즉 화폐)이라는 수단을 가지고 시
장을 사실상 거대한 독심讀心 장치로 전환시켰다. 이러한 경우 화폐는 결코
범상한 수단일 수 없었고, 경제학은 결코 범상한 과학이 아니었다. 감정과
욕망이라는 눈에 보이지 않는 영역을 백일하에 드러내겠다는 이상은 이제
자유 시장이라는 이상과 의기투합하게 되었다.

고전 경제학자들은 자본주의를 노역과 땀, 그리고 그 결과로 얻게 되
는 물리적 생산물이라는 관점에서 연구했다. [반면] 제본스는 경제학을 수학
으로 표현할 수 있는, 환상과 공포의 놀이로 표현했다. 이는 역사적인 맥락
과도 무관하지 않다. 공업 도시 리버풀에서 보냈던 유년기와, 북北런던의 햄
스테드에서 편안한 학자적 삶을 살았던 중년기 사이에는 산업 경제의 커다
란 전환이 일어났는데, 이 변화는 특히 도시에서 확연하게 드러났다.

1852년 파리에서 세계 최초의 백화점이 문을 열었다. 이와 함께 오늘날 우리가 '쇼핑'으로 알고 있는 경험이 첫선을 보였다. 이전까지는 상품을 손에 넣기까지의 고통을 오로지 가격표로만 재현한 상태로 생산자로부터 마법처럼 분리시켜 전시하는 일이 없었다.[16] 전국적인 철도망은 이제 상품이 대부분의 사람들보다 더 멀리 그리고 더 빠르게 이동할 수 있음을 의미했다. 1830년대까지만 해도 공식적인 은행권이나 정가가 상대적으로 그렇게 보편적이진 않아서, 누가 누구에게 무엇을 얼마나 빚졌는지를 자체적으로 기록한 장부를 가지고 있는 가게들이 많았다. 1880년대가 되자 지폐와 일부 눈에 띄는 브랜드의 폭넓은 순환에 기초한 소매 문화가 확립되었다. 이런 문화가 없었다면, 개인의 쾌락 추구라는 전제 위에 선 경제 이론은 광적이고 공상적인 이상주의처럼 보였을 것이다.

요컨대 이제 자본주의는 돈만 있으면 얼마든지 손에 넣을 수 있는 심리적 경험의 장으로 여겨지게 되었다. 그리고 이 심리적 경험의 장에서 물리적인 사물들은 그저 감각을 생산하기 위한 소품일 뿐이다. 제본스에게 있어서 '쾌락을 제공하거나 고통을 물리쳐주기만 하면' 무엇이든 상품이었다.[17] 제본스를 직접 계승한 영국 경제학의 거두 중 한명인 알프레드 마샬Alfred Marshall은 이를 날카롭게 표현했다.

인간은 물질적인 것을 창조하지 못한다. 정신적·도덕적 세계에서는 사실 새로운 생각을 만들어낼 수도 있다. 하지만 인간이 물질적인 것을 생산했다고 말했을 때 실제로 인간이 만들어낸 것은 효용일 뿐이다. 다시 말해서 이 사람의 노력과 희생은 욕구 충족에 더 알맞도록

사물의 형태나 배열을 바꾸었을 뿐이다.[18]

1980년대 서구의 많은 중공업들이 몰락한 뒤에는 자본주의가 갑자기 '지식'와 '무형자산', '지적 자본'을 기초로 삼게 되었다는 선언이 유행처럼 번졌다. 실제로 100년 전과 같이 경제가 마음의 현상이라는 생각이 다시 부상하게 된 것이다. 자본주의는 소비자의 욕망을 지향하게 되었고, 말 없는 내밀한 감정의 가장 매혹적인 대변인인 화폐의 지시를 받게 되었다.


## 측정의 귀환

《정치경제학 이론》에서 제본스는 "인간이 심장으로 느끼는 감정을 직접 측정할 수단을 갖추게 될는지는 잘 모르겠다"라고 말했다.[19] 이렇게 인정하기란 그에게 틀림없이 어려운 일이었을 것이다. 결국 그는 인간이 정확히 어떻게 의사 결정을 하는지에 대해 몇 가지 강한 주장을 편다. 벤담처럼 그는 언젠가 자연과학이 자신의 개별 선택 이론에 경험적인 기초를 제공하리라는 희망을 품었다. "뇌의 부드러운 메커니즘을 파악하고, 모든 사고思考가 정확한 무게의 질소와 인을 소모하는 일로 축소되는 날이 올지도 모른다"라고 그는 주장했다.[20] 심지어 대상이 자신의 감각에 미치는 영향을 연구하기 위해 저울추를 들어 올리던 페히너의 실험과 아주 유사한 몇 가지 실험을 직접 수행하기도 했다.

1850년에서 1890년 사이에 활동했던 일군의 영국 학자들은 심리 측정이라는 도전에 단단히 사로잡혀 있었다. 이들은 때로 우생학에 대한 믿음으로 표현되기도 하는 대단히 귀족적인 정치적 편견에 확신을 줄 수 있는 인간 행동 이론을 찾다가 벤담과 다윈에 천착했다. 그중 하나였던 제임스 설리James Sully는 베를린에서 독일의 위대한 물리학자 헤르만 폰 헬름홀츠Hermann von Helmholtz와 함께 공부한 뒤 페히너가 개척한 새로운 정신물리학 기법들을 가지고 영국으로 돌아왔다. 또 다른 한 사람 프랜시스 에지워스Francis Edgeworth는 이웃이자 절친한 친구였던 제본스를 통해 경제학에 입문했다.[21]

에지워스는 제본스의 사례를 토대로 심리 측정에 대한 주장을 훨씬 깊이 밀어붙였다.[22] 감정 과학에 대한 그의 포부는 원대했다. 우리는 "개인이 경험하는 쾌락의 크기를 꾸준히 기록하는, 더할 나위 없이 완벽한 도구, 정신물리학 기계를 상상"할 필요가 있다. 이런 기계의 이름은 '쾌락 측정기hedonimeter'가 될 것이다. "이 쾌락 측정기는 시시각각 달라진다. 열정이 일렁이면 섬세한 지침指針이 움직이고, 지적인 활동을 하면 잠잠해졌다가, 내내 0 근처에 낮게 가라앉거나, 순간적으로 무한으로 치솟기도 한다." 물론 1881년에 이것은 공상과학소설에 불과했다. 21세기에는 더 이상 그렇지 않다고, 이제 우리는 소비자(가령 휘플래시 청구인들)의 내밀한 감정을 과학적으로 분별할 수 있는 지점에 이르고 있다고 주장하는 사람도 있을 것이다. 이보다 더 흥미로운 문제는, 이 과학적 판타지가 어떻게 그렇게 오랫동안 우리의 경제적 상상을 장악할 수 있었느냐는 것이다.

제본스는 시장이 효과적으로 작동할 경우 어째서 쾌락과 고통의 과학이 필요한가 하는 문제에는 답할 수 없었다. 만일 우리가 개인은 대체로 자신의 이익을 좇고 그 방법도 알고 있다고 단순히 **가정**할 수 있다면, 어째서 시장이 그것을 처리하도록 그냥 내버려두지 않는가? 어째서 우리는 얼마나 많은 양의 '질소와 인'이 뇌에서 휘몰아치고 있는지를 걱정하거나, '쾌락 측정기'를 만들어 쾌락을 재현해야 하는가? 공공 정책 사상가로서의 벤담에게는 이런 도구가 왜 필요한지가 꽤나 분명했다. 정부에는 권력과 돈을 가장 잘 사용하는 방법을 알려줄 과학이 필요했다. 하지만 시장가격 시스템의 위대한 장점은 이런 과학을 알아서 수행하는 것이 아니었던가? 화폐는 분명 가치의 척도이지 심리학이 아니었다. 경제학자들은 정말로 인간의 머릿속에서 어떤 일이 벌어지고 있는지 알아야 할 필요가 있었던 걸까?

제본스 직후의 경제학자들은 단호하게 "아니다"라고 답했다. 1888년 제본스가 세상을 떠난 뒤 경제학자들은 그의 심리학 이론이나 방법론에 거리를 두기 시작했다.[23] 모든 쾌락과 고통은 식별 가능한 양적 성질을 가지고 있다고 주장하는 제본스의 이론 대신 선호選好 이론이 밀고 들어왔다. 마샬이나 빌프레도 파레토Vilfredo Pareto 같은 경제학자들의 주장처럼, 경제학자들은 피자 한 판이 나에게 얼마나 많은 쾌락을 주는지가 아니라 내가 피자와 샐러드 중 어느 것을 **선호**하는지만 알면 그만이었다. 내가 돈 쓰는 방식을 결정하는 것은 나의 선호도이지 실제 주관적인 감각은 아닌 것이다.

경제학자들은 소비자들의 마음에서 무슨 일이 벌어지는지에 대해 크게 개의치 않은 채 그저 화폐의 사용을 관찰하고 그 외 나머지는 짐작만 해도 충분하다는 사실을 점점 깨닫게 되었다. 1930년대에 이르자 경제학은 심리학과 완전히 결별했다. 경제학이라는 과학이 얼마나 수학에 가까워지고 있는지 제본스가 보았더라면 기뻐했으리라. 하지만 이런 과학의 기초가 자신의 행복 이론과는 무관해졌다는 것에는 약간 실망했을지 모른다. 그렇다면 오늘날 다시 어디서나 행복이 활개를 치게 된 까닭은 무엇일까?

## 경제적 제국주의

제본스는 끊임없이 계산하고, 물건에 가격을 붙이고, 모든 상황에서 마치 신경증 환자처럼 자신의 사적인 이익을 좇는 약간 비참한 유형의 인간, 일명 **호모 에코노미쿠스**Homo economicus의 설계자 중 하나다. 호모 에코노미쿠스는 친구도, 긴장을 늦추는 법도 없다. 항상 자기 이익에 골몰하느라 너무 바쁘다. 정말로 그런 사람이 존재한다면 아마 사이코패스 취급을 받을 것이다. 물론 이런 인간형을 있는 그대로 받아들여서는 안된다. 이런 이론적 구성물은 실제로 존재하지 않는다. 제본스는 기하학과 역학의 **비유**를 통해 마음에 대한 상상의 나래를 펼쳤다. 즉 결코 뇌가 실제로 물리적인 평형 기구라고 제시하지는 않았던 것이다.

　19세기 말엽 **호모 에코노미쿠스**는 시장을 이해하는 데 도움이 되는 과학적 이론으로 통했다. 이것이 화폐 영역 바깥에 적용되어야 한다는 생각은 전혀 없었다. 제본스 등이 1870년대에 발전시킨 효용 극대화론은 어째서 사람들이 상품을 사고파는지를 설명하는 수준에서 유용할 뿐 그 이상은 아니었다. 하지만 20세기 후반, 이 경제학 이론은 점점 확장되어 벤담이 원래 공리주의를 통해 달성하려고 했던 것과 동일한 광범위한 공적 기능을 수행하기에 이르렀다. 출발할 때는 시장 교환 이론이었지만 점점 부풀려져 **정의正義**론이 된 것이다.

예를 들어 이런 경우를 생각해보자. 1989년 3월 24일 엑손 발데즈 Exxon Valdez호의 석유탱크가 5500만 갤런의 석유를 싣고 가던 중 알래스카 연안에서 좌초했다. 이는 당시 미국 역사상 최대의 석유 유출 사고였다. 10만 마리가 넘는 바닷새들이 떼죽음을 당했고, 각종 물고기와 해달 등 야생동물의 수는 20여 년이 지난 지금까지도 이전 수준으로 회복되지 못했다. 승선자들의 태만, 부적절한 직원 채용, 부실한 장비 등을 재난의 원인으로 지목하는 다양한 보고서가 발표되었다. 이 사건의 법률적 결과를 정리하는 데만 수년이 걸렸다. 하지만 정화 비용에 대한 엑손의 법적 책임 너머에는 그보다 더 넓은 도덕적 문제가 있었다. 1,000마일에 달하는 아름다운 해안선을 손상시킨 것에 대해서는 엑손을 어떻게 처벌해야 할까? 이들이 저지른 일을 상쇄할 수 있는 방법은 무엇일가?

이 문제에 대한 한 가지 해답을 내놓은 곳은 알래스카 주州였다. 알래스카 주는 '지불용의 조사법willingness to pay survey'이라는 기법을 이용하여 다른 49개 주에 살고 있는 시민의 대표 표본에게, 엑손 발데스 사고가 일어나지 않도록 되돌릴 수 있다면 얼마를 '지불할 용의'가 있는지 물어보았다.[24] 이들에게는 암산의 기본 정보로서 엑손 발데스 사고의 범위와 영향을 모두 알려주었다. 대답은 가구당 평균 31달러였다. 여기에 9100만 가구를 곱하면 엑손은 미국 국민들에게 28억 달러의 피해를 입혔다는 계산이 나온다. 이 수치는 엑손이 낼 벌금에 대한 최종 법적 합의를 도출하는 데 사용되었다.

위의 사례를 통해 우리는 경세학이 시상의 한계를 넘어 폭넓은 공적

합의의 기초로 사용되고 있음을 알 수 있다. 규모가 작은 사적 시장 교환에서의 균형을 연구할 때 사용되는 기법이 공공의 중대한 도덕적 논란에 대한 판단으로까지 확장된 것이다. 그리고 그 중심에는 이상한 행위가 끼어들었다. 미국 전역에 흩어져 있는 시민들에게 눈을 감고 멀리 떨어진 곳에서 발생한 사고를 돌이킬 수 있다면 개인적으로 얼마를 지불할 용의가 있는지 떠올려보라고 한 것이다. 이들은 깨끗한 해안선의 '가치'는 얼마 정도에 상응하는지를 찾아 자신의 내면으로 뻗어 들어가야 했다. 어떤 식으로도 진실성을 증명할 수 없는 제멋대로의 자기 성찰을 근거로 삼는 기법이 가령 판사나 선출직 관리나 야생 동식물 전문가의 증언보다 더 큰 권위를 가진다니 너무 이상하지 않은가?

하지만 이런 기법의 정치적 권위는 날로 커져만 가고 있다. 공적으로 수용 가능한 합의를 도출하는 능력이 약해지는 곳이면 어디든, 경제학에 의지하여 논란을 해결하는 일이 많아졌다. 정책 결정자들은 아름다운 랜드마크를 보호하기 위해 돈을 지출해야 할 것인지, 문화 자원을 대중에게 무료로 개방할 것인지, 교통 안전성을 증대할 것인지 등을 결정할 때, 이런 재화의 가설적 가격이 얼마인지 알아내기 위해 '지불 용의 조사법' 같은 기법을 사용한다.[25] 이 외에도 수려한 공원의 화폐가치를 파악하기 위해 이 공원이 지역 주택 가격에 미치는 영향을 연구하는 등의 기법이 있다. 제한된 자원을 가능한 한 최선의 방식으로 지출해야 하는 보건 영역에서는 '화폐의 가치' 문제가 항상 관건이다. 이 경우에도 심리적 내성법이 활약을 하는데, 일반적으로 암이나 시력 상실 같은 증상을 전혀 경험해보지 못한 사람들을 대상으로 이런 증세에 대한 수치 평가를 하게 하는 식이다.

| 행복산업 |

이런 기법들은 대중의 목소리를 들어야 한다는 민주적 세계관과, 믿을 수 있는 것은 숫자밖에 없다는 벤담식의 과학을 대충 얼버무려놓은 것이나 다름없다. 그 결과, 대중은 발언할 수 있지만 계량법과 가격을 언어로 사용해야 한다는 조건이 따라붙는 이상한 상황이 발생하게 된다. 대중들이 발언권을 가지려면 계산기 흉내를 내야 하는 것이다.

1990년대 초 경제학과 심리학은 재결합 비슷한 일을 겪었다. 경제학자들이 여러 가지 조사법을 통해 수집한 '웰빙'에 대한 자료를 사용하기 시작한 것이다. 참가자들이 하루 동안 시간별로 실제로 느꼈던 감정을 기록하는 '1일 재구성 기법'이나, 하루 동안 그때그때의 기분을 업데이트하도록 하는 스마트폰 앱처럼 ('보고된' 혹은 '예상되는' 효용이 아닌) '경험된' 효용을 측정하는 새로운 기법들이 도입되었다. 런던정경대학LSE에서 만든 이런 유의 앱은 '쾌락 측정기'라고 불러도 손색이 없을 정도다.

경제학자들이 (사람들의 웰빙과 다양한 소득을 비교하여) 심리적 쾌락과 화폐 사이의 관계를 정확히 확립할 수 있고 이를 통해 웰빙과 (안전, 깨끗한 공기, 건강 등과 같은) 여러 가지 비시장 재화 사이의 관계를 연구할 수 있다면, 이를 통해 추적한 일련의 상관관계를 가지고 모든 것에 가격을 붙일 수 있을 것이다. 영국 정부는 바로 이런 기법을 사용하여 미술관과 도서관의 금전적 '가치'를 정했다. 이런 장소들이 얼마나 많은 행복을 창출하는지를 밝히고 같은 양의 심리적 편익을 발생시키려면 얼마나 많은 돈이 필요한지 알아낸 것이다.[26] 덕분에 의사 결정자들은 공공 문화에 가격을 매긴 뒤 결정을 내릴 수 있게 되었다. 아이를 잃었을 때처럼, 형태가 없거나 감정적인 피해를 입은 사람에 대한 피해 보상액을 계산할 때도 위와 동일한 기법을 기초로

삼으라는 제안도 꾸준했다.[27]

　이런 기법이 쓸모없다는 말을 하려는 것은 아니다. 가령 보건 관련 지출을 하려면 다양한 난제를 조정할 수 있는 어떤 발판이 있어야 한다. 화폐는 이를 위한 도덕적 공용어가 되어버렸다. 보건 경제학 전문가들은 다양한 건강상의 결과에 다양한 금전적 가치를 부여한다. 하지만 경제학이 공적인 사안과 도덕적인 논쟁에 개입하면 할수록, 가치 산정에 대한 심리적 문제는 더욱 꼬이게 된다. 화폐와 경제학이 공적 논란을 성공적으로 해결할 수 있는 수단으로 확립되려면 우리가 쾌락과 고통을 어떻게 경험하는지에 대한 제본스의 질문을 외면만 할 수는 없게 되는 것이다.

　경제학자들이 시장 교환만을 다룰 때는 우리 내부의 감정에 아무런 관심을 가질 필요가 없었다. 사실 제본스가 달성하려고 했던 것을 위해서는 굳이 실용적인 심리학에 간여할 필요가 없었다. 경제학자들이 우리의 감정을 궁금하게 여기기 시작한 것은 그 계산의 촉수를 공적인 삶으로 뻗쳐 도덕적, 법적인 논란을 해결하는 데 간여하기 시작하면서부터였다. 시장 밖으로 나서는 순간 이만큼의 화폐는 무엇과 **등가**인가, 이를 통해 얼마만큼의 웰빙을 얻을 수 있는가 같은 문제들을 다시 만나게 된다. 화폐는 만물의 척도로 홀로 서 있으려 하지만, 궁극적으로 그 이중적인 성격 때문에 항상 실패하고 만다. 행복이 다시 한 번 경제학자들을 사로잡게 된 것은 바로 이러한 화폐의 위태로운 공허함 때문이다.

| 행복산업 |

## 다시 제본스로?

제본스는 '뇌의 연약한 메커니즘'을 결국 백일하에 드러냄으로써 쾌락 추구 행위의 진실을 완전히 해결할 수 있을 것인지에 관심을 가졌다. 제본스가 세상을 떠난 지 100여 년이 지난 지금 이 문제를 해결할 돌파구가 보인다고 믿는 사람들이 있다. 질소와 인은 제본스의 가정假定만큼 중요한 문제가 아니었다. 대신 마음의 경제적 역학은 도파민이라고 하는 뇌의 화학물질로 요약되는 듯하다.

신경학적 '보상 시스템' 개념이 처음 등장한 것은 과학자들이 쥐가 쾌락을 추구하는 과정에서 어떻게 행동을 바꾸는지 알아보기 위해 쥐의 뇌를 연구하기 시작한 1950년대였다.[28] 이런 보상 시스템 개념은 벤담과 제본스가 내놓았던 심리 이론과 분명히 공명한다. 이 개념은 동물은 보상이 있는 행동은 반복하지만 처벌이 따르는 행동은 피하는 식으로 쾌락과 고통의 지배를 받는다는 의미를 깔고 있다. 이제야 비로소 제본스가 즐기던 평형 장치 비유를 사용할 필요가 없게 된 것이다. 우리의 계획적인 쾌락주의의 실제 생물학적 기본 물질이 밝혀졌다고 생각했으니 말이다.

1980년대 초 도파민은 좋은 결정에 대한 '보상'으로 뇌에서 분비된다는 사실이 밝혀졌다. 경제학자들에게 이는 유혹적인 문제를 제기했다. 가치가 사실상 우리 뇌 안에서는 그 양이 다른 실제 화학물질이 될 수도 있을까?[29] 내가 10파운드를 가지고 피자를 사기로 결정했다면 **정확히 그에 맞먹는** 양의 도파민을 보상으로 받기 때문에 그렇다고 볼 수 있을까? 이 경우 한쪽에는 현금이, 다른 한쪽에는 그에 상응하는 신경 화학물질이 놓인 완벽한 저울이 있다는 상상이 출현하게 된다. 어쩌면 현금과 도파민의 교환 비율을 규명할 수 있을지도 모른다.

그 외에도 신경과학자들은 뇌에서 상품 구매를 결정하는 정확한 부위는 '중격의지 핵nucleus accumben'으로 밝혀졌다고 믿고 있다. 심리학이 균형을 잡는 행위에 대한 연구라는 주장을 지지하는 한 논문은 쾌락과 가격을 다루는 각각의 특정 신경 회로, 다시 말해서 모든 소비자들이 의사 결정을 할 때 의지하는 저울의 위치를 알아냈다고 주장한다.[30] 제본스보다 더 낙관적인 그 후예들에게 이는 이제 막 동이 터오는 멋진 신세계와 같다.

상식적으로 이는 터무니없는 가정이다. 뇌가 1860년대에 경제학자들이 처음으로 발전시킨 원칙에 따라 '자연 발생적으로' 작동한다니 말도 안 되는 소리다. 어째서 계산기처럼 행동하는 것이 우리의 타고난 생물학적 본성이라는 소리를 믿어야 한단 말인가? 그 이유는 간단하다. 경제학이라는 학문을 구출하고, 이와 함께 화폐의 도덕적 권위를 수호하기 위해서다.

1880년대 이후 가장 긴 불황의 출발점이자 1929년 이후 최대의 금융 위기를 겪었던 2008년 이후, 수많은 총명한 사람들이 이 문제를 놓고 정치경제학에서 논쟁을 벌여야 한다고 믿게 되었다. 뇌 안을 들여다보면 정확히 무엇이 잘못이었는지 알아낼 수 있을지 모른다. 그러면 1980년 이후 은행들이 금융 규제를 막기 위해 꾸준히 벌였던 전략적인 로비 활동을 탓할 수 없게 된다. 백악관과 골드만 삭스의 회전문 인사를 탓할 수도 없다. 투자 은행들이 신용 등급 평가 기관들을 매수하여 무용지물이나 다름없는 금융 상품의 등급을 높게 매기던 관행도 욕할 수 없다. 금융계를 강타한 문제점은 **잘못된 신경 화학물질**이었던 것이다.

여러 가지 설명이 넘쳐났다. 테스토스테론이 과도하게 분비되는 남자들이 월스트리트에 너무 많았다는 둥, 너무 많은 은행가들이 코카인에 취해 있었고, 이 때문에 도파민이 분비되어서는 안 되는 시간에 분비되었다는 둥.[32] 은행가들이 단순히 뇌의 생물학적 결함을 망각하는 바람에, 그릇된 순간 과도한 자신감을 갖게 되었다는 주장도 있었다(차라리 석기시대의 혈거인들에게 왜 진화하지 못했느냐고 나무라는 게 나을 것 같다). 모두 진화의 수혜를 받지 못한 피해자들이었다.[33] 그러자 상인들은 명상이야말로 마음의 평화를 찾고 좀 더 계산된 상태에서 위험을 받아들이는 경지에 이를 수 있는 방법임을 알아냈다. 트루브레인truBrain 같은 회사는 상인들이 상거래를 하는 동안 뇌전도 스캔을 바탕으로 개발한 신경 보충제를 내놓았다. 트루브레인은 이 약을 먹으면 시장에서 의사 결정을 더 잘하게 된다고 약속한다. 운이 좋으면 금융 버블이 막 터지려 할 때 그 사실을 뇌가 '귀띔'해줄지도 모른다.[34]

마음에 대한 기계적·수학적 관점이 궁극적으로 올바르다는 것은 신경 경제학의 편견이다. 신경 화학물질의 생산량이나 시기가 적절치 못한 변칙적 경우는 당연히 존재한다. 하지만 이런 일이 언제 발생하는지 추적하여 이를 계산에 포함시키면, 마음은 다시 한 번 믿음직한 평형 장치로서의 기능을 수행할 수 있으리라는 것이 신경 경제학의 기대다. 그런데 정책 입안가, 경제학자, 업계 지도자들이 보상이나 인센티브, 도파민 등의 신경 심리학에 관심을 둘 때면 항상 이들의 관심은 완전히 엉뚱한 데 쏠려 있다는 불편한 진실이 그 이면에 숨어 있다. 이들의 관심은 오직 화폐가 모든 가치의 척도라는 특권적 지위를 확보하도록 힘쓰는 것이다.

금융 위기는 화폐의 공적 지위에 대한 심각한 위협을 상징하여, 탄탄한 토대 위에 '가치'를 올려놓아야 한다는 절박감을 고조시킨다. 1860년 대 이후로 나온 것들 가운데 가장 최신 토대는 바로 뇌다. 오늘날 쾌락과 행복에 대한 우리의 많은 관심은 자유 시장 경제가 요구했던 것처럼, 마음에 대한 충분한 이론을 요구하는 데만 관심이 있었던 경제학의 한 전통에 그 뿌리가 있다. 이런 이론들을 그 정치적·문화적 맥락에서 분리할 수 있다는 주장은 마치 요리에 대한 이해 없이 주방 저울을 이해하려는 것과 같다. 왕립 런던 병원의 세 젊은이가 목의 통증이 보상금과 동일하다는 사실을 인식했던 그때, 이들은 시장에 대한 오늘날의 믿음에 내장된 사고를 활용하는 것일 뿐이었다. 만일 공정함이라는 개념이 '화폐를 위한 가치'라는 개념과 분리되지 않고, 이와 함께 화폐를 위한 가치 개념이 제시하는 모든 심리적 문제들을 떠안을 수밖에 없다면, 휘플래시 같은 철학적인 진퇴양난은 확산될 것이다.

이런 개념들은 시장이라는 맥락 속에서 자본주의를 위해 개발되어 왔다. 하지만 시장이라는 맥락만 있는 것은 아니다. 다른 정치적·경제적 제도들 역시 쾌락과 행복을 상상하고 측정하기 위한 상당히 다양한 방식을 요구한다. 경제학자들이 심리학에 관심을 끊은 1890년대 이후 심리학자들은 자체적인 재무 담당자를 확보하여, 자신들의 용어로 경제활동에 자유롭게 간여했다. [덕분에] 마음에 대한 다양한 비유와 가정들이 나타났고, 그 비유와 가정들은 자본주의가 어떻게 발전하는지에 대한 각각의 함의를 가졌다. 이러한 활동이 제본스와 그 후예의 유산이듯, 내적 행복의 양에 대한 오늘날의 집착은 이러한 활동의 유산이다.

# 3.

# 구매
# 의향

탁자 위에 사각형 구멍이 두 개 나 있는 금속판이 놓여 있고 여기에 밧줄이 연결되어 있다. 탁자 아래로 늘어진 밧줄의 다른 쪽 끝에는 쇠로 된 추가 있다. 일정한 시간이 지나 손잡이가 당겨지면 금속판이 풀려나 쇠로 된 추의 무게 때문에 탁자 위를 거칠게 가로지르게 된다. 금속판이 움직이면서 사각형의 구멍은 탁자 위에 그려진 어떤 이미지를 지나게 되므로 관찰자에게는 아주 짧은 순간 이 이미지가 보였다가 다시 사라진다. 관찰자는 이미지가 얼마나 오랫동안 보였는지를 정확히 계산하고 그것이 눈에 어떤 인상을 남겼는지 기록한다.

이것은 1850년대에 독일에 있었던 '순간 노출기tachistoscopes'의 작동원리다.[1] 당시 순간 노출기는 인간의 시각을 연구하던 생리학자들이 사용했다. 시각 연구에서는 빛, 깊이 감각, 잔상, 한 쌍의 눈이 3차원에서 이미지를 어떻게 구축하는지 등 시각의 다양한 측면을 연구했다. 다양한 반응을 알아내기 위해서는 안구를 살피고 테스트해야 했다.

오늘날에는 일반적인 컴퓨터 웹캠을 가지고 상대적으로 저렴하게 순간 노출기와 동일한 연구를 할 수 있다. 동공의 확장 같은 눈의 움직임을 추적하는 것도 가능하다. 눈이 특정한 이미지나 이미지의 일부에 머무는 시간의 길이는 거의 1,000분의 1 단위로 측정할 수 있다. 이펙티바Affectiva나 리얼아이즈Realeyes라는 이름의 민간 회사들은 청중들의 관심을 어떻게 얻고 유지할 수 있는지 알고 싶어 하는 고객들에게 상업적인 서비스를 제공한다. 이런 기법들이 감정 상태의 비밀을 풀어주겠다고 약속하는 좀 더 포괄적인 안면 스캐닝 프로그램과 함께 활용되는 경우도 종종 있다. 안면 스캐닝 기술은 슈퍼마켓이나 버스 정류장 같은 일상 구석구석으로 확장되어 전달 내용을 개인 맞춤형으로 제공한다. 물론 이런 21세기형 순간 노출기가 순수하게 과학적 목적으로만 활용되는 것은 아니다. 오히려 이런 종류의 안구 추적 기술은 시장 연구나 특정 대상을 겨냥한 광고를 위해 사용되는 경우가 많다.

1990년대 말 이후로 시장 연구자들은 갈수록 눈과 얼굴을 인간의 구매 성향을 고스란히 알려주는 신호로 여기고 여기에 집착하는 경향을 보이고 있다. 그 저변에는 소비를 좌우하는 것은 주로 감정이라는, 날로 커져가는 믿음이 자리하고 있다. 포르투갈계 미국인 신경과학자 안토니오 다마시오Antonio Damasio가 1994년에 쓴《데카르트의 오류Descartes' Error》라는 책이 광고계와 시장 연구계 전반에 큰 영향을 미쳤다. 다마시오는 뇌스캔 영상을 통해 합리성과 감정은 뇌의 서로 상반된 혹은 양자택일이 필요한 기능이 아니며, 오히려 감정은 합리적 행동의 조건이라고 주장했다. 가령 뇌 손상으로 감정적 역량이 망가진 사람은 계산적이고 합리적인 판단을 내리는 데도 지장이 있음을 확인한 것이다.

알 만한 사람들 사이에서 이제 다마시오는 마케팅 이론과 과학 분야의 미시적인 계몽을 이끈 아버지로 정평이 나 있다. 광고 및 시장 연구계의 선구적인 권위자들 모두 처음에는 점진적으로 마음과 뇌의 감정적인 측면을 광고 캠페인과 연구의 대상으로 받아들이기 시작했지만, 말콤 글래드웰Malcom Gladwell의《블링크Blink》가 출간된 2005년 이후부터는 이런 추세에 탄력이 붙었다. 이는 신경 마케팅[제품 마케팅에 노출되었을 때 뇌의 반응이나 정신 상태에 대한 신경학 연구]이나 향기 로고[scent logos, 향기를 가지고 브랜드에 대한 긍정적인 감성를 유노아는 마케팅 기법]서럼 수상쩍은 유산을 남겼다. 조너선 하이트Jonathan

Haidt 같은 심리학자들은 이를 더욱 밀어붙여 도덕적·정치적 선택의 감정적 토대를 분석한다.[2]

어떤 면에서 이는 다소 놀라운 소식이다. 우리는 오랫동안 광고업자들이 상품을 사도록 만들기 위해 우리의 무의식적인 욕망과 불안을 노린다고 생각했다. 《보이지 않는 설득자The Hidden Persuaders》가 처음으로 그 커튼을 젖히고 광고업자들이 우리에게 감행하는 조작과 속임수를 밝히겠다고 주장한 것이 1957년이었다. 어쩌면 광고 이론이 워낙 유행에 민감하다 보니 지금 당장은 감정이 다시 중요한 문제로 '들어와' 다뤄지지만, 얼마 안 가 다른 개념이 밀고 들어올지도 모른다. 또한 광고업자들이 '정말로' 원하지 않는 것을 사게 만드는 것은 불가능하다고 주장하면서 자신들을 '보이지 않는 설득자'로 묘사하는 것에 대해 오랫동안 거부감을 나타낸 것도 사실이다. 그렇다면 무엇이 새로워진 걸까?

많은 시장 연구자들이 보기에 신경과학의 태동은 근본적인 변화를 몰고 왔다. 이들 중에서도 낙관론자의 입장에 따르면, 과학자들은 얼마 안 가 뇌의 '구매 버튼'을 발견하게 될 것이다. 뇌의 구매 버튼이란 우리로 하여금 어떤 품목을 장바구니에 담도록 만드는, 물컹물컹한 회색 물질로 된 특정 부위를 말한다.[3] 감정의 신경과학에는 광고업자들이 더 이상 창의적인 사고와 과학적인 사고 중에서 선택을 해야 할 필요가 없다는 의미가 잠재되어 있다. 어떤 형태의 이미지, 소리, 냄새가 특정 브랜드에 대한 감정적인 애착을 낳는지 알 수 있기 때문이다. 눈의 움직임과 얼굴 근육을 컴퓨터 코드화한 것에다 이런 진전까지 덧붙이면 사람들이 어떤 감정을 느끼고 있는지 정말로 알 수 있는 장치를 손에 넣을 수 있다. 이 두 가지를 혼합하고 호르몬 테스트까지 추가하는 경우도 있다.

이런 대단한 과학적 발전 덕분에 시장 연구 집단은 엄청난 과학적 풍요를 누리게 되었다. 어떤 광고가 실제로 특정 감정을 유도하는지, 이와 함께 구매욕을 일으키는지의 여부를 확인하는 것이 이제는 실제로 가능해졌다. 욕망을 객관적이고 정량적으로 다루는 과학이 더 이상 헛된 망상처럼 보이지 않게 된 것이다.

그 결과 여러 가지 새로운 사실들이 발견되었다. 남아프리카의 광고 전문가 에릭 뒤 플레시스Erik du Plessis는 많은 기업(가장 중요하게는 페이스북)에게 '우리가 무엇을 '좋아하는지'의 여부야말로 그다음에 이어질 행동에 가장 지대한 감정적인 영향을 미친다는 확신을 심어주었다.[4] 유명 브랜드 제품을 구매하게 만드는 것은 공포임을 보여준 연구도 있었다. 스탠포드의 신경과학자 브라이언 넛슨Brian Knutson은 구매와 관련된 대부분의 즐거움은 그것을 기다리는 동안 발생한다고 밝힌 뒤, 기업에게 이에 맞게 판매 행위를 구성하라고 충고했다.[6] (가격을 말할 때의 음절수를 최소화하는 것과 같이) 가격표와 관련된 '고통'을 경감하는 방법에 대한 연구도 있었다.[7] 돈을 지출하는 데 따른 심리적인 고통은 현금을 쓸 때보다 신용카드를 쓸 때 줄어드는 것으로 나타났다.[8]

긍정심리학자들과 행복경제학자들은 화폐와 물질적인 소유가 정신적인 행복의 증대로 이어지지 않는다는 사실을 강조한다. 하지만 소비자 심리학자, 소비자 신경과학자, 시장 연구자 등 돈을 쓰면 어느 정도의 심리적 만족을 얻을 수 있다는 확신을 증명하는 데 여념이 없는 엄청난 인력 십난에 비하면 이런 전문가들은 소수에 불과하다.

우리의 소비 습관에서 운에 맡겨지는 것은 갈수록 줄어들 것이다. 광고업자들은 지금도 자신들이 '보이지 않는 설득자'라는 이미지는 부정확하고 부당하다고 성토할 테지만 어쨌든 감정을 목표로 삼고, 감정을 유도하며, 감정을 연구하는 것은 부정할 수 없다. 이는 거짓말과는 다르다. 오히려 감정은 벤담과 그의 추종자들에게 그랬던 것처럼, 시장 연구업계의 취향에 맞는 행복이나 쾌락의 버전으로 바뀐 것이라 할 수 있다. 우리가 경험하거나 생각하는 다른 모든 것을 떠받치고 있는 것은 바로 이 견고한 신경학적, 화학적 혹은 심리적 실제다. 가장 중요한 점은 우리의 지갑을 열게 하는 것이 바로 이 감정이라는 사실이다. 하지만 제본스의 방식대로 하자면, 우리가 감정에 이끌려 지갑을 여는 것은 거짓말이나 광고 이데올로기의 영향 때문이 아니라, 그 결과 실제로 일정량의 긍정적인 감정을 얻을 수 있기 때문이다. 적어도 일단 주장은 그렇다.

시장 연구는 이런 과학적 풍요 덕에 꾸준히 상승세를 타고 있지만, 아직도 많은 문제에 대한 의문이 남아 있다. 대체 감정이란 정확히 무엇인가? 감정은 뇌에서 일어나는 가시적인 현상이라고 말할 수도 있겠지만, 이는 '걱정', '즐거움', '공포', '행복', '증오', '호감' 등과 같은 특정 단어나 감정이라는 표현에 들어 있는 의미를 이해하는 데는 별반 도움이 되지 않는다. 탐지 도구가 아무리 훌륭해도, 이런 감정들을 전혀 경험해보지 못한 사람에게 이를 설명하거나 묘사한다는 것은 상상조차 어렵다.

게다가 이 새로운 신경 산업 복합체 안에서도 작용 주체가 정확히 어디에 있는지의 문제는 대단히 불분명하다. 소비자는 자유의지와 개성으로 구성된 감정을 지닌 독립적이고 자율적인 존재인가, 아니면 앞에 놓인 이미지나 소리, 냄새에 의해 감정적으로 동요되는 수동적인 용기容器일 뿐인가? 마케팅 전문가들이 대놓고 후자의 입장을 지지하지는 않을 테지만, 이들의 방법론이 전자의 관점과 양립 가능한 경우는 거의 없다. 어쩌면 정말 모르는 건지도 모른다. 의사 결정을 뇌의 작용으로 돌리는 것은 이런 철학적 딜레마를 숨길 때 즐겨 쓰는 방식이다.

봉인된 감정의 비밀을 해제하겠다고 약속하는 스캐닝 기술은 눈부시도록 새롭지만, 여기서 비롯되는 철학적·윤리적 문제들은 상당히 오래된 것들이다. 아무리 새로운 기술이 나와도 우리는 결국 최초의 시각적 순간 노출기를 가지고 실험하던 1850년대부터 심리학 연구 안에서 도돌이표처럼 반복되는 독심讀心 기술이라는 유혹의 늪과 마주하게 된다. 타인의 사고 과정이나 감각을 스캐닝할 수 있는 새로운 방법과 도구가 나타날 때마다 자연과학이 철학과 윤리학의 설 자리를 완전히 빼앗아버렸다는 믿음이 등장하곤 한다. 동시에 다른 사람과 이야기해보지 않고도 이해할 수 있다는 희망 역시 항상 죽지 않고 살아 있다.

하지만 그때마다 다른 한편에는 자유와 의식의 정확한 의미가 무엇인가에 대한, 과학적 확인이 불가능한 잔상도 여전히 존재한다. 심리학자, 신경과학자 혹은 시장 연구자들이 자신들이 속한 학문 분야가 도덕적 혹은 철학적 고민에서 완전히 해방되었다고 주장할 때는 이렇게 질문해야 한다. 그렇다면 당신은 인간의 다양한 감정적 상태와 충동, 기분 등 인간을 이해할 때 무엇을 근거로 삼는가? 당신의 직관? 그렇다면 그 직관의 뿌리는 무엇인가?

최초의 순간 노출기가 도입된 이후 몇 년간 이에 대한 대답은 갈수록 솔직해졌다. 이런 과학이 나아갈 방향을 결정하는 자유의 곁가지 개념은 바로 쇼핑의 자유라는 것이다. 정말 그렇다면 오늘날의 신경 마케팅과 안면 해독술은 순환적 도박이라는 비난을 피할 수 없다. 이들이 뇌의 시냅스와 눈의 깜박임에서 알아낸 것은 광고 디자인에 새로 끼워 넣으면 그만인 원자료가 아니라, 소비주의적인 철학을 통해 해독을 거쳐야 하는 것이기 때문이다.

따라서 우리는 심리학의 역사가 소비주의의 역사와 서로 맞물려 있는 기획이라는 관점을 취할 필요가 있다. 이 맞물림에는 기술이 절대적으로 중요하다. 우선 심리학이 스스로를 객관적인 과학이라고 천명한 데는 순간 노출기로부터 이어져온 기술적인 방법들과 도구들의 공이 크다. 이런 도구들의 매력 덕분에 혹자는 철학과 윤리학이 더 이상 필요없다고 선언하기까지 했다. 과학적인 정치, 타인의 감정에 대한 확고부동한 전문 지식으로 대화의 난잡함과 모호함을 대체할 수 있다는 벤담의 약속이 집중적으로 쏠린 곳도 바로 이 부분이다. 하지만 그 이면에 있는 것은 공익을 좇는 국가의 정부가 아니라, 사익을 좇는 기업이다.


## 철학과 육체 사이


1879년, 한때 생리학자였고 가끔은 철학자로 활동하기도 하는 빌헬름 분트Wilhelm Wundt는 라이프치히 대학에 있는 자신의 연구실 일부를 접근 금지 구역으로 선언했다. 이제부터 그곳은 그가 1860년대에 하이델베르크에서 위대한 독일의 물리학자 헤르만 폰 헬름홀츠Hermann von Helmholtz의 조수로 일하던 시절 거들던 실험과 유사한 일을 수행하는 데 사용될 예정이었다. 분트는 의사 수련을 받을 때 인간의 근육으로 생리적인 실험을 해본 적도 있었다. 자신감이 넘쳤던 그는 때로 근육 반사의 진실을 밝히겠다고 약속하기도 했다.

하지만 분트에게는 철학적 야망도 있었는데, 자연과학 때문에 이 야망을 완전히 포기하고 싶지는 않았다. 정신적인 과정은 자연스럽게 진행될 수 있지만, 여기에는 어떤 '속도'가 있고 이는 원칙적으로 측정 가능하다고 그는 확신했다. 새로운 실험 공간의 목적은 이런 철학적인 문제들을 자연과학에서 선별한 기교와 도구들을 사용하여 탐구하는 것이었다. 근육 반응을 테스트할 때처럼 인간을 실험 대상으로 사용할 예정이었다.

분트의 연구실 한쪽에 마련된 이 접근 금지 구역은 오늘날 세계 최초의 심리학 실험실로 공인되고 있다. 이 실험실의 물리적 설계는 대단히 상징적이어서, 심리학이 이전까지 의존했던 이론과 과학에서 떨어져 나오는 결과를 낳기도 했다. 19세기 초부터 유럽 전역에서는 페히너의 저울추들어 올리기 같은 실험을 포괄하는 다양한 형태의 심리학 연구가 진행되었다. 하지만 생리학적이거나 철학적인 탐구 전통에서 벗어나지 못했고, 연구 대상은 연구자 자신인 경우가 대부분이었다. 이는 연구자들이 내성법에 의존하여 데이터를 수집한다는 사실을 의미한다. 분트의 업적은 심리학을 잠재적으로 생리학과 철학 모두로부터 분리된, 고유의 학문으로 차별화한 데 있었다.

이 과정에서 그는 우리가 우리 자신과 다른 사람들을 이해하는 방식에 깊고도 넓은 함의를 가지는 진술을 했다. 분트의 주장은 정신이 자연 발생적인 생명 활동의 영역과 철학적인 사고의 영역 사이에 있는 고유의 특수 부위에 머물러 있다는 것이었다. 벤담은 (자연과학이 다루는) '현실'과 (형이상학이 다루는) 말도 안 되는 '허구'가 날카롭게 대립한다고 보았다. 이에 분트는 지식을 얻을 수는 있지만 자연법칙으로 환원되지 않는 현실의 형태라는 세 번째 선택지를 더한 것이다. 여기에는 '기분', '태도', '의욕', '개성', '감정', '지능' 등 오늘날 '심리학'으로 인식되는 다양한 범주들이 들어있다.

어떻게 이런 아무 형태도 없는 개념적인 것들이 과학적 탐구의 대상이 될 수 있었을까? 분트는 많은 영국 심리학자들이 1850년대와 1860년대에 사용했던 것과 같은 내성법에 의지할 생각이 없었다. 이 연구실의 목적은 그보다는 더 객관적인 방법으로 정신적인 과정을 연구하는 것이었다. 그와 그의 조수들은 연구 대상이 다양한 자극에 대해 보이는 반응을 시험하기 위해 여러 가지 도구를 만들었다. 신경 반사 시간을 재기 위해 생리학과 물리학 실험실에서 다양한 장비를 빌리기도 했다. 그리고 사람의 주의를 끄는 데 걸리는 시간을 재기 위해 그들 고유의 순간 포착기도 만들었다. 이 선구적인 심리학자들에게 눈은 중요한 연구 영역으로, 그저 단순한 생리학적 의미를 훨씬 뛰어넘었다. 이제 이들은 [눈을 통해] 생각 그 자체를 잠깐씩 엿보았다.

분트의 실험실에서 진행되던 많은 일들은 육체를 대상으로 한 생리학 실험에서 하는 일과 대단히 유사해 보이는 측면이 있었다. [두 경우에서 모두] 맥박과 혈압은 내부의 감정 상태를 보여주는 측정 가능한 지표에 속했다. [분트의 실험과 생리학 실험의] 핵심적인 차이 중 하나(이는 초기의 심리학 연구와 이후의 심리학 연구를 갈라놓는 차이이기도 하다)는 실험 대상이 분트의 학문적 동료들과 학생들이었다는 점이다. 이들은 이 실험이 무엇을 위한 것인지 모두 알고 있었고, 자신의 주관적인 통찰력을 보태 연구 결과에 기여했다.

여기서 실험 대상들의 관점은 중요한 역할을 했는데, 그렇다고 해서 조작이 있었다는 의미는 결코 아니다. 의식적인 사고 과정을 자연주의적인 인과 문제로 환원하기보다 그 자체로 존중할 필요가 있었다. 가령 (실험 대상이 무언가를 알게 되었을 때의) 의식적인 반응 속도는 (물리적인 반사작용이 일어날 때의) 무의식적인 반응 속도와 비교할 수 있다. 분트의 도전 과제는 자신의 연구가 다시 생리학으로 되돌아가는 것을 막고, 태만하고 검증 불가능한 철학적 사변에 빠지지 않도록 하는 것이었다. 실제로 그는 두 개의 합 이상을 얻겠다는 희망을 품고 두 영역의 요소를 결합시키고 있었다.

미학 이론가 조너선 크래리Jonathan Crary가 주장했듯이, 눈과 [의식적인] 주목注目을 강조한 분트의 실험은 19세기 말에 진행된 거대한 철학적 변화를 암시했다.[9] 17세기 이후로 철학의 사변적 문제였던 주관적인 경험의 조건들이 점점 육체를 갖게 되어 전문가들의 눈에 보이기 시작한 것이다. 분트는 '의식'이라는 철학적 개념을 폐기하지는 않았지만, 이를 '시계視界' 개념으로 대체하는 것을 더 좋아했다. 이를 통해 개념적인 언어에서 과학적인 언어로의 이동이 가속화되었다. 외부 세계를 경험하는 능력은 더 이상 인간의 눈으로 결코 볼 수 없는 천부적인 무엇이 아닌, 인체의 한 기능으로 인식되었다. 그것은 인체의 한 기능이므로 눈으로 볼 수도, 검증할 수도, 인지할 수도, 다른 것의 영향을 받을 수도 있었다.

분트는 심리학 실험실을 자신의 연구실에서 생리적으로도 분리시키

93

긴 했지만 결코 심리학 연구가 무엇인지 분명하게 설명하지는 못했다. 독일에서 심리학은 제1차세계대전 직전까지도 철학과 대단히 긴밀한 관계였다. 20세기 초 자신의 학문 생애 마지막 몇 년간 다시 철학으로 되돌아간 분트는 사회학의 영역에도 관심을 가졌다. 물리적 연구에서 선별한 방법들과, 의식에 대한 형이상학적 질문들 사이에서 갈팡질팡하던 그는 그럼에도 불구하고 중요한 심리학적 이론 몇 가지를 만들어냈다.

먼저 그는 감정을 분류할 수 있는 측정 가능한 세 가지 방식으로 쾌락-불쾌, 긴장-평정, 흥분-평정을 제시했다.[10] 이는 다소 투박해 보일 수도 있지만, 심리학의 정신적인 통찰력과 경제학의 정신적인 통찰력 사이의 대립은 이미 분명해지고 있었다. 분트에 따르면 사물에 대한 우리의 본능적인 감정 반응은 우리가 선택을 할 때 중요한 역할을 한다. 인간은 단순한 쾌락 계산기가 아니라 그보다 훨씬 복잡한 존재이며, 그 과정은 초기의 심리학 실험들을 통해 밝혀졌다.

실험 도구를 인체 연구뿐만 아니라 이제까지 철학자들이 지배하던 영역으로 확장시킴으로써 분트의 역사적 지위는 확고해졌다. 많은 철학자들과 경제학자들은 사고를 측정할 수 있는 도구에 대해 막연한 환상만 품었지만, 분트는 실제로 이를 만들고 사용했다. 이런 새로운 도구들과, 그 도구들을 마음의 여러 측면을 연구하는 데 적용하면서 홀로 획득한 권위 덕분에 분트는 생리학과 철학 중간에서 길을 개척할 수 있었다. 오늘날 신경과학은 분트의 프로젝트를 마무리하는 중인 듯하다. 우리는 더 이상 눈이나 다른 신체 부위를 통해 마음에 접근할 필요 없이 뇌로 곧장 직행할 수 있다고 믿는다. 그 결과, 인지 가능하지만 비물질적인 실체로서의 마음이라는 개념이 문제시되고 있다.

분트의 접근법에는 지적 정직함이라는 덕목도 깃들어 있었다. 그는 결코 엄청난 철학적 딜레마에서 탈출했다고 주장하지 않았다. 마음을 육체로 환원할 수는 없지만, 그렇다고 해서 육체와 완전히 분리된 것도 아니라는 것이다. 사고와 의식은 우리의 행동 방식과 우리의 육체가 나타내는 징후에 고유의 영향력을 행사한다. 우리의 자유의지는 환상이 아니다. 이 때문에 분트는 심리학에서 철학적 언어를 섞어서 사용했고, 일부 학생 집단은 이에 대해 많은 불만을 품기도 했다.

## 방법의 이민

분트는 자신의 연구실 덕분에 학계의 유명 인사가 되었다. 라이프치히의 방문객들은 그에게 매료되었고, 야심 있는 젊은 연구자들이 그의 연구실에 몰려들었다. 워낙 많은 대학원생들이 분트와 함께 연구하고 싶어 해서, 그가 학계에 있는 동안 지도하여 완성된 박사 학위 연구 프로젝트가 무려 187건에 달할 정도였다. 1880년대와 1890년대에 라이프치히는 실험 심리학이라는 신생 분과에 관심을 가진 사람이라면 누구나 주목하는 곳이 되었다.

독일에서 이와 같은 과학적 발전이 이루어지던 시기 미국은 역사상 최대의 격동기를 맞고 있었다. 1860년에서 1890년까지 유입된 이민자들이 주로 대도시에 몰리면서 미국 인구는 세 배로 뛰었다. 남북전쟁이 끝난 뒤

많은 수의 아프리카계 미국인들이 자신들을 노예로 부리던 주를 떠나 급속한 산업화가 진행 중이던 북동부와 중서부의 도시로 이주해갔다. 이와 함께 전례 없는 기업합병 물결이 일어나 오늘날과 같은 근대적인 기업이 탄생하게 되었다. 그리고 이는 이 거대한 기업들을 감독할 새로운 전문 경영인 집단을 양성할 필요로 이어졌다.

미국은 상대적으로 짧은 시간 동안 (아직도 많은 보수주의자들이 낭만화하는) 앵글로색슨계 소지주들로 구성된 농업경제에서 전문적으로 경영되는 대규모 기업들이 선도하는 도시 중심의 산업경제로 변모했다. 이 과정에서 유럽 빈민가의 노동력이 엄청난 속도로 미국의 산업경제에 빨려 들어갔다. 이제까지 지주와 노예 소유주 간의 국지적이고 민주적인 참여를 토대로 확립되어 있던 미국 사회는 이로 인해 심대한 정체성의 위기를 겪게 되었다.

같은 기간 동안 코넬, 시카고, 존스홉킨스 등 많은 수의 신생 미국 대학들이 설립된 것도 중요한 발전이었다. 이런 교육기관들 중에는 처음부터 산업계와 긴밀한 관계를 유지한 곳이 많았고, 이 관계는 해를 거듭할수록 가까워졌으며, 이와 함께 [대학] 법인의 재산과 기부금이 쌓여갔다. 1881년 세계 최초의 경영 대학 와튼 펜실베이니아가 설립된 것은 이 신흥 관리자 계급을 지원하기 위해서였다. 미국 전역에 철로가 깔린 덕분에 국내 시장의 규모가 커지면서 기업들은 자신들에게 유용한 지식, 그중에서도 특히 소비자와 관련한 정보를 점점 더 갈망하게 되었다.[11] 1860년대에는 신문 여론조사와 초보적인 조사법 등 몇가지 조야한 시장 연구 기법이 존재했고, 여기에 몇 개의 광고회사가 이미 설립되어 있었다. 경제학에서 차용한 기초적인 소비자 행동 이론도 나와 있었다. 하지만 모두 아직은 어설픈 상태였다.

이 모든 신생 대학에서 누가 학생들을 가르쳤을까? 그리고 이들은 어디에서 자신들의 전문 지식을 습득했을까? 독일 대학 역시 같은 기간 급성장하여 신세대 미국 학자들에게 과학적 훈련을 할 수 있는 중요한 밑천을 제공했다. 19세기 중반부터 제1차세계대전 사이, 독일과 오스트리아에서 학위를 따고 연구와 관련된 훈련을 받은 뒤 고국으로 돌아온 미국인의 수는 4만 명에 달한다.[12] 이는 역사상 최대 규모의 지적 자본 수출 중 하나로, 유독 강세를 나타낸 부문은 화학, 생리학, 그리고 심리학이라는 새로운 분야였다.

이 중에는 분트의 실험실에서 진행되던 유명한 실험과 관련하여 더 많은 것을 알아내고 싶어 하는, 상대적으로 젊은 미국 심리학자 집단이 있었다. 여기에는 미국 심리학의 조상이자 소설가 헨리 제임스Henry James의 형인 윌리엄 제임스William James, 광고에 대한 최초의 심리학 이론가였던 월터 딜 스콧Walter Dill Scott과 할로우 게일Harlow Gale, 나중에 뉴욕 매디슨가의 광고 업계에서 영향력 있는 인물이 된 제임스 맥킨 카텔James McKeen Cattell 그리고 '사기morale'라는 용어를 남긴 《미국 심리학 저널American Journal of Psychology》 창간인 스탠리 홀G. Stanley Hall도 있었다.

이 미국인들 모두가 독일에서 행복한 시간을 보냈던 것은 아니었다. 대서양이 가로놓인 장거리를 불사하며 분트와 교분을 쌓았던 윌리엄 제임스는 라이프치히에 도착한 직후부터 분트의 꾸준한 형이상학적 언어를 경멸하기 시작했다. 그가 보기에 이런 형이상학적 언어는 비과학적이고 신비주의적이었던 것이다. 스탠리 홀은 철학적 용어 일체에 대해 제임스보다 너

**3. 구매 의향**

진저리를 치다 못해 중도에 포기하고 고국으로 돌아가기도 했다. 미국의 방문객들과 분트가 서로에게 어느 정도의 적개심을 품고 있었음을 보여주는 약간의 암시도 있다. 분트는 미국인들이 기본적으로 인간은 외부 인센티브의 노예이며 사실상 자유의지는 전혀 없다고 가정하는 경제학자들이라고 불평했다. 맥킨 카텔에 대해서는 '전형적인 미국인'이라고 평가했는데, 이는 칭찬으로 보기 어려웠다.

　　하지만 제임스와 그 지지자들은 분트가 짜깁듯 만들어낸 기술에 대해서만큼은 강한 인상을 받았다. 이들은 분트가 실험실에서 돌리는 정교한 순간 노출기와 그 외 다른 시간 측정 장치를 넋을 놓고 구경했다. 이들은 연구실의 물리적 배치를 연구했고 그것을 세심하게 도표로 옮겼다. 이런 도구에 따라붙는 지적 서사에는 흥미를 느끼지 못했지만, 이 장비와 공간에서는 영감을 얻었다. 미국 방문객들은 고국으로 돌아가 그중 많은 것들을 그대로 따라 했다. 실제로 하버드, 코넬, 시카고, 클락, 버클리, 스탠포드에 만들어진 최초의 심리학 실험실은 분트의 영향력을 분명하게 드러냈다.[13] 이들은 실험실 평면도와 많은 도구들을 베끼는 것도 모자라 분트의 몇몇 학생들에게 대서양을 건너오라며 유혹하기까지 했다. 제임스는 휴고 민스터베르크Hugo Munsterberg를 설득하여 미국으로 건너오게 만들었다. 미국으로 온 휴고는 하버드에서 최초의 심리학 실험실을 만들고 산업심리학계의 저명인사가 되었다.

　　"이 영국 심리학자들이 바라는건 뭘까?" 프리드리히 니체는 1887년 《도덕의 계보The Generalogy of Morals》에서 이렇게 물었다. 이는 설리, 제본스, 에지워스 같은 당대의 벤담주의자들과 다원주의자들을 염두에 둔 질문이었

| 행복산업 |

다. 이들은 쾌락의 등락을 이해하는 데 **어째서** 그렇게 집착한 걸까? 만일 새로운 방법과 설계를 미친 듯이 사냥하여 독일에서 미국으로 가져간 당대의 미국인들에게 같은 질문을 던졌다면 대답을 찾기가 훨씬 쉬웠으리라. 거칠게 말해서 이들은 경영자들에게 필요한 도구를 제공하고 싶었던 것이다.

미국 심리학에는 철학적 유산이 전무했다. 태어나자마자 거대한 산업과 급격한 사회 변화를 맞닥뜨렸기 때문에 수습 불가능한 상태로 소용돌이에 휘말릴 위험이 있었다. 미국의 산업과 사회에 해를 입히는 문제를 제거하는 일에 기여하지 못할 경우 존재 이유가 없었다. 적어도 기업 후원자들을 기쁘게 하는 데 혈안이 된 신생 대학 지도자들의 입장은 그랬다. 20세기 초 심리학은 아메리칸드림을 구출할 수 있는 '지배 과학master science'으로 행세하고자 열을 올렸다.[14] 개인의 의사 결정이 준準자연법칙과 통계와 함께 자연과학으로 환원될 수 있다면, 공화국의 근간인 계몽주의적 자유의 핵심 원칙을 여전히 유지한 채로도 다국적이고 다인종적이며 산업화된 대중사회의 기능에 대해 마찬가지의 적용이 가능할지 몰랐다.

미국 심리학은 기초를 닦은 지 얼마 되지도 않은 상태에서 바로 기업 문제에 적용되었다. 분트가 자신의 실험실 주위에 상징적인 선을 그은 1879년을 현대 심리학의 출발점으로 잡는다면, 그로부터 불과 20년 뒤에 **소비자** 심리학이라는 분야가 나타났다. 1900년 라이프치히에서 돌아온 제임스 맥킨 카텔과 할로우 게일은 순간 노출기를 가지고 특히 개인이 다양한 광고에 어떤 식으로 반응하는지를 이해하기 위한 실험을 진행했다. 이들은 분트의 도구를 통해 다양한 광고에 대한 소비자들의 반응뿐만 아니라 이들의 감정까지 이해하고자 했다. 월터 딜 스콧은 삭삭 1903년과 1908년에 《광고 이론The Theory of Advertising》과 《광고의 심리학Psychology of Advertising》이라는 최초의 전형적인 광고 이론 연구물을 내놓았다. 훗날 카텔은 징병제에 반대 의사를 표명했다는 이유로 1917년 컬럼비아 대학에서 해고된 뒤 고객 맞춤형 학술 연구를 계획해 주는 기업 자문 회사인 사이콜러지컬 코포레이션Psychological Corporation을 설립했다.

분트가 없었다면 이 가운데 어떤 것도 불가능했을 테지만, 한때 그의 학생이었던 이들은 분트의 유산을 그리 충직하게 받들지 않았다. 미국이 제1차세계대전에 참전하면서 반독反獨 정서가 확산되자 많은 미국 심리학자들은 자신의 역사에서 라이프치히와 관련된 부분을 지워버리려 했다.[15] 이들은 자신들이 분트와 그의 형이상학을 봉인해버렸고, 따라서 앞으로는 순수하게 과학적인 길을 걸을 수 있게 되었다고 믿었다. 이것이 바로 미국 기업들이 바라던 소식이었음은 결코 우연이 아니다. 윌리엄 제임스는 죽기 직전 미국 심리학이 어쩌다가 이렇게까지 반철학적인 성향을 띠게 되었는지 약간의 유감을 토로했다. 그는 특히 기업을 위해 연구할 때 관찰과 측정을 지나치게 강조할 경우 마음의 미스터리나 즉흥성이 묻혀버릴 위험이 있다고 우려했다. 하지만 그 기준을 적용한다면 아주 많은 것들이 훨씬 나쁜 상황에 처하게 될 터였다.

누군가를 평가할 때 '의지'나 '경험' 같은 추상적인 개념을 사용하지 않는다면 인간을 연구하고 이해할 수 있을까? 인간 스스로 표현하게 하지 않고서도 인간을 이해할 수 있을까? 다양한 측정 도구와 시간 조절기를 그러쥔 미국의 많은 1세대 심리학자들은 이에 대해 "그렇다"라고 대답하고 싶었으리라. 하지만 여전히 몇 가지 모순이 남아 있었다. 이들은 철학이나 내성법에서 멀어졌을지 모르지만, 주의注意와 감정 같은 연구 대상들은 아직도 다소 추상적인 데다 인간이 타고나는 어떤 것이라는 전제가 따라붙었다. 또한 이들이 생각하지 못한 더 급진적인 선택지가 있었다. 심리학자들이 인간을 연구한다는 사실을 완전히 잊어버린다면 어떻게 될까?

## 인간 행동의 발명

1913년 존 B. 왓슨John B. Watson이라는 이름의 동물심리학자가 컬럼비아 대학에서 20세기 가장 영향력 있는 과학 전통을 위한 선언문과도 같은 강연을 했다. 바로 행동주의에 대한 것이었다. 왓슨은 미국 심리학계뿐만 아니라, 이 심리학이 개입하고자 했던 정책과 경영의 다양한 영역에서 우위를 점하고자 열을 올리고 있었다.[16] "만일 심리학이 내가 제안하는 계획을 따른다면, 교육자, 의사, 법학자, 기업가는 우리가 실험을 위해 데이터를 손에 넣는 순간 이 데이터를 실용적인 방식으로 사용할 수 있게 될 것이다." 학문과 권력의 공모를 이보다 더 노골적으로 제안하기란 불가능하리라.

　　컬럼비아 대학에서 강의를 하는 2년 사이에 왓슨은 미국 심리학 협회American Psychological Association 회장이 되었다. 이 자리에 있는 동안 인간은 단 한명도 연구하지 않았다는 점을 눈여겨볼 만하다. 미국 심리학의 목적이 분트의 방법론을 취하고 그의 형이상학적 표현은 모두 없애버리는 것이라고 말할 수 있다면, 오직 흰쥐만을 과학 실험의 대상으로 삼던 사람이 학계에서 가장 영향 있는 자리에 오르게 된 것은 그야말로 천재적인 발상이었다.

21세기 초에는 '행동'이라는 용어가 붙지 않는 곳이 없게 되었다. 비만, 환경 파괴, 시민들의 탈선과 맞서 싸워야 하는 정책 입안가들은 '행동 변화'에 집착했다. 영양 및 운동과 관련된 '건강 행동'은 급등하는 보건 예산을 통제할 수 있는 열쇠라는 주장이 판을 쳤다. 전 세계 대통령들에게 조언이 될 만한 내용을 담고 있는 베스트셀러 《넛지Nudge》를 통해 많은 사람들에게 알려진 대로, '행동 경제학'과 '행동 재무학'은 사람들이 어째서 시간과 화폐를 최적으로 사용하지 못하는지 보여주는 한편, 우리 자신의 '행동'을 바꿀 수 있는 기교를 배워(혹은 일부 전문가들의 표현대로 "자기 자신을 팔꿈치로 꾹 찔러") 더욱 적극적이며 쉽게 굴하지 않는 생활양식을 좇으라고 우리를 독려한다.[17]

2010년 영국 정부는 이런 결과를 정책 결정에 반영하기 위해 '행동 통찰 팀Behavioural Insights Unit'을 새로 만들었다. 이 팀은 대단한 성공을 거두었고 덕분에 2013년에는 전 세계 정부에 상업적인 조언을 할 수 있도록 부분적으로 민영화되었다. 2014년 자선사업에 힘을 쏟는 가족 재단인 퍼싱 스퀘어 재단Pershing Square Foundation은 행동과학을 한 단계 끌어올리겠다는 목적을 가진 하버드 인간 행동 이니셔티브 재단Harvard Foundations of Human Behavior Initiative을 설립하는 데 1700만 달러를 쾌척했다. 뇌 과학은 우리가 어떤 행동을 정말로 하게 만드는 것이 무엇인가를 탐구하는 데 있어서 오늘날 가장 첨단을 달리는 분야다.

이 모든 정책 기획안에는 단일한 이상이 숨어 있다. 노골적인 억압이나 민주적인 숙고를 거치지 않고도 엘리트 권력이 선택한 목표를 향하도록 개별 행동을 조절할 수 있을지 모른다는 것이다. 개인의 자유라는 환상의 이면에 오직 전문가의 눈으로만 볼 수 있는 냉정한 인과의 역학이 있다는 상상하에, 행동주의는 과학적 정치라는 벤담의 꿈을 극단까지 밀어붙인다. '행동주의적' 해법에 대한 믿음을 갖게 되면 민주적 해법과 행동주의적 해법은 서로 점점 멀어져 양극단에서 팽팽하게 맞서게 된다.

하지만 1920년대까지만 해도 '행동'이라는 용어에서 인간을 연상하는 사람은 거의 없었다. 행동이란 식물이나 동물과 관련한 것이라는 믿음이 지배적이었던 것이다. 의사들이 특정한 신체 부위나 장기를 언급할 때나 행동이라는 용어를 사용하는 정도였다.[18] 이는 '행동과학'에 쏠린 오늘날의 현실에 대해 중요한 점을 시사한다. 이 행동이라는 범주를 적용할 때 자극에 반응하는 다른 모든 것과는 반대로, 문제의 행동을 보여주는 것이 인간이라는 인식은 특별히 존재하지 않는다. 행동주의자들은 관찰을 통해 알아야 할 모든 것을 파악할 수 있고, 움직임이나 선택의 해석이나 이해는 모두 무시해도 좋다고 믿는다.

이는 왓슨이 심리학을 과학으로 전환시킬 때 행동 개념이 대단히 중요한 역할을 하리라고 믿었던 이유와 정확히 일치한다. 1917년(왓슨이 결국 인간을 대상으로 연구하기로 방향을 바꾼 바로 그 시점) 그는 자신의 입장을 노골적으로 분명히 밝혔다.

---

독자들은 의식에 대한 논의도, 감각, 인지, 주의, 의지, 이미지 같은 용어에 대한 언급도 접하지 못할 것이다. 이런 용어들에 대한 평판은 좋은 편이시만, 나는 연구를 신행할 때나 나의 학생들에게 심리학을

하나의 체계로 전달할 때 이런 용어들이 없어도 아무런 문제가 없음을 알게 되었다. 솔직히 말해서 나는 그런 용어들이 무슨 뜻인지 모르겠다.[19]

---

이는 단순히 반철학적이기만 한 것이 아니었다. 최소한 우리가 일반적으로 이해하는 의미에서 보면 사실상 반심리학적이기도 했다. '감각, 인지 등등'의 추상적인 정신 개념들을 헌신짝처럼 내팽개치는 대목에서는 벤담의 냄새가 물씬 풍긴다. 하지만 벤담에게는 심리학 실험실이 없었고, 인간 동기의 본성에 대한 사유가 조금이라도 없었다면 그는 앞으로 나아가지 못했을 것이다. 왓슨은 동료들에게 엄포를 놓았다. 만일 너희가 정말로 형이상학의 흔적을 말끔히 지워낸 제대로 된 과학을 하고 싶다면 과학적으로 관찰할 수 없는 모든 것을 포기해야 한다고. 견고하고 객관적인 마음의 **실체**를 찾는 일은 이제 전문적인 도구를 갖춘 전문가들의 배타적인 전유물이 되었다.

왓슨은 도발을 즐겼다. 그는 철학자들이 주관적인 경험에 덧씌운 특권을 조롱하며 '사고思考'는 야구만큼이나 관찰 가능한 활동이라고 선언했다. '개성'이나 '타고난' 능력 같은 것은 존재하지 않기 때문에 어떤 배경에서 나고 자란 아이든 데려다가 순수하게 조건화conditioning만을 거쳐서 성공적인 기업가나 스포츠맨으로 키울 수 있다고 큰소리쳐서 유명세를 타기도 했다. 인간은 환경과 자극에 반응하는 흰쥐나 다를 바 없었다. 과학적으로 보면 우리의 행동은 자유롭게 사고하는 자율적인 인간인 우리의 책임이 아니었다. 우리의 행동을 설명할 수 있는 유일한 방법은 우리를 그런 식으로 행동하도록 훈련시킨 과거의 환경적인 요인이나 그 여러 측면에 주목하는 것이었다.

이런 식의 관점에는 묘하게 매력적인 구석이 있다. 어쩌면 그 기술 관료적 이상에도 불구하고 인기가 지속되는 것은 이 때문인지도 모른다. '팔로 쿡 찌르기nudging'는 '후견주의'라는 이유로 비판을 받아왔지만, 후견주의는 위로가 될 수도 있다. 다른 누군가가 중요한 결정을 하고, 우리는 우리 행동에 대한 완전한 책임에서 면제된다는 인식은 안도감을 주기도 한다. 내가 어떤 결정을 내리도록 '굳어졌다hard-wired'거나 조건화되었다는 사실을 깨닫는 순간 자유의지를 실행하라는 근대의 지겨운 요구와 반가운 결별을 하게 될 수도 있다. 만일 우리 행동이 환경과 본성, 혹은 양육을 통해 결정된다면 그것이 아무리 전문가에게만 보인다손 치더라도 우리는 최소한 더 큰 집합체의 일원인 셈이다. 문제는 이 전문가들이 무엇을 원하는지에 대해 모르는 경우가 적지 않다는 점이다.

왓슨이 학계에서 이 정도의 지위에 오르게 되면서 형이상학적 언어의 종언은 불을 보듯 뻔해졌다. 행동과학은 (사회학, 경영학, 공공 정책 등) 다른 모든 학계의 전문 영역들을 지배하거나 (철학처럼) 파멸시켜버릴 예정이었다. 이것이 정말로 지적 진보일까? 자연과학을 분별 있고 순수한 논쟁의 유일한 모델로 여길 경우에 한해서는 그렇다. 그리고 왓슨은 라이프치히에서 돌아온 그의 선배들보다 훨씬 더 기술의 가능성을 숭배했다.

그는 사실상 심리학적 관찰자가 실험의 비범한 힘을 이용하면 인간에 대해 알아낼 수 있는 **모든 것**을 밝힐 수 있으며, (연구 대상인 인간이 하는 주장 같은) 다른 모든 주장들은 전혀 귀담아들을 필요가 없다는 주장을 펼치고

**3. 구매 의향**

있었던 것이다. 이런 점에서 행동주의가 가능할 수 있었던 것은 심리학이 심리학자와 평범한 일반인 간의 근본적인 권력 불균형을 기초로 재정립되었기 때문이다.

왓슨의 손에 들어온 심리학은 전문가들을 위한 조작 도구가 되었다. 분트의 경우는 실험 대상이 무엇을 테스트하는지 이해하고 있을 때 더 흥미로운 결과가 나타날 것이라고 생각했다. 그가 학생과 동료들을 대상으로 실험을 진행한 것은 이 때문이었다. 이들이 연구에 풍부한 통찰력을 선사할 수 있다고 보았던 것이다. 왓슨의 생각은 정반대였다. 인간이라는 동물이 여러 자극에 어떻게 반응하는지, 그리고 어떻게 하면 다른 반응을 유도하도록 재프로그램화할 수 있을지를 밝히기 위해서는 연구 대상이 무엇을 어떻게 테스트하는지 전혀 모르는 상태에서 훨씬 더 흥미로운 결과를 얻을 수 있다고 본 것이다. 또한 이는 심리학이 마케터와 정책 입안가, 경영인들의 손에서 실용성을 뽐내도록 보장해줄 수도 있다. 심리학이 무질서하게 뻗어나가는 복잡한 미국 사회가 꾸준히 어느 정도 통제되는 데 기여하고자 한다면, 행동과의 관계에서만 타당한 연구에서 통찰력을 얻는 것은 아무 소용이 없었다.

이러한 이유로 행동주의는 어쩔 수 없이 연구 윤리의 문제에 부딪치게 된다. 행동주의적 실험들은 연구 대상들을 조종하려 하는 데다, 약간의 속임수까지 더하기 때문이다. 연구 대상에게 정보를 주고 동의를 구할 경우에도, 연구 대상은 정확히 무엇을 테스트하는지에 대해 모두 다 알아서는 안 된다. 그렇지 않을 경우 연구 대상이 거기에 맞게 자신의 행동을 조정할지도 모른다는 걱정 때문이다. 따라서 무슨 일이 벌어지는지를 최소한으로만 의식하고 이해하도록 하는 것이 목표가 된다.

하지만 (이런 식의 생각에 동의할 수 있다 하더라도) 익숙한 철학적 모순이 한 번 더 등장한다. 이 심리학이라는 과학에서 **정말로** 자율적이고, 비판적이며, 의식적인 정신은 제거된 것일까? 행동주의적 세계관에서 일반 대중은 관찰 가능해지기 전까지 사실상 내적인 사고 과정이 존재하지 않는다고 여겨지는 흰쥐와 다르지 않다. 하지만 심리학자들의 사고는 결코 서로 무관하지 않으며, 학술 논문, 강의, 책, 정책 보고서, 대화 등을 통해 소통된다. 행동주의가 모든 형태의 '이론'이나 해석을 제거하는 데 성공하려면 단 하나의 과학적 학문 분야와 전문가들에게 특권을 주고 나머지는 모두 쓰레기통에 처박는 경지에 도달해야 한다. 이런 점에서 형이상학의 말살이 성공하려면 인구 대다수의 관점은 (과학적이든 그렇지 않든 간에) 일고의 가치도 없다고 여기는, 분명한 정치 기획으로서의 성격을 분명히 해야 한다.


## 구매하는 동물

행동주의는 정부와 민간 부문의 고객들을 위한 기성품이었다. 행동주의는 미국 광고업계의 중심지인 매디슨가와 그 너머로 금세 확산되었는데, 전문가들에게는 수치스러운 사건 덕에 그 속도가 더욱 빨라졌다. 제1차세계대전 이후 왓슨은 거액의 연구비와 연봉 인상을 손에 넣은, 존스홉킨스 대학의 엄청나게 저명한 학자가 되었다. 하지만 그런 그가 1920년 젊은 대학원생이기 조교였던 로잘리 레이너Rosalie Rayner와의 염분에 휩싸인 것이다.[20] 왓슨에게는 안타깝게도 레이너의 집안은 메릴랜드의 존경받는 가문으로 존스홉킨스에 후한 기부금을 내기도 했다. 이들의 염문설은 빠르게 확산되었고, 전국 일간지에서는 왓슨과 레이너가 주고받은 편지를 싣기도 했다.

왓슨의 연구 의제가 인간 본성에 대한 다소 허무주의적인 관점을 바탕으로 삼고 있음에 주목한 몇몇 주변인들은 뭔가 연관성을 찾지 않을 수 없었다. 예를 들어 훗날 미국의 정신의학계에서 막강한 영향력을 행사하게 되는 왓슨의 동료 아돌프 마이어Adolf Meyer는 이런 식의 관점이었다.

> 나는 사건 전체에서 확고부동한 철학을 가질 책임성의 부재, 의미를 알아채지 못함이 초래한 결과들, 과학의 윤리로부터의 해방에 대한 강조의 현실적인 사례를 발견하지 않을 수 없다.[21]

왓슨은 로잘리 레이너가 상징하는 물리적 '자극'에 대한 '반응'을 회피하는 데 실패한 것이 분명했다. 하지만 그걸 평계로 삼을 수는 없었다. 존스홉킨스는 왓슨에게 사직을 권고했고, 그는 볼티모어를 떠나 뉴욕으로 갔다.

1920년 광고업계는 심리학이 제공할 수 있는 잠재적인 일확천금에 온 신경을 모으고 있었다. 이런 움직임의 선봉에는 매디슨가의 J. 월터 톰슨J. Walter Thompson(JWT)이라는 회사가 있었다. 당시 이 회사의 사장이었던 스탠리 리조Stanley Resor는 자신의 회사를 '광고의 대학'으로 발돋움시키겠다고 굳게 약속했다. 바야흐로 '과학적 광고'가 대유행이었다. 리조는 특히 새롭게 출현하는 가능성에 낙관적이었다. '광고는 교육적인 일이자 대중 교육'이라는 것이 그의 주장이었다. 그는 미래의 위대한 광고 캠페인은 소극적인 수용자들에게 직접 메시지를 전달할 것이며, 그러면 수용자들은 거기에 맞추어 쇼핑 습관을 통해 응할 것이라고 생각했다. 이 새로운 '대학'에는 이를 실행에 옮기는 방법과 관련한 자료를 제공할 과학자가 필요했다.

성공적인 광고는 '호소'라는 특정한 감정적인 반응을 유발한다고 믿었던 리조는 특별히 '호소'의 심리학에 대한 조언을 해줄 수 있는 사람을 찾고 있었다. 그는 어쩌면 유연한 도덕성을 갖춘 학자가 필요하다는 인식에서, 처음에는 시카고 대학 사회학과에 재직했다가 혼외 관계로 쫓겨난 또다른 불명예의 주인공 윌리엄 토마스William I. Thomas와 접촉했다. 하지만 매디슨가가 너무 추잡한 동네라고 생각했던 토마스는 친구 왓슨을 연결시켜주었다. 이렇게 해서 리조는 적임자를 만나게 되었다.

같은 해 왓슨은 존스홉킨스에서 받던 것보다 네 배나 더 많은 월급을 받고 광고 기획자account executive로서 JWT에 합류했다. 이 새로운 직무의 일환으로 그는 테네시 주의 벽지를 돌아다니고, 커피를 판매하며, 뉴욕 메이시 백화점의 카운터에서 몇 달간 일하는 등 일종의 훈련을 받아야 했다. 이 모든 훈련이 끝난 뒤 그는 마음껏 자신의 행동주의 원칙을 광고 캠페인 설계에 적용하고, 회사의 동료들에게 [소비자들의] 올바른 반응을 유발하는 방법에 대한 조언을 하기 시작했다.

왓슨은 광고인이라면 자신이 상품을 판매하려 하기보다는 심리적인 반응을 창출해야 한다는 점을 항상 염두에 두어야 한다고 강조했다. 광고 캠페인과 함께 상품은 심리적 반응을 유발하기 위한 수단에 불과하다. 환경적인 요인들을 제대로 설계하기만 하면 소비자로 하여금 어떤 행동이든 하도록 조건화할 수 있다는 것이 그의 주장이었다. 소비자가 지금 가지고 있는 감정과 욕구에 호소하지 말고 **새로운 감정과 욕구를 창출해야 한다**고 왓슨은 힘주어 말하곤 했다. 그는 존슨앤드존슨Johnson & Johnson과의 계약의 일환으로 걱정, 두려움, 청결함에 대한 욕구 등 아이 엄마들이 경험하는 감정이라는 관점에서 가루비누를 선전하는 방법을 연구했다. 그는 소비자가 어떤 브랜드에 애착을 갖도록 하는 효과적인 방법은 유명인의 인정이라는 점을 밝혀내기도 했다.

바로 리조가 원했던 내용과 방법들이었다. 1924년 왓슨은 JWT의 부사장이 되었다. 그랜드 센트럴 스테이션과 가까운 JWT의 본사 고층에 있는 자신의 사무실에서 렉싱턴 가를 내려다보며, 왓슨은 학계에 남아 있는 그 어떤 심리학자보다도 더 큰 명성과 부를 쌓았다.

하지만 자만심이 문제였다. 심리학이 상품을 효과적으로 팔기 위해 경영자가 알아야 할 모든 것을 밝혀낼 수 있다는 주장을 기업들은 철석같이 믿었다. 왓슨은 이 낙관론에 더욱 불을 지폈다. "사랑, 두려움, 분노는 이탈리아에서도, 아비시니아[에티오피아의 별칭]에서도, 캐나다에서도 동일하다"라고 떠들고 다녔다. 그는 '자극'을 적절하게 고안하기만 하면 어떤 상황에서든 원하는 감정을 유도하는 방법을 알고 있다고 자신만만해했다. 광고업자와 마케팅 담당자의 관점에서 이는 자신들의 업무를 이해하는 대단히 매혹적인 방법이었다. 하지만 모두 일방적인 경로뿐이었다. 심리적인 자극을 대중들에게 던지면, 대중들은 슈퍼마켓에서 이에 맞는 대응을 하게 된다는 식이었기 때문이다. 만약 대중들이 생각대로 대응하지 않는다면 어떻게 되는 걸까? '사랑, 두려움, 분노'에 대한 왓슨의 이해가 다른 사람들의 이해와 다르다면 어떻게 되는 걸까? 기업들은 어떻게 이를 확인할 수 있을까?

광고의 과학을 완성하려면 마케팅 담당자들에게 정보를 다시 보내주는 일종의 피드백을 시스템 안에 구축할 필요가 있었다. 행동주의적 관점으로 표현하면 주어진 광고가 직접적으로 어떤 반응을 촉발하는지 여부를 확인하는 것이다. 일례로 신문광고에 할인 쿠폰을 넣어 소비자가 이를 잘라내 해당 상품을 구매하게 할 수도 있다. 이런 피드백 메커니즘은 마케팅 담당자들이 어떤 광고가 최고의 반응을 자극하는지 확인하는 데 유용하다. 그로부터 70년이 지난 요즘 온라인 광고와 전자 상거래가 등장한 뒤로 마케팅 효율성에 대한 이 같은 행동주의적인 분석은 훨씬 광범위하게 확산되었다. 링크를 따라가 구매한 기록을 조회함으로써 광고를 본 사람의 반응을 평가하기가 훨씬 쉬워졌기 때문이다.

1920년대에 과학으로 무장한 리조와 왓슨은 대중들이 실제로 무엇을 생각하고 느끼는지를 간과할 위험이 있었다. 어떤 조건에서도 원하는 감정적 반응을 얻어낼 수 있다고 지나치게 확신했던 것이다. 미국 재계는 이런 맹신에만 의존할 수 없었다. 마음을 철저히 과학적으로 바라보는 행동주의의 관점은 아무것도 겁내거나 두려워하지 않았다. 심리학자가 관찰할 수 있는 영역 너머에 실제로 존재하는 마음의 어두운 구석에는, 그 어떤 것도 몸을 숨긴채 잠복해 있지 않았으니 말이다. 사실상 '마음'이라는 개념 자체가 철학적인 사변에 불과했다.

따라서 어떤 브랜드(혹은 경우에 따라 어떤 정치인이나 이데올로기 또는 정책)가 대중들에게는 너무나도 명백하게 매력이 없는데, 과학자와 엘리트가 이를 눈치채지 못할 수도 있다는 우려가 나타나게 되었다. 또한 욕망의 과학은 사람들의 욕망을 마음내도 구두를 뿐만 아니라, 사람들이 무엇을 원하는

111

지를 알아낼 필요가 있었다. 이를 위해서는 왓슨이 폐기하고 싶어 했던 심리학의 특출한 기교가 필요했다. 그것은 바로 사람들에게 말을 거는 것이었다.

## 민주주의 엿보기

왓슨은 사람이 말을 하고자 하는 경향이 있음을 의식하지 않을 수 없었다. 그는 이를 '언어활동verbal behavior'라고 일컬었다. 심지어 대단히 유감스럽긴 하지만 언어활동이 심리학 연구에서 일익을 담당할 수도 있음을 받아들일 준비까지 되어 있었다. 그는 유감스러운 어조로 이렇게 밝혔다.

> 오늘날 심리학이 겪는 고충은 대체로 다른 개인의 내부 메커니즘에서 무슨 일이 어떻게 돌아가는지 관찰할 수 있는 수단이 부족하기 때문이다. 이 때문에 대상자의 상황 설명에 어느 정도는 의존할 수밖에 없다. 우리는 이런 부정확한 방법에서 조금씩 벗어나게 될 것이다. 이에 대한 필요가 좀 더 폭넓게 인정되면 아주 빨리 벗어날 수도 있다.[22]

공리주의자뿐만 아니라 행동주의자 역시 벤담이 말했던 '소리의 폭정'을 탐탁지 않게 여긴다. 오늘날 안면 분석가facial-coders, 신경 마케터, 안구 추적 전문가들은 경험의 주관적인 보고에서 '벗어나겠다'는 왓슨의 꿈을 실현시키는 한편, 인간의 내부 상태에 도달할 수 있는 이른바 더욱 객관적인 경로를 찾고 있다.

행동주의 심리학이나 시장 연구는 아직 이 과업을 달성하지 못한 상태에서 약간 기묘한 동맹을 형성했다. 이 과정에서 기업들은 인간이 기업의 '교육'이나 '자극'을 수동적으로 받아들이기만 하는 것이 아니라 주위 세계에 대한 판단력을 갖춘 적극적이고 정치적인 행위자이기도 하다는 점을 이해하게 되었다. 사람들이 무엇을 느끼고 원하며 생각하는지를 알고 싶을 때, 밖에 나가서 직접 물어볼 경우 JWT나 왓슨이 납득하기 어려운, 훨씬 급진적인 반응이 튀어나올 위험이 있었다. 대상자가 대량생산 제품에 넌더리를 낸다면? 지금보다 많은 광고를 원치 않는다면? 무엇보다 자신의 목소리를 내고 싶어 한다면 어떻게 할 것인가?

1920년대에 미국 재계에 심리 분석 열풍이 불면서 록펠러와 카네기 같은 거대 재단은 최첨단 시장 연구에 자금을 대고 싶어 했다. 때마침 통계학자들이 무작위 표본추출법을 만들어 규모가 큰 인구 집단을 대상으로 한 조사의 권위를 크게 향상시켰다.[23] 표본추출법이 없었을 때는 조사 대상에 따라 조사가 대단히 왜곡되었다. 조사 대상은 자신의 의견을 가미했는데, 이를 전형적이라고 볼 수는 없었기 때문이다. 재단들은 미국 기업의 입장에서 더 나은 시장 정보를 제공해 줄 수 있는 새로운 표본추출 기교를 내놓을 연구자들에게 돈을 대겠다고 제안했다. 하지만 이런 유형의 지식을 만들어낼 수 있는 개인이나 조직이 대부분 정치 운동가, 사회주의자, 사회학자라는 사실에 이들은 당혹감을 감추지 못했다.[24]

1880년대 유럽에서 사회조사가 처음으로 시행된 이후로 사회조사는 주로 진보적인 정치적 의제를 추구하는 과정에서 이루어지곤 했다. 밖에 나가서 일반인들의 가정환경을 살펴보고 직접 질문을 던짐으로써 이들이 어떻게 살아가는지 알아내고자 했던 이스트런던의 찰스 부스Charles Booth 와 필라델피아의 뒤 보이스W. E. B. Du Bois는 계량적인 사회학적 연구의 기초를 다졌다. 런던정경대학이나 워싱턴 D.C.의 브루킹스 연구소Brookings Institute 같은 진보적인 기관들이 설립되면서 이런 연구를 위한 기법들은 날로 전문화되었다.

사회 연구를 위한 통계적인 기법들은 발전하면 할수록 그 자체로 대중적인 열광의 대상이 되었다. 록펠러재단이 돈을 댄 연구 중 하나는 주류 언론에서 논쟁을 일으킬 정도로 전국에서 집착에 가까운 관심을 불러일으켰다. 사회주의자 부부였던 로버트와 헬렌 린드Robert and Helen Lynd가 1924년 이후로 꾸준히 진행한 '미들타운 연구Middletown Studies'의 결과물들은 베스트셀러가 되기도 했다. 이 연구는 사람들의 시시콜콜한 일상생활을 지극히 평범하지만 매혹적인 세부 묘사로 그려냄으로써 미국 사회를 속속들이 보여주고자 했다. 연구자들은 사람들이 이 연구 결과물을 읽고 난 뒤 자신들을 둘러싼 소비주의 문화에 항거하리라는 희망을 품었다.

록펠러재단은 이런 연구가 사회적 가치를 기업의 의제에 연결하는 새로운 방법을 규명하는 데 일조할 수 있으리라 믿었다. 반면 린드 부부는 이런 연구가 계급의식을 고양시키는 데 일조할 수 있으리라고 믿었다. 시장과 민주적 사회주의의 교차점에 놓인 이 새로운 조사 기법들은 어느 한쪽에만 유익할 수도 있고 양쪽 모두에 유익할 수도 있었다. 1937년에 후속 연구인 '변화하는 미들타운Middletown in Transition'이 발표되자 한 영업 전문지는 "광고인에게 절대적으로 필요한 책을 두 권만 꼽자면 그것은 바로 성경과

미들타운이다!"라고 선언했다.[25] 이를 통해 새로운 형태의 국민적 자의식이 확산되었고, 그것이 정치에 어떤 함의를 가질 것인지는 아무로 모르는 상태였다.

이런 식의 어색한 이데올로기적 동맹은 1930년대에 심리학적 조사가 진행되는 과정에서 두드러졌다. 시장 연구 부서와 사회학과, 사회주의 캠페인과 언론에서 동일한 조사 기법을 이용했다. 가장 극단적인 이데올로기적 줄타기 중 하나는 망명한 프랑크푸르트학파의 마르크스주의자 테오도르 아도르노Theodor Adorno가 심리학자인 해들리 캔트릴Hadley Cantril, 폴 라자스펠드Paul Lazarsfeld, 그리고 훗날 CBS의 사장이 된 프랭크 스탠턴Frank Stanton 과 함께 록펠러의 후원으로 진행되는 CBS 라디오 청중 연구 프로젝트에 기용된 것이었다. 아도르노는 이런 종류의 조사 방법을 사용하는 데 즉각적으로 반대하는 대신 오히려 이것이 해방적 잠재력을 가진다고 보았다. 그는 여론조사가 일종의 집합적 표현으로서, 시장의 지배에 도전하는 능력이 있음을 인정했다. 하지만 개개의 사람들에게 이런저런 음악을 들려주고 '좋아요'와 '싫어요' 버튼을 누르게 하는 식의 너무 단순한 연구 방식에 곧 충격을 받았다. 그는 연구 팀을 떠났고, 해당 프로젝트는 곧 CBS 마케팅 부서의 필요에 걸맞게 재설계되었다.

영국에서 시장 연구를 개척한 이들은 자선사업가인 조세프 라운트리Joseph Rowntree, 노동당 자문관인 마크 애브럼스Mark Abrams를 비롯한 수많은 좌파 지식인과 운동가들이었다.[26] 린드 부부와 마찬가지로 애브럼스 같은 인물들은 광고와 소비자 문화에 대해 공개적으로 비판했지만, 시장 연구를 좀 더 고매한 방식으로 이용할 수 있다는 꿈을 버리지 않았다. 기업들이 사람들의 실제 삶에 대한 좀 더 객관적인 지식을 갖추면 새로운 욕망과 필요를 자극하는 것이 아니라 실제 욕망과 필요를 해소하는 데 초점을 둘지 모른다고 생각했던 것이다. 이런 맥락에서 영국에서도 미들타운 연구와 유사한 연구가 1937년에 시작되었다.

이런 조사 전문가들은 인간을 프로그램으로 작동되는 로봇 장치 취급하는 행동주의적 편견에 맞서 개개의 인간은 코카콜라의 제품에 대해, 가톨릭교회에 대해, 정부에 대해 고유한 '태도'를 가지고 있다고 보았다. 그리고 이런 태도들을 정량화할 수 있는 심리적 현상으로 여겼다. 가령 나는 어떤 '태도'를 갖춘 사람으로서 내가 주어진 상품이나 기관을 얼마나 좋아하는지를 −5부터 +5까지의 등급으로 표현할 수 있다. 물론 행동주의적 편견과는 다른 중요한 지점은, 그 태도가 무엇인지 가장 잘 아는 사람은 나뿐이며 어떤 과학자가 이것을 알아내고 싶다면 나에게 물어봐야 한다는 것이다. (대통령 후보 토론이 진행되는 동안 청중들의 의견을 보여주는 '웜[worm, 토론이 진행되는 동안 해당 토론자에 대한 시청자들의 평가가 어떤지를 보여주는 실시간 그래프]'이나 페이스북의 '좋아요' 버튼처럼) 태도를 파악하기 위한 버튼식 기계가 있으면 태도 연구에서 직접적인 대화의 필요가 사라지겠지만, 태도 소지자의 판단까지 불필요해지지는 않는다. 대공황이 맹위를 떨치던 시기 시장 연구가 발달하는 데 있어서 가장 취약했던 부분이 바로 이 지점이었다. 그리고 엘리트들이 대중들의 머릿속에 어떤 생각이 들었는지 갈수록 관심을 가지게 된 것도 이 때문이다.

1930년대를 거치며 라디오의 청취자, 신문의 독자, 유권자의 태도를 이해하는 일은 거대 산업이자 중요한 정치가 되었다. 허버트 후버Herbert

Hoover 대통령은 1929년과 1931년에 사회적 추세와 소비자 습관에 대한 조사를 실시했다. 여기에는 정치적 불안이 어느 정도인지 파악하고자 하는 의도도 담겨 있었다. 얼마 안 가 1935년에 조지 갤럽이 여론조사 회사를 만들면서 이런 종류의 지식은 돈만 주면 얻을 수 있게 되었다. 갤럽이 믿을 수 없을 정도로 정확하게 1936년 대통령 선거 결과를 예측하자 그의 기법에 대한 명망이 하늘 높은 줄 모르게 치솟았다. 프랭클린 루스벨트 대통령 Franklin Roosevelt은 그때부터 여론조사를 강박적으로 진행하기 시작했고, (앞서 CBS 라디오 연구 프로젝트를 수행했던) 해들리 캔트릴을 백악관 내 여론조사 담당관으로 기용했다.

## 반자본주의를 판매합니다

시장 연구에서 일반인의 판단과 목소리를 의미 있게 다룰 경우 민주적인 방향 전환이 일어날 수 있다. 이는 예측 불가능하고 (기업과 정부, 광고 기획자의 입장에서 보면) 걱정스러운 상황이다. 린드 부부가 미들타운 연구를 진행했던 이유이자 애브럼스가 시장 연구 활동을 했던 목적처럼 사람들이 소비주의에 대해, 심지어는 자본주의 그 자체에 대해 부정적인 입장을 표출할지도 모를 일이기 때문이다.

다른 한편 이런 기법들은 위협을 감지할 힘이 있다는 점에서 기업과 정부에게는 반드시 필요한 것이었다. 루스벨트는 대중들이 자신의 정책을 어떻게 받아들이는지 여론조사를 하고 또 했지만, 한 번도 그 결과에 맞게

117

정책을 바꿔본 적은 없었다. 캔트릴은 새로운 태도 연구를 의뢰받을 때마다 '어떻게 하면 해당 태도를 교정할 수 있을지', 다시 말해 어떻게 '선동'할지에 대한 조언을 담아야 한다는 조건이 붙었다고 밝혔다.[27]

실효성 있는 조사 기법과 광고에 대한 철저하게 행동주의적인 접근법을 결합하면 완벽한 정보 고리를 손에 넣게 된다. 메시지가 대중들에게 송출되면, 개개의 사람들은 행동과 조사를 통해 이에 반응하고, 이에 대한 정보가 다시 메시지 전달자에게 되돌아가는 것이다. 이 정보 고리를 구성하는 요소들은 1930년대 이후로 크게 바뀌었다. 전후戰後에 강조했던 대중 사회와 일반 대중의 태도는, 작은 규모의 소비자 틈새들이 등장하고 크게 증대되면서 한물간 것으로 인식되기 시작했다. 이에 따라 대중 여론조사 대신 '포커스 그룹'이라고 하는 변형된 민주적crypto-democratic 자문 형태가 주목을 받게 되었다. 디지털 '데이터 분석학'의 등장은 이 진화 과정의 마지막 단계에 해당한다. 다른 한편 오늘날 행동주의가 개척하고 있는 신경 마케팅 분야의 새로운 영역들은 존 왓슨마저 순진무구한 사람처럼 보이게 만든다.

하지만 이런 변화 속에서도 행동주의적 기교와 준민주적인 소비자 의견의 형태들 간의 상호작용과 긴장은 변함없이 유지되고 있다. 행동주의자들이 알고 싶은 것은 사람들이 무엇을 느끼고 필요로 하며 요구하는지가 아니라, 이런 감정과 필요와 욕구를 관측 가능한 객관적인 개체로 만들어내는 방법이다. 이를 통해 행동주의자는 심리학에서 연구 대상을 지워버리는 한편, 광고 같은 기업 활동을 위한 전적으로 과학적인 토대를 마련할 수 있다고 믿는다. 문제는 행동주의자도 합리적 행동이 무엇인지에 대한 자신의 경험과 이상에서 자유로울 수 없고, 결국은 이런 감정들이 무엇을 의미하는가에 대한 자신의 예상에 의존하게 된다는 점이다. 아무리 많은 양의 데이터가 있어도 아무런 경험이 없는 사람에게 '행복'과 '공포'가 무엇을 의미하는지 설명하지는 못한다. 만일 연구자가 광고 대행사나 경영학과 같은 곳에 있는 사람이라면 '선택', '욕망', '감정', '합리성' 같은 단어들은 어쩔 수 없이 소비주의적인 색채를 띠게 될 것이다. 행동주의와 광고 산업은 이미 존재하던 사고의 공간과 기교에 기생할 수밖에 없다. 그러지 않을 경우 자신의 지레짐작을 넘어설 방법도, 다른 사람들의 감정과 욕망이 실제로 무엇을 의미하는지를 알아낼 방법도 없을 것이다.

반대로 다른 사람들의 이야기에 귀를 기울이는 광고인은 들려오는 이야기에 어느 정도 동요할 수도 있다. 사람들이 그 어떤 상품이나 광고도 담아낼 수 없는 '진정성'이나 '공동체', 혹은 순전한 '현실'을 원한다는 사실을 알게 될 수도 있다. 그렇다면 관건은 어떻게 하면 현 상태를 교란시키지 않고 비판적, 정치적, 민주적 이상들을 상품이나 공공 정책을 통해 안전하게 포장하여 전달하는가가 된다. 상품화되지 않은 보다 진솔한 삶을 약속하는 반자본주의 정치의 요소들은 오랫동안 광고 카피의 단골 메뉴였다. 1930년대의 광고들은 산업화된 미국 도시의 혼돈 때문에 위협에 처한 듯 보이는, 산업화 이전의 공동체적인 가족생활 이미지를 주로 담았다.[28] 1960년대에는 아직 반문화가 제대로 선보이기 전부터 반문화적인 이미지들이 눈에 띄기 시작했다.[29] 정치적 이상들은 시장 연구의 영향력을 이기지 못하고 경제적 욕망으로 조용히 전환되었다. 마케팅이라는 냉혹한 역학과 자본주의 비판은 끝없이 순환하는 피드백 고리에 갇히게 되었고,

그 결과 소비의 자유를 넘어선 자유 개념은 더 이상 존재하지 않게 되었다.

공리주의적 관점에서 보았을 때 마케팅의 핵심은 행복과 불행, 쾌락과 고통 간의 균형을 세심하게 유지하는 것이다. 시장은 욕망을 좇되, 소비에 대한 갈망이 잦아들지 않도록 이 욕망을 결코 완전히 충족시켜주지는 않는 공간으로 설계되어야 한다. 오늘날의 마케팅 담당자들은 '좋아함'과 '행복' 같은 다양한 감정에 대해 말하지만, 이런 긍정적인 감정들이 결코 목적이 될 수는 없다. '걱정'과 '두려움' 역시 중요한 일부가 되지 못할 경우 쇼핑객들은 어느 정도의 평화와 위안을 얻고는 더 이상 바라는 게 없어질지 모른다.

21세기에 인기 있는 심리학자와 신경과학자들은 우리가 어떻게 결정을 내리는지, 영향력은 어떻게 작동하는지, 원하는 감정과 기분을 유도하는 것은 무엇인지에 대한 '진실'을 밝히겠노라 약속하며 컨설턴트로 혹은 책 장사로 성황리에 영업 중이다. 행동주의에 도취된 이 성수기에는, 왓슨의 시대에 그랬던 것처럼 사람들에게 무엇을 원하는지 물어볼 필요가 조금은 줄어드는 경향을 보인다. 신경 마케터들이 자신의 감정에 대한 진술을 검토하지 않고 감정 그 자체로 직행할 수 있다고 주장하는 것을 보면, 언어를 감정의 지표로 믿지 못했던 벤담의 역력한 흔적을 느낄 수 있다.

언어에 의지하지 않고 감정을 파악하려는 이 프로젝트의 타당성은 다양한 전략적 행위를 발판으로 삼는다. 망각 혹은 눈감아버리기, 역사와 정치적 가능성 같은 것들 말이다. [하지만] 역사는 중도에 자취를 감추고 만다. 그러지 않을 경우, 과학적 마케팅의 찬란한 물결들이 서로를 닮아가지만 결국 처음에 약속했던 것을 실행에 옮기지는 못한다는 사실을 누군가

| 행복산업 |

는 알아차릴 것이기 때문이다. 인간을 완벽하게 예측하고 통제하겠다는 꿈은 항상 좌절되었고, 그때마다 대화 같은, 기술 수준이 낮은 대안적 관계 맺음의 형태가 다시 도입되곤 했다. 그리고 대화가 복귀할 때마다 항상 일상과 공간을 안전하게 통제함으로써 정치적 욕망을 허용하면서도 정치적 변혁의 가능성은 차단시켜버린다는 점에서, 정치 역시 자취를 감추게 된다.

궁극적으로 소비자 문화를 유지하기 위해서는 발화의 힘이 필요하다. 흰쥐 연구를 발판으로 한 과학을 인간의 눈과 다른 신체 일부를 엿보는 똑똑한 수단과 결합시켜봤자 물건을 파는 데는 별 도움이 되지 않는다. 작업장의 인간을 관리하는 데는 더더욱 그렇다. 이를 위해서는 또 다른 기법, 도구, 측정 장치가 필요하며, 그중 가장 최근에 도입된 것이 바로 '행복' 평가다.

# 4.

# 심신이
# 통합된
# 노동자

이따금 자본주의의 종말은 엄청난 규모의 위기로 그려지곤 했다. 막대한 규모의 금융 위기가 일어나 정부 재정을 가지고도 이 체제를 구할 수 없는 상황이 올 수도 있고, 피착취 계급의 분노가 점점 정치 운동으로 응결되어 혁명이 일어날 수도 있다. 아니면 어떤 한 가지 생태적 재난이 이 시스템을 중단시킬 수도 있지 않을까? 최대한 낙관적으로 생각해보면, 자본주의는 워낙 혁신적인 것이니 결국 기술적인 발명을 통해 더 나은 후계자를 탄생시킬지도 모르겠다.

하지만 1990년대 초 국가사회주의가 몰락한 뒤에 등장한 전망은 이보다 더 우울했다. 적어도 자유로운 서구에서는 열정과 활력의 결핍이 곧 자본주의 최대의 위협이라면 어떻게 해야 할까? 오늘날의 자본주의가 폭력이나 분명한 저항이 아니라 권태와 맞닥뜨린다면 어떻게 해야 할까? 정치적 관점에서 보면 이는 실망스러운 일일지 모른다. 하지만 자본주의의 장기적인 가능성에는 이만한 장애물도 없다. 노동자들이 어느 정도 헌신성을 보이지 않을 경우 기업은 대단히 가시적인 문제에 부딪칠 것이고, 이는 곧 이윤 감소로 이어질 것이다.

최근 몇 년간 경영자와 정책 입안가들은 위와 같은 공포에 사로잡혔는데, 괜한 망상만은 아니다. '노동자 고용'에 대한 다양한 연구들이 노동자가 자신의 업무에서 마음이 떠났을 때 발생할 수 있는 경제적 비용을 강조해왔기 때문이다. 이 분야에서 광범위한 연구를 종종 수행하는 갤럽은 전 세계의 노동력 가운데 적절하게 '열성적인' 노동자는 13퍼센트에 불과한 반면, 북미와 유럽에서 '적극적으로 해이해진' 노동력은 약 20퍼센트에 달힌디는 사실을 밝이기도 했나.[1] 갤럽에 따르면 석극석인 해이함 때문에 미국 경제가 치러야 하는 비용은 연간 5500억 달러에 이른다.[2] 직장에서 해이함의 구체적인 형태는 잦은 결근과 질병, 그리고 (때로 더 문제가 큰) 자리만 지키고 있는 상태presenteeism로 나타난다고 한다.[3] 캐나다의 한 연구에 따르면 질병이 아닌 심신의 탈진 때문에 결근하는 경우가 4분의 1이 넘는다.[4]

이제 민간 부문의 경영자가 노동조합과 협상할 필요는 거의 없어졌다. 대신 툭하면 결근하거나 무력해하며, 미약하게 지속되는 정신 건강의 문제에 시달리는 노동자들을 상대해야 하는, 훨씬 더 골치 아픈 문제가 거의 모든 경영자들의 앞에 놓여 있다. 노동에 대한 저항은 이제 조직된 목소리나 노골적인 거부로 나타나는 대신, 무심함과 만성적인 건강 문제라는 형태로 널리 퍼져 있다. 21세기의 작업장에서 일반적인 권태를 치료가 필요한 정신 질환과 구분하는 일은 경영자들에게 특히 어려운 문제다. 이를 위해 경영자들이 개입해서는 안 되는 개인적인 문제까지 건드리며 사적인 질문을 해야 할 것처럼 보이기 때문이다.

정부의 입장에서도 노동자들이 무력해질 경우 경제적 생산량에 손실이 발생하고 세수가 줄어들 수 있다는 점에서 문제가 된다. 건강보험과 실업보험이 사회화된 나라에서는 문제가 훨씬 심각하다. 설명하기 어려운 사적이고 모호한 문제 때문에 종종 결근하다가 점점 이런 무력함이 만성화되는 사람들 때문에 경제적인 문제가 증대되고 있기 때문이다. 이런 사람들은 걸핏하면 병원에 가서 진단 불가능한 통증과 문제에 대해 하소연한다. 그저 말동무가 없어서 외롭기 때문인 경우도 있다. 실업은 자존감을 무너뜨리고, 무력감은 여러 가지 다른 심신증을 동반한다. 그 최종 결과는 심리적, 육체적 능력의 전반적인 감소이며, 많은 경우 이로 인한 비용은 국가가 떠안는다.

정신 건강의 악화로 인한 경제적 위협은 노동시장의 주변부에만 해당되는 이야기가 아니다. 2001년 세계보건기구는 2020년이 되면 정신 질환이 세계 최대의 장애 및 사망의 원인이 될 것이라 예측함으로써 충격을 안겨주었다. 이미 일각에서는 유럽과 미국 성인의 3분의 1 이상이 확진을 받은 것은 아니나 일종의 정신 질환에 시달리고 있다는 추정을 내놓기도 했다.[5] 그로 인한 경제적 비용은 어마어마하다. 유럽과 북미에서 정신 질환으로 인한 비용은 GDP의 3~4퍼센트에 달하는 것으로 추정된다. 영국에서는 (결근, 생산력 저하, 의료 비용 등 다양한 요인을 포함하여) 정신 질환으로 인한 경제적 비용을 연간 1100억 파운드로 추산하고 있다.[6] 이는 이미 범죄의 경제적 비용을 훨씬 넘어선 수치며, 지금의 추세를 어떤 식으로든 반전시키지 않으면 향후 20년간 실질적으로 이 수치는 두 배로 늘어나리라는 것이 중론이다.[7]

정신 질환의 원인은 워낙 복잡하기 때문에 단순히 뇌의 화학적 성질이나 경제에 있다고 볼 수만은 없다. 하지만 문제가 작업장에서 표출되어 생산성을 위협하다보니 오늘날 자본주의 최대의 골칫거리로 등극하게 되었다. 세계경제포럼이 우리의 건강과 행복에 그렇게까지 관심을 가지는 것도 이 때문이다.[8] 뇌라고 하는 이 희끄무레한 회색 지대를 들여다봐야만 작업장에 대한 단순한 불만과 만성적인 질환을 분간할 수 있기 때문에 경영자들과 인력 전문가들은 노동자의 몸과 마음, 그리고 행동에 개입할 수 있는 여러 가지 새로운 기법들을 갖춰야 했다. 이 같은 새로운 개입의 목포를 설명하는 데 가장 흔하게 사용되는 용어는 노동자들의 행복과 건강을 포괄하는 '웰빙'이다.

125

경영자들이 노동자의 긍정적인 태도를 중요하게 생각하는 것은 분명한 경제적 인센티브 때문이다. 노동자들이 행복을 느낄 때 생산성이 더 높음을 보여주는 연구는 수없이 많다. 생산량이 최대 12퍼센트 더 높아질 수 있다고 보고하는 연구도 있다.[9] 그리고 노동자를 존중하여 의견에 귀를 기울이고 노동자의 의견과 참여를 구한다는 느낌을 주는 작업장에서 노동자들이 더 열심히 일할 가능성이 높고 병가를 낼 가능성은 낮다. 노동자들이 자신의 노동을 조직하는 방식에 아무런 발언권을 갖지 못하는 곳에서는 이로 인해 정신 질환을 포함하는 몇가지 심리적인 문제가 발생할 수 있는 것으로 알려져 있다. 노동자들의 심리적인 문제는 오늘날 기업들이 관심을 가질 수밖에 없는 문제이기도 하다.[10] 경영자들은 웰빙을 강조함으로써 불량한 건강 상태가 작업장에서의 해이함으로 이어지는 악순환을, 적극적인 헌신을 통해 만족감을 얻는 선순환으로 전환시키고 싶어 한다.

이 중 어떤 부분에 대해서는 비아냥거리고 싶은 마음이 들기도 한다. 어쨌든 경영자는 노동자의 노력을 쥐어짜려는 것이 아닌가? 하지만 오늘날 기업들이 느끼는 이런 불안감 속에서 기회를 포착하지 말라는 법도 없을 것이다. 만일 자본주의가 그 발판이 되는 노동자들의 만성적이고 특정 불가능한 소외로 인해 잠식당하고 있다면, 분명 이 문제를 풀어가는 과정에서 정치 개혁의 가능성이 열릴 수도 있을 것이다. 오늘날 노동자들의 무력감 때문에 고용주와 정부가 치르고 있는 막대한 경제적 비용은 인간의 고통이 엘리트들이 간단히 눈감아버릴 수 없는 만성적인 문제로 등장하게 되었음을 의미한다. 이제는 아무리 내키지 않더라도 어떤 형태의 노동과 어떤 형태의 작업장 조직이 노동자의 진정한 헌신과 열정을 자아낼 수 있을까에 대해 어느 정도 관심을 가져야만 하는 상태가 된 것이다.

문제는 경영자들이 촉발시키고자 하는 열정은 이들이 피하고자 하는 심신증 문제만큼이나 파악하기 어렵다는 데 있다. 노동자 참여의 중요성을 다룬 영국 정부의 한 보고서에 따르면 이것은 신기루와 같아서 무엇으로 구성되어 있는지 밝히기가 불가능할 정도다. "말하자면 그걸 냄새로 알아차린"다거나 "보면 안다"는 식의 전문가의 통찰력은 이 사안에 대한 객관성이 부족함을 확인시켜줄 뿐이었다.[11] 경영자들과 정책 입안가들은 작업장의 행복을 다루는 견실한 과학을 열망하지만, 이런 종류의 견실한 과학은 우리를 고생시키는 많은 문제들의 출발점일 뿐이다.


## 행복 훈련소

높은 자리에 앉은 정책 결정자들은 다른 사람들이 겪는 애매모호하고 사적인 문제에 맞닥뜨릴 경우 어느 정도 검증된 대처 방법을 도입한다. 그것은 바로 외부 하청업자와 자문 인력을 불러오는 것이다. 어느 정도의 과학적 권위를 바탕으로 다른 사람의 행복에 대한 소신을 밝히고 행동 지침을 제시할 수 있는 전문가에 대한 정·재계의 수요는 어마어마하다. 이런 전문가는 자격증이 있는 전문의에서부터 아는 것도 없으면서 다른 사람을 괴롭히기만 하는 악당에 이르기까지 스펙트럼이 다양하다. 다른 사람의 건강이나 행복과 관련한 괴로운 문제를 다룰 때 제삼자는 완전한 도덕적 책임을 회피할 수 있고, 필요할 때는 그 일 자체에서 손을 뗄 수 있는 대단히

**4. 심신이 통합된 노동자**

유리한 위치에 있다. 사람들에게 일을 시키기 위해 국가가 '국립 자선 회사 National Charity Company'라는 기업을 설립할 것을 제안한 벤담의 선견지명은 시장도 국가도 책임지지 않는 사각지대에 놓인 노동 복지 제도라는 어두운 세계의 전조가 되었다.

영국 정부는 복지국가에 의존하던 사람들의 등을 떠밀어 노동시장에 편입시키려는 노력의 일환으로 공공서비스 하청 회사인 아토스Atos에 개인의 '노동능력 평가'를 수행하도록 지시했다. 2010년부터 보수당 정부가 이 의제를 밀어붙이면서 무수한 비극과 만행이 일어났다. 시각 장애와 광장 공포증이 있는 53세의 남성 팀 솔터Tim Salter가 아토스로부터 노동이 가능하다는 평가를 받고 나서 2013년 장애 수당이 중단되자 몇 주 뒤 목숨을 끊은 사건도 그중 하나였다.[12] 아토스는 뇌 손상과 말기 암에 시달리는 사람들에게도 '노동에 적합'하다는 판정을 내렸다. 2011년 영국의 의료 협의회General Medical Council 는 아토스에서 장애 판정관으로 일하는 열두 명의 의사를 환자를 돌볼 의무를 다하지 못하고 있다는 혐의로 조사했다.[13] 2011년 1월부터 11월까지 수당이 중단된 지 6주안에 사망한 환자와 장애인의 수는 1만 600명에 달했다.[14] 장애 수당 청구인이 질환으로 이미 사망했음에도 컴퓨터 오작동으로 아토스가 노동 적합 판정을 내리는 웃지 못할 일도 있었다.

사람들이 일자리를 알아보도록 동기를 부여하는 일과 관련해서도 정부는 한 발 물러선 채 하청업체가 가장 논란 많은 심리적 개입을 수행하고 있다. 어쩔 수 없이 일자리를 찾아 나선 사람들은 태도와 낙천성 측면에서 평가를 받은 뒤 다시 동기를 찾는다. 영국에서 이런 일을 수행하는 회사는 A4e와 인지어스Ingeus로, 이들은 정부와 계약을 맺고 실업자들이 일자리를 찾도록 돕는다. 이들이 만나본 사람 중에서 3분의 1가량이 자신에게 정신 질환이 있다고 밝혔는데, 두 회사의 예측에 따르면 실제 비율은 이보다 두 배 더 많다. 이들의 설문조사는 노동에 방해가 되는 행동·정신의 장애물이 무엇인지 밝히기 위한 것이다(여기서 일자리 부족은 적절한 구실이 될 수 없다).

이런 하청업체들의 시각에서 보았을 때 실업은 무력함을 통해 나타나는 개인적 문제의 한 '증상'일 뿐이다. 이에 대한 해법으로는 실업자의 자신감과 낙천성을 엄청나게 효율적으로 회복시키기 위한 '행동 활성화behavioural activation' 과정을 곁들인, 다양한 코칭 프로그램이 있다. A4e 과정을 이수한 한 참가자에 따르면 자립 과정의 한 강사는 이들에게 "자신에 대한 믿음은 네가 하는 이야기이자, 숨 쉬는 공기이며, 먹는 음식이자 화장실에서 누는 똥이어야 한다. 믿든 말든 너는 그 믿음의 부산물"이라고 악을 쓰듯 말했다고 한다.[15]

정신 건강의 경제학이 점점 노골적인 색채를 띠면서 돌봄과 처벌 간의 간극이 줄어드는 경향을 보이고 있다. 2007년 경제학자 리처드 레이어드는 인지 행동 치료는 간단할 뿐만 아니라 확실한 성공을 보장하기 때문에 영국 정부의 돈을 절약하는 데 도움이 될 것이라고 설명하면서, 관련된 '사업 사례'를 제시했다.[16] 이에 인지 행동 치료는 심리 치료 접근성 향상Increasing Access to Psychological Therapies 프로그램을 만드는 데 중요하게 작용했고, 덕분에 국가 보건 의료 서비스National Health Service가 교육시켜 고용한 인지 행동 치료사의 수가 급격하게 늘어났다.

하지만 긴축정책의 시대가 개막하면서 내외 치료에 공감하던 분위

129

기가 약간 달라지기 시작했다. 2014년 정부는 장애 수당 청구인들이 인지 행동 치료 과정에 참여하지 않을 경우 수당이 중단될 수도 있다고 밝혔다. 앞으로는 사실상 대화 치료를 강제로 받게 되는 것이다. 오직 주당 85파운드의 수당이 사라질지도 모른다는 위협에서 진행되는 치료가 얼마나 효과가 있을 것인지에 대해서는 아무런 설명도 없었다.

노동을 회피할 수 있는 모든 경로를 차단하기 위해서는 의사들도 그냥 내버려둘 수 없었다. 2008년에 발표된 영국 정부의 한 보고서는 "질병이 노동과 양립 불가능하다는 잘못된 생각이 지속되고 있는데, 이 생각을 퍼뜨린 장본인은 의사들"이라고 불만을 드러냈다.[17] 정부는 의사들이 이런 생각을 더 이상 퍼뜨리지 못하도록 캠페인을 시작했고, 아무리 질병이나 장애가 있더라도 고용이 가능한 방법을 찾아내라는 요청 때문에 의사들의 공식적인 '병결 증명서sick notes(어떤 사람이 일을 해서는 **안 된다**는 의견을 담아 의사가 서명하여 기관에 제출하는 용도로 사용되던)'는 '적격 증명서fit notes'로 변경되었다. 의사들은 일이 사람에게 유익하다는 의견에 동의한다는 뜻에서 국가가 작성해준 진술서에 서명을 해야 했다.

노동시장 반대편 극단의 상황은 이보다는 훨씬 화려해 보이지만 잔혹하기는 마찬가지다. 아토스, A4e, 인지어스가 빈민들의 명백한 나태함과 비관에 맞서느라 골머리를 앓는 동안, 상류층을 대상으로 하는 건강 컨설턴트들은 기업 엘리트들에게 최적의 심신 상태를 유지하는 방법을 가르쳐 떼돈을 번다. 짐 로어 박사Dr. Jim Loehr의 '기업 선수 양성 과정Corporate Athlete Course(이틀하고 한나절 수강료가 4,900달러다)' 같은 수업들은 기업 임원들에게 심신의 높은 건강 수준을 얻어낼 수 있는 엘리트용 '에너지 투자' 전략을 소개

| 행복산업 |

한다. 미국의 생산성 전문 강사인 팀 페리스Tim Ferriss는 한때 수상쩍은 두뇌 강화 영양 식품을 팔다가 이제는 고위 경영자들이 업무 시간 동안 두뇌를 가장 효율적으로 이용하는 방법에 대한 조언을 팔고 다닌다.

자문이라는 명목의 이런 순회공연은 완전히 다른 다양한 전문 영역들을 섞어놓은 잡탕밥 같다. 동기부여의 심리학과 건강의 생리학이 뒤섞이고, 스포츠 코치와 영양학자의 견해를 종종 들먹이며, 여기에 신경과학계의 소문과 불교의 명상법을 버무려 넣는 식이다. '피트니스', '행복', '긍정성', '성공' 같은 다양한 개념들이 방법이나 이유에 대한 설명도 없이 서로 뒤섞인다. 이 모든 것에는 근면 성실하고 행복하며 건강하고 무엇보다 부유한 인간이라는 이상적인 인간형이 존재한다는 생각이 깔려 있다. 무결점의 엘리트를 만들어주는 과학은 이 같은 영웅적인 자본주의적 관점을 딛고 서 있다. 하지만 그 이면에서 임원 대상의 많은 웰니스wellness 프로그램을 추진하는 진짜 힘은 이미 많은 연구가 이루어진 '번아웃burn-out'이라고 하는 증상이다. 극심한 경쟁에 시달리는 기업인들에게 심근경색, 뇌졸중, 신경쇠약의 발병률이 높은 것은 바로 이 증상 때문이다.

물론 자본주의 사회에서 살아가는 성인의 대다수는 아토스 등과 임원 대상 건강 전문 강사의 활동 영역 사이 어딘가에 있을 수밖에 없다. 그렇다면 노동시장의 중간층을 중심으로 웰빙에 대한 좀 더 사회화된 관점을 형성할 여지는 전혀 없는 걸까? 그렇지는 않다. 하지만 노동자의 해이함과 그것이 생산성에 미칠 영향을 우려하는 경영자들이 워낙 극심한 경쟁의 명령에 노출되어 있기에 이런 사회화된 관점이 기반을 다지기란 쉽지 않을 것 같다.

**4. 심신이 통합된 노동자**

미국에서 잘나가는 작업장 행복 전도사이자 기업가인 토니 셰이Tony Hsieh는 가장 행복한 기업은 조직 전반에서 행복을 의도적·전략적으로 배양하는 기업이라고 주장한다. 기업은 작업장 행복에서 빠져나가는 사람이 없도록 최고 행복 경영자를 고용해야 한다. 이 말은 포용적인 공동체를 위한 지침처럼 들리기도 하지만 실상은 전혀 그렇지 않다. 셰이는 기업에게 행복 의제에 가장 시큰둥한 노동자 10퍼센트를 색출하여 해고하라고 조언한다.[18] 한차례 해고가 이루어지면 나머지 90퍼센트는 눈에 띄는 열성분자가 될 것이다. 물론 이 결과에 대한 심리적 해석은 다양할 수 있다.

행복과학이 이윤 극대화를 추구하는 기업의 최전방에 끌려 나오게 되면서 뭔가 이상한 일이 일어났다. 벤담에게 행복은 어떤 활동과 선택의 결과였다. 제본스 같은 신고전 경제학자와 왓슨 같은 행동주의 심리학자들 역시 이와 비슷한 생각이었다. 앞에다 맛있는 당근을 매달아놓으면 개인이 어떤 선택을 하도록 유도할 수 있다고 보았기 때문이다. 하지만 기업 컨설턴트와 개인 교습의 맥락에 놓인 행복은 이와는 완전히 다른 것처럼 보인다. 갑자기 어떤 전략과 프로젝트를 성사시켜 더 많은 화폐를 보상으로 토해낼 투입물이자 자원으로 재현되고 있는 것이다. 화폐는 그만큼의 행복을 가져온다는 벤담과 제본스의 심리적 전제가 거꾸로 뒤집혀 일정량의 행복이 어느 정도의 화폐를 만들어 낸다는 식이 되어버린 셈이다.

긍정심리 관리 분야의 신세대 전도사중 한명인 숀 아처Shawn Achor는 자신의 책《행복의 특권The Happiness Advantage》에서 다양한 데이터를 개괄하며 행복한 사람일수록 직업 성취도가 더 높음을 보여준다.[19] 승진을 잘하고 (영업직인 경우) 물건을 더 잘 팔며 더 건강하다는 것이다. 행복은 불확실한 경제라는 난기류의 한가운데서 의지할 수 있는 자본의 한 형태가 되었다. 아처의 책 제목이 보여주듯 행복은 전쟁에서 승리하는 데 유리한 고지와도 같다. 아처의 지혜가 여기서 더 나아가지 못할 경우 그는 운명론자로 비춰질 수 있다. 낙관론자는 비관론자보다 모든 측면에서 그저 운이 좀 좋은 것일 뿐이라는 메시지를 담고 있기 때문이다.

아처의 데이터에 덧붙일 만한 중요한 추가 사항은, 우리 모두에게는 자신의 행복 수준에 영향을 미칠 능력이 있을지 모른다는 점이다. 행복을 선택(하여 그 결과 성공)할 수도 있고 불행을 선택(하여 그 결과에 힘겨워)할 수도 있다. 이 분야에서 또 하나의 중요한 연사이자 컨설턴트인 폴 잭Paul Zak이라는 이름의 신경과학자는 행복을 '근육'처럼 생각하라고 말한다. 필요할 때 100퍼센트 작동할 수 있도록 평소 규칙적으로 운동을 하라는 것이다. 이 대단히 개인화된 의제에는 빈곤과 실패의 원인을 개인으로 돌리겠다는 의도가 숨어 있다.

행복을 이런 식으로 사고할 경우 대체 '행복'의 의미는 무엇일까? 에너지와 회복력의 원천을 의미하는 것 같긴 하지만, 행복한 상태가 아닌 다른 목표, 가령 지위, 권력, 고용, 화폐 같은 것들을 지향한다는 점에서 행복은 목적이 아닌 수단일 수밖에 없다. 동기부여 전도사들은 작업장의 권태와 심리적 침체는 더 많은 의지력으로 해결할 수 있다고 말한다. 이런 설명 방식에 따르면 사회적인 교류나 긴장 이완 같은 행복을 유도하는 활동들이 중요한 것은 오직 두뇌와 육체를 적정한 수준으로 회복시켜 다음 단계의 사업상의 문제를 돌파할 에너지를 주는 데 한해서다. 이처럼 특수한 공리주의의 형태는 기업의 합리성이 일상생활에 깊이 침투하여 이제 일손을 놓고 잠시 휴식을 취할 때도 '최적의' 방식이 따로 있는 것 같고, 그냥 산책을 하는 것도 생산성 관리를 위한 계산된 행동으로 인식되는 지경에 이르게 됨을 의미한다.[20] 대체 무슨 일이 벌어지고 있는 걸까? 노동자의 빈곤은 진지한 정치적 사안이다. 어째서 이런 진지한 문제가 이런 식으로 포획된 것일까?


## 노력을 쥐어짜다


1840년대 '에너지보존법칙'의 발견으로 페히너 같은 철학자와 생리학자들은 흥분을 감추지 못했고, 동시에 기업가와 발명가들 사이에서도 열정이 봇물처럼 터져 나왔다. 에너지가 인간, 물질, 열, 움직임을 거쳐 전달되는 동안 그 양이 변함없이 동일하다면 수리 분석을 통해 생산성이 일정하게 유지되는 기술을 만들어낼 수도 있을 것이었기 때문이다. 이런 낙관론은 '영구운동' 기계의 탐구라는 형태로 표현되었다.

하지만 이런 열광은 물리학자였던 루돌프 클라우지우스Rudolf Clausius가 1865년에 좀 더 골치 아픈 발견을 하면서 곧 진정세로 돌아섰다. 에너지의 상태가 변화할 때 항상 같은 양이 유지되는 것은 아니었던 것이다. 사실 에너지는 조금씩 줄어들었다. 이는 '엔트로피' 법칙이라고 하는데, 이를 기화로 산업자본주의의 미래에 대한 걱정과 비관론이 터져 나오게 되었다. 제본스가 경제학을 일종의 심리 수학으로 전환시키고 있던 1870년대에는 특히 공장에서 일하는 인간의 육체적인 피로에 대한 생리학자(와 기업가)들의 우려가 점점 늘고 있었다. 빅토리아시대[1837~1901년]의 사람들은 무력함과 실업을 음주와 나쁜 '성격'과 관련한 도덕적 실패로 바라보는 경향이 있었다. 하지만 1880년대에는 산업 노동 때문에 사람들이 뼈가 으스러지는 고통에 시달린다는 우려가 조금씩 싹트기 시작했다. 이 때문에 인간들은 점점 기력이 소진되고 있다는 것이다.

세기말적인 신경증이 창궐했다. 자본주의의 인적 자원이 줄어들자 서구 문명이 의지하던 활력이 손쓸 수 없이 감퇴했다. 유럽과 미국 부르주아지 사이에서는 현대 도시 생활의 긴장 때문에 일어난다고 알려진 일종의 정신적 소진 상태인 '신경쇠약' 증후군으로 수천 명이 목숨을 잃었다. 앞으로 나아가는 데 너무나도 많은 노력이 필요한 것 같았다.

19세기 말의 노동과학은 오늘날의 모습과 크게 다르지 않았다. 오늘날 (빈민의 경우) 전반적인 무기력이나 (부자의 경우) 번아웃에 집착하듯 당시에는 피로에 집착했다. 피로는 국가 경제에서 가장 중요한 문제로 인식되었다. 즉, 국가적인 경제 생산물의 차이는 경쟁 국가 노동인구의 생리적 상태와 영양 상태의 차이에서 비롯된다는 식이었다.[21] 어쩌면 영국이 독일보다 경제적 우위에 있는 것은 독일의 노동자들은 감자를 많이 먹는 반면 영국의 노동자들은 육식을 많이 하기 때문인지 모른다고 주장하는 연구도 있었다. 에너지가 낭비되는 곳이 어디인지를 정확히 밝히려는 시도에서 움직이는 인체를 사진으로 찍어서 연구하는 인체 공학이 발달했고, 엔트로피 법칙이 작업장에 있는 인체에 어떤 부정적인 영향을 미치는지 이해하기 위해 근육뿐 아니라 혈액까지 검사하기도 했다.

기계공학자 프레더릭 윈슬로 테일러Frederick Winslow Taylor는 이런 문위

**4. 심신이 통합된 노동자**

기 속에 세계 최초의 경영 컨설턴트로서 자신의 경력을 쌓기 시작했다. 필라델피아의 저명하고 부유했던 테일러 가문의 뿌리는 메이플라워호를 타고 영국에서 신대륙으로 건너온 에드워드 윈슬로Edward Windslow에서 출발했다. 이런 가문의 유산이 테일러에게는 결정적이었다. 필라델피아의 산업 기업에 접근하는 특권을 얻을 수 있었던 것은 바로 가문의 유명세 덕이었고, 이것이 테일러의 경력에 중대한 영향을 미쳤기 때문이다. 1870년대와 1880년대에 테일러는 이 지역에서 잘나가는 제조업 공장과 철강 공장들을 두루 거치며 일했고, 가문의 연줄에 힘입어 관리직으로 자동 승진했다.

테일러는 결코 엄밀한 의미의 기업가는 아니었다. 원래 그는 변호사가 되고자 했다. 테일러의 뒤를 이은 모든 경영 컨설턴트들처럼 이 때문에 그는 내부자이자 외부자라는 모호한 입장에 놓였다. 덕분에 그는 냉정한 화이트칼라의 입장에서 무시할 수도 있었던 제조업 공장의 생산 현장을 객관적인 태도로 남다르게 볼 수 있었다. 그는 기업 안에서 권력을 가지고 있었지만, 과학적인 공정함 역시 잃지 않았다. 그리고 이런 관찰자적 관점에서 보았을 때 그의 눈에 들어온 많은 것들은 그야말로 무용지물이었다. 노동과정을 계획할 때 체계적이고 과학적인 분석을 전혀 사용하지 않았던 것이다. 경영자들에게는 어느 정도의 자원과 시간은 있지만, 이를 이용하여 최고의 결과물을 만들어낼 수 있는 수학적인 논리는 전무한 것 같았다.

테일러는 한 기업에 오래 머물지 않았는데, 이 역시 후대 컨설팅업계의 관례로 굳어졌다. 그는 필라델피아의 제조업 회사들을 두루 섭렵하면서 작업장의 효율적인 조직 양식을 방해하는 것이 무엇인지에 대한 통찰력을 높여갔다. 그가 공식적으로 독립적인 컨설턴트로 입지를 다지고 지식을 팔기 시작한 것은 겨우 1893년의 일이었다. 명함에는 이렇게 적혀 있었다. '컨설팅 엔지니어 — 작업장 관리와 제조 비용 체계화 전문'.

　1890년대 말 베들레헴 철강Bethlehem Steel은 선철 제조법을 연구하기 위해 테일러를 고용했다. 이는 테일러가 작업장 내 '시간과 동작'을 정량적이고 과학적으로 분석하기 위해 선택한 최초의 주제였다. 특히 노동자가 주어진 날 화물차에 실을 수 있는 선철의 양을 어떻게 하면 늘릴 수 있는지가 관건이었다.[22] 테일러는 노동과정 자체뿐 아니라 노동의 물리적 조건과 개별 노동자의 물리적 조건까지 살폈다. 그는 생산을 분해하여 기록하고 합리화할 수 있는 개별 업무로 나누었다. 당시 경제학은 소비에 대한 공리주의적 연구로 막 전환된 상태였지만, 산업 경영의 문제는 어떻게 하면 최대한 적은 기계와 인력으로 최대한 많은 생산물을 뽑아낼 수 있을까라는, 철저하게 물질적인 사안이었다. 테일러는 순수하게 선철 노동자들의 시간과 동작, 화폐 인센티브를 합리화하는 방법만을 가지고 평균 생산물의 양을 하루 12.5톤에서 47.5톤으로 증가시켰다고 주장했다.

　베들레헴 연구로 테일러는 일약 재계와 학계의 유명 인사가 되었다. 1908년에는 하버드 경영 대학에서 세계 최초로 MBA 과정을 개설했지만, 이 과정에서 무엇을 하는지에 대해서는 굳이 장황하게 설명하지 않았다. 세계적으로 탁월한 경영 과학자의 반열에 오른 테일러는 이 과정에서 강의를 맡아달라는 부탁을 받았고, 1911년에는 자신의 다양한 이론들을 집대성한 《과학적 관리법The Principles of Scientific Management》을 출판했다. 기업인들 사이에서는 시간과 동작 연구가 유행처럼 번졌고 제1차세계대전 직전에는 유럽의 공장에도 시간 동작 연구 바람이 불어닥쳤다.

137　　　　　　　　　　　　　　　　　　**4. 심신이 통합된 노동자**

당장 테일러에게 서비스를 요청하는 고객들은 기업 매출을 극대화하는 데만 관심이 있었지만, 사실 과학적 경영의 정치적 매력은 엄청나게 광범위했다. 미국의 진보 인사들은 과학적 통찰력이 깊어지면 기업을 공공선을 위해 이용할 수 있으리라고 믿었다. 레닌Vladimir Lenin 같은 사회주의자들은 테일러리즘 안에서 사회를 시장에 의존하지 않고 효율적으로 운영할 수 있는 방법의 모델을 찾았다.

과학적 경영을 이용해 '투쟁과 불화를 훈훈한 형제애적 협동'으로 대체함으로써 산업 갈등에 종지부를 찍을 수 있다고 믿었던 테일러 본인 역시 자신의 새로운 과학에 고매한 사회적 목적을 덧붙였다. 테일러가 외부인으로서 회사에 들어갔을 때 그가 내세운 이점 중 하나는 경영자와 노동자 간의 산업 갈등에 휘말리지 않고 정치적인 중립을 유지할 수 있다는 점이었다. 갈등으로 분열된 작업장에서 컨설턴트는 경영자와 노동자 모두를 진정시키는 효과를 가져올 수 있다. 물론 단 한 번도 노동자 측에서 먼저 컨설턴트를 불러와 중재를 요청한 적은 없었지만 말이다.

테일러가 귀족 태생인 것은 우연이었지만, 이 때문에 이후 경영 컨설턴트의 행동 방식에 대한 일종의 견본 같은 것이 탄생하게 되었다. 맥킨지McKinsey & Co., 액센츄어Accenture, PwC 같은 유수의 컨설팅 기업들은 이와 유사한 형태의 특권을 당연시한다. 하지만 이들은 노동조직과 작업장에 전문 지식을 양념처럼 곁들여주겠다고 약속해놓고 그 결과가 확연하게 나타나기 전에 꽁무니를 빼는 경우가 대단히 많다. 어쩌면 이는 테일러의 가장 막강한 유산인지도 모른다. '테일러리즘Taylorism'이라는 용어는 단순한 경영 컨설팅 분야를 넘어 상당히 포괄적인 부정적 의미를 얻게 된 것이다. 오늘

| 행복산업 |

날에는 기업들이 디지털 데이터 분석과 모바일 기기까지 동원하여 노동자들의 일상을 꾸준히 감시하고 과학적으로 분석하려는 시도를 멈추지 않지만, 프레더릭 테일러의 골치 아픈 과학적 분석을 들먹이는 것은 한동안 전혀 인기를 얻지 못했다. 이유는 간단하다. 경영에 대한 잔혹한 접근법이 사람들을 불행하게 만든다고 생각했기 때문이다.

테일러리즘을 옹호하다간 삐딱한 사람이라는 지적을 면치 못할 수도 있지만, 최소한 테일러리즘의 논리는 명료했다. 작업장과 경영자는 최대한 효율적인 방법으로 가치를 추출하기 위해 존재했고, 노동자가 이를 반기든 말든 그것은 자유였다. 스물세 살에 목을 매 숨진 조이 디비전Joy Division의 리드 싱어 이언 커티스Ian Curtis는 이런 말을 한 적이 있다. "나는 한때 공장에서 일했고, 하루 종일 백일몽을 꿀 수 있었기 때문에 정말로 행복했다." 테일러주의가 적용된 공장의 노동자들은 자신의 육체적 능력을 노동에 쏟아부어 분명하게 착취를 당했지만, 결코 사적인 것이나 형체가 없는 것까지 내놓으리라는 기대를 받지는 않았다. 그리고 바로 이러한 이유로 경영자들은 테일러식의 과학적 경영에 곧 등을 돌리게 되었다.


## 심리학, 일을 시작하다


1928년 하버드 경영 대학의 한 연구자가 일리노이 주 시세로에 있는 전화기 생산 공장에서 한 젊은 여성 노동자 옆에 앉아 이상한 질문을 던졌다. "세 가지 소원을 빌라고 한다면 뭘 빌겠어요?" 젊은 여성 노동자는 잠시 생각하다 대답했다. "건강, 크리스마스 때 고향 집에 가는 거, 내년 봄에 노르웨이로 신혼여행 가는 거요."

이 질문이 이상한 것은, 연구자의 실제 관심은 이 여성의 생활이나 소원이 아닌 다른 데 있었기 때문이다. 그의 선배 격인 테일러처럼 그의 관심 역시 이 여성 노동자의 생산성이었다. 제1차세계대전 직전 몇 년간 전성기를 구가하던 테일러리즘은 그 이후 상당히 열기가 식긴 했지만 경영 이론가들 사이에서 테일러의 기본적인 과학적 야망은 아직 전반적으로 건재했다. 하버드 경영 대학은 1927년 인체가 다양한 노동 및 회복 형태에 어떻게 반응하는지 연구하기 위해 온도가 다양하고 최첨단 기기가 설치된 여러 개의 방이 딸린 피로 연구소Fatigue Laboratory를 세웠다. 아직 제조업과 육체노동이 경제를 지배하던 시절이었기 때문에 생리학과 그 기반 시설은 노동자들의 수행 능력을 향상시키는 열쇠를 쥐고 있는 듯했다. 경영자들은 크리스마스나 노동자들의 휴가 계획이 자신과는 전혀 무관한 일이라고 생각했다.

전화기 생산 공장에서 위 질문을 던진 사람은 학문적 이력이 조금 특이한 호주 출신의 엘튼 메이요Elton Mayo였다. 철학과 의학, 정신분석학을 조금씩 집적거리던 그는 제1차세계대전 이후 몇 년 동안 발표된 오스발트 슈펭글러Oswald Spengler의 《서양의 몰락Decline of the West》 같은 어두운 문화 비평에 매료되었다. 메이요는 문명이 몰락을 향해 치닫고 있으며 산업 갈등이 그 도화선이 될 것이라고 확신했다. 따라서 노동조합과 사회주의자들은 경영자와 자본뿐 아니라 세계 평화에 위협적인 존재였다.

메이요의 좀 더 기묘한 몇몇 이론에 따르면 사회주의는 육체적 피로

| 행복산업 |

와 정신 질환의 징후였다. "심리학자라면 사회주의, 길드사회주의, 아나키즘 등의 일반 이론은 거의 대부분 신경증 환자의 망상이 빚어낸 구성물임을 한눈에 알 수 있다"라고 메이요는 장담했다.[23] 그는 유일한 해답은 기업이 노동자에게 여러 형태의 정신분석 치료를 제공하여 노동자들을 진정시키고 고용주들의 품 안에서 벗어나지 않도록 하는 데서 찾을 수 있다고 믿었다. 치료 대상은 경영자의 권위에 저항하는 노동자들이었다.

1922년에 미국으로 이민한 메이요는 처음에는 샌프란시스코의 버클리에서 방문 강사직을 맡았다. 그러다가 록펠러재단이 친기업적인 연구를 하고 싶어 하는 사람에게 상당한 연구비를 지원한다는 사실을 알고는 이후 20년간 넉넉한 지원금을 받아 어느 정도 호화로운 생활을 영위했다. 이 연구를 위해 그는 동부 연안으로 넘어가 그곳에서 수많은 공장들을 돌아다니며 자신의 생각을 어떻게 적용시킬 것인지 고민하는 시간을 가졌다. 그의 심신 연결 이론psychosomatic theories에 따르면 작업장에서의 정신 질환 문제는 낮은 생산성과 산업계의 불황뿐 아니라 고혈압이라는 형태로 나타날 수 있었다. 1923년부터 1925년까지 메이요는 간호사 한명과 혈압 측정기 하나를 대동하고 보스턴 일대의 제조업 공장을 돌아다니며 정신과 경제, 육체 간의 관계를 증명하려고 시도했다. 증거와 관계없이 그에게는 이미 어느 정도 확신이 있었다.

1920년대에는 몇 년 앞서 광고에 대한 심리학적 연구를 개척했던 학자 중 몇몇을 필두로 노동에 대한 심리학적 연구가 새로운 분야로 부상했다. 하지만 메이요에게는 심리학의 통찰력을 가지고 자본주의를 근본적으로 개혁하고 구출할 수 있는 방법에 대한 훨씬 원대한 이론이 있었다. 모든 사적 관심과 정신적 건강 상태 등 노동자라는 인간 전체에 초점을 맞출 경우 노동은 노동자에게 가장 깊은 의미의 샘을 제공할 것이며, 궁극적으로는 산업 변동의 위험을 상쇄시켜줄 수 있을 터였다. 메이요는 1926년에 하버드 경영 대학 교수가 되었다.

연구를 수행하던 제조 공장의 이름을 따 호손 연구Hawthorne studies라고 알려진 시세로의 연구는 얼마 안 가 경영 과학의 역사에 남을 만한 것이 되었다.[24] 메이요는 피로 연구소의 설립자 중 하나였지만, 그의 연구 때문에 노동하는 육체에 쏠려 있던 관심이 노동자의 정신적 행복으로 바뀌게 되었다. 오늘날 호손 연구를 둘러싼 신화에 따르면 메이요의 중요한 발견은 우연하게 이루어졌다. 관찰 및 인터뷰 대상으로 선발된 여성 노동자들은 정규적인 작업 현장을 나와 테스트실에 가서 긴장을 늦추고 좀 더 비공식적이고 명랑한 분위기 속에 상호작용을 할 수 있었다. 이것이 이들의 업무 능력 향상과 상관관계가 있는 것 같았고, 메이요는 그 이유를 알아차렸다. 인터뷰 과정을 포함한 연구 자체를 통해 여성들의 집단 정체성이 높아져 생산성 증대라는 결과가 나타난 것이었다. 서로 관계를 형성하는 능력이 향상되어 일에 대한 열정도 향상되었다. 오늘날 연구 대상이 연구과정에 반응을 하는 이런 현상을 '호손 효과Hawthorne effect'라고 하는 것은 이 때문이다.

메이요는 호손 공장을 수차례 방문하면서 경영자가 노동자로부터 더 많은 생산성을 추출하고자 한다면 노동자들에게 말을 거는 방법을 배워야 한다는 교훈을 얻었다. 불행한 노동자는 생산성도 낮은데, 그 불행의 원인은 깊은 고립감에 있기 때문이다. 또한 경영자들은 사회집단의 독특한

| 행복산업 |

심리적 속성도 이해할 필요가 있었다. 테일러리즘과 신고전 경제학은 이를 개별 인센티브로 환원시켰지만, 단순히 그렇게만 볼 수는 없었다. 활기 있고 협력적인 집단 정체성은 노동자의 행복을 위해 임금 인상보다 훨씬 유익할 수 있으며, 따라서 이는 경영자의 수익에도 이로울 수 있다.

메이요가 정말로 호손에서 입수한 데이터를 바탕으로 보고서를 낸 것인지, 아니면 그냥 자본주의의 미래에 대해 혼자 오랫동안 품고 있던 몇 가지 이론을 포장만 바꾼 것인지 약간 의심스럽긴 하다. 사실 호손 여성 노동자들의 생산성은 1929년 임금 인상과 함께 상승했지만, 메이요는 당시에 호손에 없었을 뿐 아니라 자신의 분석에서 이 점을 무시했다.[25] 하지만 메이요의 연구가 과학적으로 타당하든 그렇지 않든 그가 경영학의 사고에 지대한 영향을 오랫동안 미쳤다는 점에는 변함이 없다. 경영자들이 그저 '피고용자'가 아니라 '인간 전체'에 역점을 둬야 한다는 말이나, 피고용자의 행복은 수익에 중요한 영향을 미친다는 주장, 우리는 '자신이 하는 일을 사랑'해야 한다거나 일을 할 때 자신의 영혼을 담아 '진정성'을 발휘해야 한다는 식의 말에서 우리는 지금도 메이요의 영향력을 확인할 수 있다. 경영자들이 일부 컨설턴트의 조언에 따라 작업장에서 더 많은 웃음소리가 들리도록 노력하거나, 우리의 주관적인 감정을 최적화하기 위해 작업장의 냄새를 바꾸려고 할 때, 이들은 메이요의 주장을 실천하고 있는 것이다.[26]

## 치료 경영

행복이 전문 지식으로 다뤄진 오랜 역사 속에서 메이요의 개입이 흥미로운 지점은 그가 마음의 쾌락과 고통을 수정할 수 있는 보다 분명한 물질적인 방식들을 대단찮게 여겼다는 점에 있다. 작업장을 집단 심리의 관점에서 바라보다보니, 화폐나 육체를 가지고 행복의 수준을 이해하거나 여기에 영향을 미치는 것은 부적절하다고 여기게 된 것이다. 메이요가 보기에 노동자들의 행복을 측정하고 개선할 수 있는 주요 수단은 노동자들에게 말을 걸고 서로의 관계를 원활하게 만드는 것이었다. 플랜테이션에서 노예를 통제하기 위한 기교로 출발하여 중공업 회사를 운영하는 수단으로 발전한 경영은 '부드럽고' 사회적이며 심리적인 기술이 되었다.

메이요가 만사를 이런 식으로 생각했던 것은 아니었지만, 이는 플라시보 같은 심신 개입의 한 형태로 볼 수 있다. 어쨌든 1930년대에도 경영의 목표는 여전히 테일러의 시대와 다르지 않았다. 바로 물리적 생산물의 양을 늘리는 것이다. 하지만 이제 경영자들은 노동자의 행동과 육체 상태를 개선시켜 경제적 이익을 가져오리라는 기대에서 물리적이고 생리적인 노동 과정보다는 사회적이고 심리적인 요소에 중점을 둘 것이었다.

오늘날 '심리요법psychotherapy'이라는 말은 정신분석에 가까운 장기적인 관계에서부터, 훈련이나 개인 교습과 유사한 CBT 같은 응급조치에 이르기까지 광범위한 치료를 일컫는다. 하지만 이 용어는 19세기 말 환자들이 자신이 받는 의학적 치료에 대해 반응을 보이듯 자신에게 말을 거는 방식에도 반응하는 경우가 종종 있다는 사실을 알아차린 의사들이 시작한 '대화 치료'를 일컬을 때 처음으로 사용된 것으로 알려져 있다.

메이요가 이를 산업 시대에 걸맞게 대체하여 추천한 것은 바로 열린 대화 관계였다. 이를 통해 노동자의 정신 상태를 바꾸고, 궁극적으로는 이들의 물리적인 수행 능력을 바꿔놓을 수 있다는 것이 메이요의 주장이었다. 발화 행위는 사람들의 기분을 개선시키고 그 결과 행동까지 바꿔놓기 위한 수단이 되었다. 이는 테일러리즘의 냉혹한 기계적 동학에 윤활유와 같은 역할을 하는 것으로 완벽하게 설명되었다. 집단을 자율적인 개체로 이해하고 탐구할 경우 좀 더 해방적인 방향으로 기울어, 기업이 향후 더욱 민주적으로 운영되는 일이 일어날 수도 있었다. 1940년대와 1950년대 집단 심리에 대한 연구는 전시戰時 탱크 부대 분석에서 포커스 집단을 통한 소비자 분석에 이르기까지 다양한 방식으로 사용되었다.[27]

메이요의 개인적 욕심은 정치적 정서를 희석시키는 것이었다. 치료 경영은 불행을 경감시키고 이와 함께 저항도 잦아들게 만들 수 있으리라 생각했기 때문이다. 하지만 다른 가능성도 있었다. 대화와 협력이 경제적 생산의 필수 요소로 인식되면 좀 더 변혁적인 경제적 민주주의의 단서가 눈에 들어오게 될 수도 있다. 생산 현장에서 일하는 여성 노동자에게 세 가지 소원이 무엇이냐고 물었으면, 그다음 단계로 기업의 경영 방식에 대해 한마디 해보라고 권할 수도 있지 않겠는가 말이다. 그러면 여기서 정치적 진보의 싹이 자라나지 말라는 법도 없다. 메이요였다면 이런 생각에 콧방귀를 뀌었을 것이다. 하지만 소수에 의한 경영 체제에 대해서 비평할 때 사회심리학의 해방적 잠재력을 완전히 무시하지는 못한다.

메이요의 관점은 전후戰後 몇 가지 우연한 이유로 섬섬 심신 치료 행위와 유사해졌다. 첫째, 20세기 후반을 지나며 서구에서의 육체노동이 점점 줄어들었다. 1980년에 이르자 노동자의 고객 편의 활동, 서비스 윤리, 열정은 더 많은 상품을 찍어내는 데 도움을 주기 위해 존재하는 단순한 정신적 자원이 아니라 그 자체로 상품이 되었다. 기업이 아이디어와 경험, 서비스를 판매하는 사업을 벌이기 시작하면서부터 노동자의 행복과 심리적 헌신이 그 어느 때보다 중요해졌다. 기업들은 이런 비정형의 작업장 기풍을 어떻게든 표현하고 싶어서 '무형의 자산', '인적 자본' 같은 말들을 늘어놓지만, 실제로 자산이나 자본 비슷한 것은 전혀 존재하지 않는다. 노동을 지금까지와는 다른 방식으로 상상해야 할 필요가 있을 뿐이다.

둘째로, 건강 개념이 근본적으로 변하기 시작했다. 새로 설립된 세계보건기구는 1948년 건강을 "육체적·정신적·사회적 웰빙이 완벽한 상태"로 재정의했다. 이는 그 어떤 사람도 오랫동안 유지하기 어려운 거의 유토피아에 가까운 발상이다. 덕분에 건강과 질병의 애매한 측면들이 표면화되었다. 특히 [격리 위주의] 정신병자 보호 수용소mental asylums가 감소하면서 일반적인 육체적 질환자와 마찬가지로, 지역사회에서 상대적으로 평범한 생활을 하는 사람들에게도 편견 없이 적용할 수 있는 '정신 질환' 개념이 등장하게 되었다.

정신적인 과정이 건강에 중요한 요소라는 자각은 보건 정책과 의료 행위 전반에 심대한 영향을 미쳤을 뿐 아니라 의학 전문 기술의 본질까지 바꿔놓았다. 의학적인 판단을 할 때 환자의 육체는 물론 경험까지 고려한다는 점에서 이를 '경험 의학'이라고 부르기도 했다. 1970년대에 이르자 이처럼 환자의 육체적 상태뿐만 아니라 주관적인 관점까지 고려하여 건강 상태를 평가하기 위한 삶의 질 측정 수단들이 나타났다.[28] 생과 사, 건강과 질병이라는 이분법적인 분석 대신 건강의 정도에 따라 움직이는 눈금들이 새로 나타난 것이다. 이는 의학적 진보에서 비롯된 하나의 징후라는 측면도 있다. 의학 덕분에 전보다 많은 죽음을 예방할 수 있게 되면서 어떻게 하면 생명을 잘 부양할 수 있을까로 관심이 전환된 것이다.

이런 것들이 경영이나 노동과 무슨 상관일까? 20세기 후반 경영자와 정책 입안가들을 곤란하게 만드는 문제는 모든 것이 한꺼번에 갑자기 연기처럼 사라져버리고 있는 것 같다는 점이었다. 제조업이 사양길에 접어들면서 노동의 형체가 사라지고 있었고, 정신적인 문제와 행동의 문제가 증가하면서 질병 역시 그 형태를 감추고 있었다. 또한 1960년대 후반 이후 금융 시스템이 세계화되면서 화폐 또한 신기루 같은 존재가 되었다. 이 과정에서 활동과 열정의 문제는 의료와 정신의학, 작업장 경영과 경제학의 영역을 종잡을 수 없이 넘나들었다. 정신 건강 문제가 끼어들면서 의료 서비스 영역에서 해결해야 할 문제들과 경제활동 영역에서 해결해야 할 문제들이 갈수록 구분하기 어려워지고 있었다. 경영 업무는 점점 심리 치료를 닮아갔다. 서비스 위주의 업무에 대한 개인의 열정을 최대한 드높이기 위해 개인의 웰빙을 다독이는 초창기의 '대화 치료'와 유사한 형태를 취했기 때문이다.

그리고 노동과 경영의 본질이 변하면 저항의 본질 또한 바뀌기 마련이다. 경영에 대한 저항은 일반적으로 경영자들이 좋아하는 것과는 다른 형태를 취한다. 인간을 물적 자본으로 치환하려고 하는 테일러리즘에 대한 고전적인 저항 양식은 노동자가 자신의 목소리를 내거나 노동조합을 통해 파업하는 것이었다. 노동자의 감정이나 욕구를 무시해왔던 경영사는

147

더 이상 그렇게 해서는 안 된다는 쓴소리를 듣게 된다.

그런데 전후戰後 메이요식 치유 경영이 확산되면서 저항은 고전적인 것과는 완전히 다른 형태를 취하기 시작했다. '자기 자신'이 되어 관리자에게 '공개적으로', '솔직하게' 말하라는 다독거림을 받는 후기 산업주의 시대의 노동자들에게 남은 유일한 저항 형태는 다시 육신으로 돌아가는 것이었다. 친구가 되고 싶어 하는 관리자에게서 벗어날 수 있는 유일한 방법은 육체적으로 아픈 상태가 되는 것이기 때문이다. 진단 가능한 병명이 늘어나고 완벽한 '건강'이 이상화되면서 질병은 특히 1970년대부터는 노동에 대한 거부를 표현하는 지배적인 방법 중 하나가 되었다. 물론 경영자는 관계와 주관적인 감정뿐만 아니라 생산적인 육체에도 관심을 갖는다. 노동자를 완전히 옭아매고자 한다면, 최적화된 단일 시스템의 통합적인 부분으로 몸과 마음을 다룰 수 있는, 진정으로 심신 통합적인 과학이 있어야 했다. 이제 심신 경영 스토리의 마지막 인물을 만날 때가 되었다.


## 전체론적 노동과 웰빙

1925년 열아홉 살의 프라하 대학 의대생 한스 셰리에Hans Selye는 감히 교수에게 보고를 해도 되나 싶을 정도로 뻔해 보이는 어떤 현상을 포착했다. 수업에서 다양한 질병에 걸린 여러 명의 환자를 관찰하던 중 질환에 관계없이 모든 환자에게서 유사성이 발견된다는 사실이 눈에 들어온 것이다. 모두가 관절의 통증과 식욕 감퇴를 호소했고 혀에는 설태가 끼어 있었다. 요컨대 모두 아픈 사람처럼 보였다.

훗날 그는 이 순간을 이렇게 회상했다.

---

(반세기가 지난) 지금도 나는 이런 생각들이 그때 내게 각인시킨 깊은 인상을 생생하게 기억한다. 나는 어째서 의학의 역사가 진행되는 동안 의사들은 훨씬 자명한 '그냥 아픈 증후군'에는 전혀 주목하지 않은 채, 개별 질병의 확인과 특수한 치료법의 발견에만 모든 노력을 쏟아부었는지 이해할 수가 없었다.[29]

---

세리에가 자신의 통찰을 교수에게 전달하자, 그러니까 환자가 아파 보인다는 사실을 지적하자 "뚱뚱한 사람은 뚱뚱해 보이는 것이 당연하다"라는 빈정거림이 되돌아왔다. 하지만 세리에는 여기에 굴하지 않았다. 대대로 많은 의사를 배출한 세리에 가문에서 어린 시절부터 역시 의사였던 아버지가 비엔나 빈민가로 진료를 갈 때마다 따라다니곤 했던 세리에는 치유 과정에 대한 전통적이고 다소 전체론적인 이해 방식에 강한 소명 의식을 품고 있었다.[30] 전문적인 '심리 치료사들'의 깨달음처럼 의사와 환자의 사적인 상호작용은 치료에 대한 반응이 어떻게 나타나는지를 결정하는 핵심적인 요소라는 것이 세리에의 생각이었다.

인간의 최적화를 가능하는 단 하나의 척도가 있어서 공적이거나 사적인 모든 결정을 내릴 때 여기에 의존하면 될지 모른다는 불가능한 희망은 공리주의의 역사를 항상 어지럽혔다. 이런 이상의 밑바탕에는 어떤 하나의 정량 가능한 개체에 대한 지식을 가지고 인간 문화의 애매함과 복수

**4. 심신이 통합된 노동자**

성을 극복할 수 있을지 모른다는 희망이 있다. 이 정량 가능한 개체가 공리든, 에너지든, 가치든, 감정이든 일원론을 바탕으로 한 기획은 항상 이런 형태의 단순화와 연결되어 있다. 세리에는 아픈 사람은 아파 보인다는 시시하기 짝이 없는 관찰 속에서 또 다른 형태의 일원론적 기획을 떠올렸다. 그리고 10년 뒤 이를 과학적인 이론으로 발전시켜 '범적응 증후군General Adaptation Syndrome'이라 명명했다.

의학적 관점에서 세리에의 아이디어가 참신했던 것은, 그가 묘사한 증후군이 특정한 원인이나 질환에만 해당하는 것이 아니라 어떤 병에서나 볼 수 있는 흔하디흔한 증상들로 구성된, 비특정적 성격을 띠었기 때문이다. 세리에는 이를 위해 동물을 찬물에 풍덩 빠뜨리거나 절단을 하거나 독극물을 주입하는 등 다양한 실험을 했다. 이를 통해 어떻게 이질적인 여러 가지 야만적인 행위가 동일한 생물학적 반응을 촉발시키는지 확인하고 싶었던 것이다.

모든 기관계가 그렇듯 동물의 몸은 다양한 외부 자극과 침입, 요구를 경험하면 여기에 반응해야 한다. 세리에가 흥미를 느낀 지점은 이런 반응의 본질이었다. 이는 때로 그 자체로 문제가 될 수도 있기 때문이다. 과도한 자극을 받은 기관계는 작동을 멈추기 시작한다. 자극이 너무 적을 때도 똑같은 일이 일어나게 된다. 모든 유기체의 건강은 최적의 활동 수준에 좌우된다. 너무 많아서도, 너무 적어서도 안 된다. 세리에가 보기에는 인간도 이와 다를 바 없었다. 의대 수업에서 그날 '아파 보였던' 환자들은 각자가 앓고 있던 천차만별의 질환에 대해 모두 공통적인 육체적 반응을 나타내고 있었던 것이다. 이는 전반적인 건강에 대한 새로운 일원론적 이론이라

할 수 있다.

1940년대까지 '스트레스'라는 용어는 주로 금속과 관계가 있을 때 사용되었고, 공학과 물리학계 밖에서는 사실상 알려지지 않은 단어였다. 철봉이 그에 가해지는 요구를 제대로 수용하지 못할 때 "스트레스를 받는다"라고 표현하는 식이었다. 세리에는 공학자들의 눈에 비친 교량의 '마모 wear and tear'는 자신이 말한 인체의 '범적응 증후군'과 같은 문제라고 인식했다. 범적응 증후군은 사실상 '인체의 마모율'을 보여주는 지표라고 할 수 있었다.[31] 제2차세계대전의 여파가 아직 남아 있던 시절 그는 이 증후군을 '스트레스'라고 다시 명명했다. 그리고 1950년대가 되자 이는 의학 연구와 생물학 연구 고유의 새로운 영역이 되었다.

메이요와 마찬가지로 세리에 역시 스스로를 학자로만 생각하지 않았다. 그에게는 또 다른 사명이 있었다. 질병에 대한 그의 전체론적인 이해에 따르면, 외부의 자극과 요구를 제대로 해결할 능력을 상실한 사회와 문화는 병에 걸릴 수 있다. 마찬가지로 충분한 자극을 받지 못한 사회와 문화는 수동적인 무기력함에 빠지게 된다. 나이가 들면서 세리에는 이 발상을 윤리 철학에 가깝게 발전시켰다. 소름 끼치도록 자기중심적인 형태긴 하지만 말이다. 모든 개인이 다른 사람들로부터 존경을 받기 위해 최선을 다하는, '이기적인 이타심'을 중심으로 건설된 사회가 건강한 사회라는 것이 그의 주장이었다. 이는 일종의 자연적인 평형상태를 만들어내는데, 이 상태에 이르면 자기중심적인 사람이 사회 시스템에 꼭 필요하게 된다.

---

자신의 이기주의와 귀중품에 대한 강박적인 저장 행위가 오직 생명

과 선의, 감사함과 존경 등 자신이 이웃에게 도움이 되고 때로 꼭 필요한 존재라고 인식하게 만드는 긍정적인 감정을 부추기는 방식으로써만 표현될 경우 그 누구도 개인적인 적敵을 만들지 않게 될 것이다.[32]

---

세리에는 모든 사회문제를 진단할 수 있는 과학을 내놓겠다는 포부에도 불구하고 해석을 할 때는 생물학에 집착했다. 모든 사회나 조직은 그저 더 크고 더 복잡한 기관계일 뿐이므로 사회나 조직의 행위를 유기체와 세포의 작동으로 환원할 수 있다는 그의 가정은 일원론이라는 특징이 있었다.

세리에의 생물학적 연구나, 마초적인 자유의지론적 정치와는 별개로, [세리에가 말한] 스트레스의 비특정적 성격은 언젠가 스트레스에 관한 논의가 경영 분야에서도 논의될 수 있음을 의미했다. 세리에의 주장에 따르면 스트레스는 과도한 요구에 대한 특정한 반응 형태에 불과하기 때문이다. 이는 심리적이거나 조직적인 착취에 대해서도 똑같이 적용할 수 있었다. 사실 미군 역시 '스트레스'라는 표현을 쓰진 않았지만 제2차세계대전 기간 동안 동일한 증후군에 대해 인지하고 있었다. 전장에서 너무 오랜 시간을 보낸 장병들이 심리적으로 무너지는 경우가 흔했기 때문이다. 육체적인 요구뿐만 아니라 사회적·심리적 요구 역시 인간에게 스트레스를 줄 수 있다. 요구와 반응 사이에서 무슨 일이 벌어지는지에 대한 설명은 생물학적인 차원을 넘어서 다양한 과학 분야를 넘나들며 이루어졌다. 스트레스 연구는 누가 봐도 학제적인 분야가 되었다.

육체적·정신적 요구에 인간이 어떻게 대처하는가를 다루는 스트레스 연구는 노동 연구에도 완벽하게 들어맞았다. 스트레스는 스스로 선택한 적은 없지만 피할 수도 없는 것으로 정의된다. 어떤 상황에 갇혀서 여기에 반응을 해야만 하는 경우 종종 나타난다. 1960년대에는 노동이 우리에게 육체적·정신적으로 어떤 영향을 미치는지 정확하게 파악하기 위해 노동 보건 분야가 등장했다. 다양한 업무상의 요구가 여러 가지 호르몬 반응과 감정적인 반응을 어떻게 유발하는지 연구하여 알아낸 결과물 중에는 큰 변화의 잠재력을 가진 것들도 많았다. 단순하게 과도한 요구가 사람들에게 나쁘다는 식이 아니었다. 세리에의 인식처럼 오히려 작업장에서 요구가 불충분할 경우(혹은 따분할 경우)에도 건강에 부정적인 영향을 미칠 수 있었다. 오늘날 우리가 실업이 건강에 잠재적인 위험 요인일 수 있다고 우려하는 것은 후자의 관점이 표현된 것이다.

메이요가 대화를 강조한 결과 기업의 위계질서에 대한 철저하게 평등주의적인 비평의 문이 열린 것과 마찬가지로, 작업장 스트레스에 대한 연구로 한동안 이와 유사한 결과가 나타났다. 심리학자 로버트 칸Robert Kahn과 그의 동료들이 1960년대에 미시건 대학에서 수행한 연구에서는 권력 구조와 노동 설계가 노동자의 건강에 다양한 방식으로 영향을 미칠 수 있음을 강조했다.[33] 업무가 잘못 설계되고 작업장에서 노동자에 대한 인정이 제대로 이루어지지 않을 경우 심신의 건강에 명백하게 부정적인 기여를 하는 것으로 나타났던 것이다. 업무 수행 시간과 장소에 대해 아무런 영향력도 행사하지 못하는 것은 심신에 타격을 줄 수 있는 스트레스 요인이다. 기업의 위계 구조에서 발생하는 부정의가 무수한 방식으로 인체를 취약하게 만들 수 있음이 갈수록 명백하게 드러났다. 가상 숭요한 발견 중 하나는 스트레스를 받으면 코티솔[cortisol, 부신피질에서 만들어지는 스테로이드 호르몬의 일종]이 혈류 속에 분비되어 동맥경화를 일으키고 심장마비의 위험을 높인다는 것 이었다.[34] 세간에서는 경영진의 번아웃에 대한 관심이 높지만, 이런 형태의 스트레스는 직장에서 권력이나 지위가 낮은 노동자들에게 훨씬 흔하게 나타난다.

1980년대에 이르자, 1925년에 세리에가 강의실에서 처음으로 알아 차린 이 비특정적인 증후군은 서구 사회의 경영자들 앞에 놓인 가장 긴급 한 문제 중 하나가 되었다. 노동자들은 더 이상 프레더릭 테일러식의 단순 한 육체적 피로를 호소하지 않았다. 엘튼 메이요식으로 단순하게 불행해하 지도 않았다. 노동자들에게 나타나는 일반화된 활동 부진은 심신이 동시 에 쇠약해지는 것으로 볼 수 있는데, 이를 스트레스 개념으로 규명하게 된 것이다. 영국에서는 2012년 스트레스가 반복성 긴장 장애를 제치고 결근 의 가장 많은 원인이 되었다. 스트레스는 육체적 질환이나 정신적 질환 어 느 쪽으로도 쉽게 분류되지 않는다. 노동 때문에 스트레스가 유발될 수도 있지만, 개인이 감당하기 어려운 사회적·심리적·육체적 요구들 역시 같은 문제를 일으킬 수 있기 때문이다.

[건강한] 노동력의 고갈을 우려하는 경영자들에게는 스트레스의 과학 이 가장 중요한 문제로 대두되었다. 광범위하게 터져 나오는 '육체적·심리 적·사회적' 불평에 대응할 기초적인 지혜가 필요한 인적 자원 담당자의 뇌 리에도 스트레스가 주요 관심사로 각인되었다. 스트레스를 유발할 수 있는 요인이 워낙 광범위하다보니(형체가 있는 것도 있고 없는 것도 있다) 스트레스를 어떻 게든 통제하기란 대단히 어려웠다. 설상가상으로 일자리가 자꾸 바뀌는 불

안정 노동자들의 경우, 이들을 지원하는 관리자마저 매달 바뀌는 처지이고 보니 심신의 위험이 훨씬 심각한 상황이었다. 1960년대의 노동 보건 연구들이 그랬던 것처럼 여기서 노동의 근본적인 정치가 제 기능을 못 하게 되었고, 따라서 더욱 전면적인 변화가 필요하며, 단편적인 의학적 치료만으로는 충분하지 않다는 결론을 내릴 수도 있을 것이다. 하지만 실제 결론도 그랬을까?

## 테일러의 복수

1928년 호손 공장에서 젊은 여성 노동자가 노르웨이로 신혼여행을 가고 싶다고 밝혔을 때 이 여성의 대화 상대가 메이요가 아닌 그녀의 상사였다면 이는 정상 범위를 벗어난 친밀감의 표현으로 볼 수도 있다. 21세기 초의 대기업 경영자들은 노동자와 대단히 다른 형태의 친밀감을 형성하려고 한다.

식품과 미용 상품, 세척제를 주로 다루는 글로벌 제조업체 유니레버 Unilever의 경우를 보자. 2001년 유니레버의 고위 간부들은 자신들의 에너지를 개인적으로 관리할 수 있는 프로그램을 요구했다. 임원직을 수행하는 일상에서 파생된 부정적인 결과들이 걱정되었기 때문이다.[35] 업계에는 이러한 설계에 도움을 주는 전문 지식이 넘쳐났다. 그 결과 고위 간부진의 업무 수행 수준을 유지하고 스트레스의 위험성을 상쇄시키기 위한 맞춤형 건강·웰빙 프로그램 '램프라이터Lamplighter'가 탄생했다(호주에서는 '이그나이트 유 Ignite U'라는 이름을 썼다). 램프라이터가 기업에 가져온 이익은 곧 눈으로 확인

**4. 심신이 통합된 노동자**

되었다. 이 프로그램에 1파운드를 쓸 때마다 3.73파운드의 수익이 돌아오는 것으로 평가되었던 것이다. 이 프로그램은 전 세계 유니레버 사무실 수십 곳으로 빠르게 번졌고 곧 모든 직원들에게 적용되었다.

램프라이터 같은 프로그램은 이제 갈수록 보편화되고 있다. 노동자의 스포츠 활동이나 '정신적 회복력' 등 작업장에서 건강과 웰빙에 위험이 될 만한 요인들을 규명하는 것이 이런 프로그램의 주 내용이다. 램프라이터의 경우 영양 상태, 흡연과 음주, 운동과 개인적 스트레스와 연관된 광범위한 '행동'이라는 관점에서 유니레버 직원들을 (비밀이 보장되어 있긴 하지만) 공식적으로 평가한다. 의사에게 동기 관리자의 기술을 습득하라고 요구해온 것처럼, 오늘날 최첨단 작업장은 마치 의사의 진료실 같은 느낌을 물씬 풍긴다. 디지털 기기로 웰빙 상태를 모니터링하기 위한 '헬스 2.0' 같은 기술들은 생산성 증진 기기들과 구분이 안 될 때가 많다. 2014년 9월에 출시된 아이폰 6의 건강 앱은 우리 일상생활에 대한 애플의 새로운 상상을 보여준 또 하나의 사례로 칭찬을 받았지만, 정작 이 앱이 누구를 위해 설계되었는지에 대해서는 별말들이 없다. 당연한 일이지만, 육체의 행동을 꾸준히 측정하는 이 앱에 가장 열광하는 사람들은 고용주, 건강보험회사, 건강 서비스 제공업체 등이다.

요즘 많은 '모범 경영' 고용주들은 가장 평가가 좋은 직원에게 헬스클럽 무료 이용권과 심지어는 무료 상담 서비스까지 제공한다. 버진 펄스 Virgin Pulse(맥박은 생명의 가장 정량적인 형태를 상징한다는 점에서 상당히 시사적인 이름이다) 같은 기업 서비스업체들은 광범위한 디지털 감시와 개인 지도를 통해, 노동자들의 육체적 에너지와 주의 지속 시간, '진정한 동기'의 최적화를 목적으로 하는 심신 통합형 프로그램 일체를 제공한다. 노동(과 질병)의 육체적 성격과 심리적 성격이 서로 뒤섞이기 시작하면서 '건강', '행복', '생산성' 개념은 갈수록 분간이 어려워지고 있다. 급기야 고용주들은 이 세 가지를 다양한 자극과 수단을 통해 극대화할 수 있는 하나의 대상으로 취급하는 지경에 이르렀다. 이것이 바로 노동자의 육체와 마음, 그리고 생산량은 동시에 개선될 수 있다는 생각을 골자로 하는 21세기 경영자들의 일원론적 철학이다.

업무 능력 관리와 보건 서비스가 웰빙 최적화의 과학으로 융합되면서, 대화와 작업장의 역량 강화를 통해 얻을 수 있는 이익을 좀 더 속속들이 파악할 수 있을지 모른다는 정치적 희망은 실망으로 전환되고 있다. 하지만 일부 급진적인 정치경제학자들은 현대 노동의 탈물질화로 새로운 산업 모델의 기회가 열리고 있다고 바라보기도 한다.[36] 아이디어와 관계가 기업 가치의 핵심적인 원천이 되는 '지식 기반' 경제로의 이행을 통해 권력이 분권화되고 결정이 집합적으로 내려지는 완전히 새로운 작업장 구조가 마련될 수도 있다는 것이다. 하지만 이런 모델이 과연 심신의 스트레스를 줄여줄 것인지는 상당히 의심스럽다. 어쩌면 오히려 효율성 면에서는 현 상태보다 더 나을 수도 있다. 메이요의 인식처럼 작업장에서 생산성을 높이기 위해 대화가 필요하다면, 결정이 내려지는 과정에서 대화에 실질적인 영향력을 최고 수준으로까지 부여하면 어떨까? 생산량이 늘어나리라는 기대를 품고 감정을 조작하기 위해 말을 이리 꼬고 저리 꼬는 경영진의 반어적인 화술보다는 업무상의 병폐와 관련된 문제에 대한 훨씬 솔직한 성찰이 주를 이루면서, 소수의 고위 경영자들이 지위와 보수를 독점하는 데 대한 문제 제기가 터져 나온 수도 있다. 하지만 디지털 감시가 우리의 삶을 속속들이 파고들어 비공식적인 행동과 소통마저 추적하고 분석하며 관리하게 된 덕분에, 전통적인 형태의 경영과 위계는 구원을 받게 되었다.

대안적인 기업 형태가 등장하는 대신, 인체와 동작, 업무 수행 능력을 전보다 훨씬 과학적으로 정밀 분석한 테일러식의 '과학적 경영'이 다시 조심스럽게 귀환하고 있는 것이다. 노동자의 수행 능력 평가의 최전선은 육체 모니터링 기기와 심박수 모니터링, 실시간 건강 정보 공유 등을 통한 스트레스 위험 분석으로 이동했다. 기묘하게도 '좋은' 노동자의 개념은 1870년대부터 지금까지 인체 공학적인 피로 연구에서 출발하여 심리학과 심신 통합 의학을 거쳐 다시 육체로 되돌아오는 원을 그리며 다시 원점에 서게 되었다. 어쩌면 최적화를 종교처럼 받드는 경영자 집단에게 지금 필요한 것은 십자가처럼 형태가 분명한 어떤 것인지도 모른다.

# 5.

# 권위의
# 위기

최근 몇 년간 영국 보수당은 자신들의 연례회에서 당 이미지에 먹칠을 할 사건이 언젠가는 터지고 말 거라는 걱정에 사로잡혔다. 전통적으로 브라이튼이나 블랙풀 같은 해안 도시에서 개최되는 이 회의에는 정치적 올바름과 근대적 가치라는 재앙을 몰아낼 지도자를 찾아온 지역 보수 단체의 대표자 수천 명이 운집한다. 연례회 강령에서 수준 낮은 인종주의의 기미가 뿜어져 나오는가 하면, 주목받는 점잖은 은발의 남성과 노령의 지지자들이 동성애에 대한 역겨움을 표출하는 등, 보기에 따라 망신살이 뻗칠 수도 있는 장면들이 곳곳에 도사리고 있다.

하지만 마가렛 대처Margaret Thatcher가 보수당 당수가 된 지 2년째 접어들던 1977년, 예상 밖의 젊은 피가 연례회 행사에 수혈되었다. 투박한 북부 사투리를 쓰는 16세의 남학생 윌리엄 헤이그William Hague가 따분해져가던 연례회에서 우호적인 폭소를 이끌어낸 것이었다. 이 연례회에는 훗날 11년간 총리직을 수행하게 될 대처도 참석 중이었다.

이 젊은 피는 당시 노동당 정부의 '사회주의국가'를 성토하다가 청중들에게 부드럽게 농담을 던졌다. "여러분 대부분은 괜찮습니다. 30~40년 뒤면 절반은 이 세상에 안 계실 테니 말입니다." 그는 계속해서 사회주의적 위협의 핵심을 파고들었다. "한 학생이 너무 많이 우승할 경우 다른 학생들이 열등해 보일 수 있다는 걱정에서 학생 한 명당 한 종목에서만 우승하도록 정해놓은 학교가 런던에는 한 곳 이상 있습니다. 이는 사회주의국가의 전형적인 모습이며, 모든 노동당 정부 역시 이를 좇고 있습니다."

20년 뒤 헤이그는 보수당의 새 지도자가 되었다. 헤이그는 1980년대의 대처처럼 당수로서 선거에서 승리하는 기쁨을 맛보지는 못했다. 하지만

　　　　　　　　　　　| 행복산업 |

그동안 영국 사회가 밟아온 길에 대해서는 분명 기쁨을 감추지 못했으리라. 20년간 대처식 정책 결정을 하고 난 뒤 이제 '사회주의국가'는 눈을 씻고도 찾을 수가 없게 되었는데, 최근 선출된 토니 블레어Tony Blair의 노동당 정부 안에서는 특히나 그러했다. 친기업적인 자유 시장 교리가 서구 사회 전역을 장악했다. 그리고 10대였던 헤이그의 안목을 따르기라도 하듯, 경쟁을 부추기는 스포츠에 대한 정치적 관심은 그 어느 때보다 높아졌다.

1990년대 초부터 2007~2008년의 금융권 붕괴까지 경제 호황이 지속되는 동안 스포츠는 어디서나 정치 지도자에게 환영받는 당연한 미덕이었다. FIFA 월드컵이나 올림픽 같은 국제 스포츠 경기를 특정 도시에 유치하는 일은 성공적인 직업 선수들의 후광을 이용해 덩달아 주목받으려는 정치 엘리트들의 주요 관심사가 되었다. 토니 블레어는 총리 시절 소파에서 BBC의 간판 축구 프로그램을 보며 자신이 좋아하는 미드필더의 기술에 대한 허물없는 수다를 즐겼다. 그의 후계자 고든 브라운Gordon Brown 총리는 총리 관저에 출근하는 첫날, 학창 시절의 럭비 팀에서 꾸준한 영감을 얻는다는 발언으로 친親스포츠 행보를 이어가고자 했다. 그리고 2008년 여름 [금융 위기로] 자신의 권위가 흔들리자 브라운은 보다 경쟁적인 학교 스포츠를 지지하며 본래 헤이그의 주제였던 사안으로 복귀했다. "우리가 학교에서 장려하고자 하는 정신은 바로 이것입니다. 우리가 지난 시절 접했던 모든 문화에 메달을 주는 것이 아니라, 경쟁을 활성화하는 것입니다."

이 과정에서 거의 모든 것이 스포츠 관련 비유를 가지고 정당화되었다. 경영진의 급여가 하늘 높은 줄 모르고 치솟을 때마다 '인재 전쟁war for talent'의 '평평한 운동장'을 유維지할 필요라는 판짐에서 해닝이 이누어시른

했다. 2005년 토니 블레어는 한 인터뷰에서 그의 정부가 불평등의 심화를 간과해왔다는 지적을 당하자 데이비드 베컴David Beckham의 연봉을 낮추는 데는 별 야망이 없다는 동문서답을 하기도 했다.[1]

심지어 2008년 신자유주의 모델이 참패한 뒤에도 영국의 정치 계급들은 다시 이 수사로 돌아가 '전 세계적 **경주**' 때문에 복지를 대폭 삭감하고 노동시장의 규제를 더욱 완화해야 한다고 선언했다. 국제적인 경쟁자들을 따돌리기 위해서는 '경쟁'을 기업과 도시, 학교와 국가 전체의 대표적인 문화로 자리 잡게 해야 한다는 요구는 포스트대처 시대의 주문呪文이 되었다. 기업에서든, 스포츠에서든, 아니면 그냥 일상에서든 전직 스포츠맨과 기업 전문가, 통계학자들이 협력하여 만들어낸 승리의 과학은 스포츠의 교훈을 정치로, 전쟁의 교훈을 기업 전략으로, 일상생활의 개인 교습에서 얻은 교훈을 학교로 확대하고자 한다.

하지만 10대의 헤이그가 30~40년 뒤의 미래를 상상할 땐 그 누구도 예상하지 못했던 새 시대의 특징적인 흐름이 한 가지 있었다. 스포츠를 비롯한 경쟁과 경쟁적인 문화는 1977년에는 언급조차 되지 않다가 20세기 말에 이르러 중요한 정책 사안으로 부상하게 된 어떤 장애와 긴밀하게 연결되어 있었던 것이다. 1970년대 후반부터 서구 자본주의 국가들은 새로운 심리적 관리의 시대에 진입하고 있었다. 가장 중요한 관리 대상은 우울증이라는 장애였다.

우울증과 경쟁의 관계를 이해하는 방법 중 하나는 사회별로 경제적 불평등 수준과 우울증의 진단율 간의 통계적인 상관관계를 살펴보는 것이다. 결국 모든 경쟁은 불평등한 결과를 낳는 기능을 수행하기 때문이다. 스칸디나비아 국가들처럼 평등한 사회에서는 우울증이 낮게 나타나고 전반적인 행복 수준이 높은 반면, 미국이나 영국처럼 매우 불평등한 사회에서는 우울증이 대단히 흔하게 나타난다.[2] 통계에 따르면 상대적 빈곤(다른 사람과 비교했을 때 빈곤한 것)은 절대적 빈곤만큼이나 심각한 고통을 유발할 수도 있는데, 이는 돈 걱정에서 오는 스트레스뿐만 아니라 열등감과 신분에 대한 걱정이 우울증을 유발함을 보여준다. 이 때문에 불평등이 우울증에 미치는 영향은 소득 수준이 어떻게 향상되는지에 따라 크게 달라진다.

하지만 이것은 통계적 상관관계 수준에서 끝날 문제가 아니다. 통계 수치 이면에는 경쟁심 그 자체가 우울증을 유발할 수 있고 이는 '패자'뿐만 아니라 '승자'에게도 부정적인 영향을 미친다는 골치 아픈 증거가 있기 때문이다. 헤이그가 사회주의자들의 우려라고 밝힌, 경쟁이 많은 사람이 '열등'해 보이게 만든다는 주장은 심지어 1970년대 좌파적인 교사들의 상상보다도 훨씬 타당한 생각으로 드러났다. 경쟁은 사람들에게 너희는 열등하다고 직설적으로 말한다. 최근 몇 년간 우울증과 힘겹게 사투를 벌이고 있다는 프로 선수들의 고백이 쏟아져 나왔다. 2014년 4월에는 영국에서 일군의 저명한 전직 스포츠 선수들은 스포츠 감독과 코치, 훈련 프로그램의 지도자들에게 '육체적 건강athletic fitness'과 함께 '내적 건강inner fitness'의 증진에도 신경을 써달라고 촉구하는 공개서한을 작성했다. 직업선수들이 우울증에 걸리지 않도록 보호해달라는 취지에서였다.[3]

조지타운 대학에서 수행한 한 연구는 대학 축구 선수들이 선수가 아닌 학생들에 비해 우울증을 경험할 가능성이 두 배 높다는 사실을 밝히기도 했다. 또 다른 연구에서는 여성 프로 선수들은 심각 장애가 있는 여성들과 유사한 성격적 특성을 나타내는데, 두 경우 모두 강박적인 완벽주의와 연관이 있다는 사실이 확인되었다.[4] 그리고 미국 심리학자 팀 캐서Tim Kasser가 수행한 일련의 실험과 조사에 따르면 돈과 지위, 권력을 중심으로 한 '출세 지향적인' 가치들은 우울증의 위험을 높이고 '자아실현감'을 낮춘다.[5] 모든 경쟁이 강요하듯, 스스로의 가치를 다른 사람과의 비교를 통해 가늠하려 할 때마다 우리는 자존감을 완전히 잃어버릴 위험에 노출된다. 여기서 슬픈 아이러니는 이 때문에 학생을 비롯한 사람들이 육체적인 운동에 완전히 흥미를 잃게 될 수도 있다는 것이다.[6]

그렇다면 어쩌면 미국처럼 삶의 매 순간 개인의 경쟁적인 마음가짐을 중시하는 사회에서 우울 장애와 항우울제 수요가 넘쳐나는 것은 당연한 일인지도 모른다. 오늘날 미국 성인의 약 3분의 1과 영국 성인의 절반가량이 가끔씩 우울증 때문에 힘들다고 호소한다. 실제 진단율은 이보다 훨씬 낮긴 하지만 말이다. 심리학자들은 사람들이 자신의 힘으로 성공했다고 생각할 때 가장 행복해하는 경향이 있지만, 실패에 대해서는 그렇지 않음을 보여주기도 했다. 이는 망상의 한 증상처럼 보일 수도 있다. 하지만 모든 성공과 **모든 실패**의 원인을 개인의 능력과 노력으로 돌리는 경쟁적이고 우울한 문화만큼 망상에서 헤어나지 못하는 경우가 또 있을까?

그렇다면 미국은 처음부터 경쟁적인 사회였을까? [유럽에서 건너온] 정착민들과 건국의 아버지들, 그리고 미국 자본주의를 건설한 기업가들이 원래 꾸었던 꿈은 이런 모습이 아니지 않았을까? 사회가 스포츠 경기와 같다는 신화는 분명 1970년대 후반 훨씬 이전부터 존재했다. 하지만 우울증이 급속하게 확산되기 시작한 것은 1970년대 후반 들어서였다. 지금 생각해보면 1972년에 영국 정신과 의사들이 진단한 우울증이 미국의 5배에 이르렀다는 점은 놀랍지 않을 수 없다. 그리고 1980년까지도 미국인들은 항우울제보다 진정제를 두 배 이상 더 많이 소비하고 있었다. 대체 무슨 일이 일어났던 걸까?


## '질'에서 '양'으로


16세의 헤이그가 연례회 연단에서 연설을 하던 시기는 서구 사회의 경제적 정책 결정 역사에서 하나의 전기轉機가 마련되던 때였다. 가장 권위 있는 소득 불평등 측정 결과에 따르면, 영국 역사상 가장 평등했던 시기는 1977년이었다.[7] 하지만 동시에 스스로를 규제 기관과 노동조합, 소비자 압력 집단의 피해자라고 여기게 된 기업들의 목소리가 높아지면서, 시장 규제 완화 옹호론이 날로 힘을 얻고 있었다.[8] 인플레이션의 끝이 보이지 않자 영국 정부를 비롯한 많은 정부들이 '통화주의'를 실험적으로 단행하기 시작했다. 유통 중인 화폐의 양을 통제하려는 시도인 통화주의는 하지만 경제성장과 일자리를 위협할 위험도 동시에 안고 있었다. 대처와 로널드 레이건Ronald Reagan은 훗날 '신자유주의'라고 알려진 시대의 문을 열 준비를 하고 있었던 것이다.

신자유주의를 이해하려면 이 시기부터 전개된 일들을 차분히 살펴보는 것도 한 방법이다. 가령, 경영진의 보수가 하늘 높은 줄 모르고 치솟는다든가, 실업이 사상 초유의 수준으로 만연해졌고, 금융 영역이 나서서 성제 영역과 사회를 갈수록 지배하게 되었으며, 민간 부문의 경영 기술이 다른 모든 삶의 영역으로 확장되는 상황 같은 것들 말이다. 그리고 이런 흐름들을 분석하는 것도 중요하지만 이 모든 것이 어떻게, 그리고 왜 가능해졌는가를 이해하는 것 역시 중요하다. 이는 어린 헤이그가 보수당 연례회에서 연설을 하고 난 뒤 20년간 정반대의 방향으로 나아가게 된 것과도 관계가 있다. 신자유주의의 많은 핵심 요소들이 지식인들과 정치인들의 주목을 받지 못하다가 새 시대의 정설로 자리 잡게 된 것도 바로 이 20년 동안 일어난 일이었다. 이런 신자유주의의 핵심 요소들 중에는 경쟁과 행복의 관리, 두 가지 모두에 대한 새로운 숭배도 있었다.

1960년대의 문화적·정치적 전투의 핵심에는 도덕적, 지적, 문화적 심지어는 과학적 권위의 근본을 공격하는 극심한 상대주의가 있었다. '정상적인' 행동과 '진실한' 주장, '정의로운' 결과와 '우월한' 문화를 규정할 권리에 대한 근본적인 문제 제기가 이루어진 것이었다. 이런 문제에 대한 전통적인 권위를 보유한 곳에서 자신의 주장을 방어하려 들면 편파적인 관점에서 편협한 언어를 사용한다는 비난을 면치 못했다. '더 낫다'거나 '더 진실'한 가치가 있던 자리에는 그저 [이런 판단에] 순응하거나 아니면 차이를 인정하는 선택이 남게 되었다.

1960년대에 제기된 핵심적인 정치적·철학적 문제들은 다음과 같았다. 더 이상 공인된 위계나 공유된 가치가 존재하지 않는다면 어떻게 공적으로 합당한 결정을 내릴 수 있을까? 언어 자체가 이미 정치화되어 있는 상태에서 어디서 정치의 공통 언어를 끌어올 수 있을까? 재현마저 편향되고 정치적인 행위로 인식된다면 이 세상과 사회를 어떻게 재현해야 할까?

정부의 관점에서 문제는 민주주의의 범위가 훨씬 확장되고 있다는 데 있었다.

애초에 과학적이고 공리주의적인 정치에 대한 제레미 벤담의 착상은 법적 과정과 처벌에서 여전히 재판관과 정치인들의 언어를 오염시키고 있는 추상적인 헛소리를 일소하겠다는 충동에서 출발했다. 이런 의미에서 그는 이를 통해 정치를 철학에서 구출하고 싶었다. 하지만 다른 관점에서 보면 여기에는 다른 기능이 있을 수도 있다. 수학적 측정에 의지할 경우 과도한 민주주의와 문화적 다원주의에서도 정치를 구출할 수 있기 때문이다. 1960년대 이후 벤담처럼 심리적 안녕의 확고부동한 과학적 측정을 강조하는 현상이 다양한 가면을 쓰고 다시 등장했다. 반문화와 연결된 경우도 있고, 보수층이 선전하고 다니는 듯한 형국일 때도 있었다. [그 양면성에도 불구하고] 이런 노력들은 소모적인 싸움에서 벗어났다고 주장할 수 있을 정도로 정치적 성공을 거두었다. 이런 노력들의 공통점은 숫자를 공통의 공적 언어를 재창조하는 수단으로 사용하려 한다는 점에 있었다.

무엇이 '좋고' 무엇이 '나쁜가'에 대한 합의점을 찾을 수 없는 세상에서는 만사가 개인적이거나 문화적인 관점의 문제이기 때문에 측량에서 해답을 찾게 된다. 질 대신 양을 따지고, 무엇이 얼마나 좋은지 대신 얼마나 많은지를 표현하며, 최악에서 최고로 이어지는 가치의 위계 대신 최소에서 최대로 이어지는 눈금에 의지하는 것이다. 무엇으로도 분쟁을 조정할 수 없을 때, 숫자는 그 능력을 발휘한다.

1960년대가 남긴 유산의 가장 기본적인 골자는, 많은 것은 당연히 적은 것보다 낫다는 것이다. 성장은 진보다. 욕망하거나 믿는 대상이 무엇이든 간에 최대한 많이 거머쥐는 것이 최선이다. 성장이 그 자체로 선이라는 이 같은 믿음은 일부 하위문화와 심리학 내의 운동을 통해 전면으로 부상했다. 에이브러햄 매슬로Abraham Maslow와 칼 로저스Carl Rogers가 이끈 인본주의 심리학은 심리학(과 사회 전반)이 정상화의 원칙들에서 벗어나 그보다 훨씬 위대한 성취를 탐색하도록 방향을 전환시키고자 했다.[9] 이들은 [정상인이 지켜야 할 원칙에] 고루하게 순응하는 1950년대 문화가 개인의 성장 능력을 저해하여 숨통을 옥죄었다고 인식했다. 개인의 성장에 '자연적인' 혹은 '도덕적인' 한계가 있다는 사고는 억압적인 전통으로 회귀하는 것과 다르지 않았다. 실제로 얼마 안 가 기업들은 시장 규제가 이윤의 성장에 해로운 영향을 미친다며 이와 동일한 논리를 펼쳤다.

　　루스벨트 대통령의 여론조사 담당관을 역임한 바 있는 해들리 캔트릴은 1965년 최초로 국가 전체의 행복 수준을 비교하는 작업을 시도했다.[10] 캔트릴은 갤럽과 손을 잡고 '자기 기대 성취를 위한 노력 척도self-anchoring striving scale'라는 완전히 새로운 방법으로 전 세계 일반 대중들을 상대로 설문조사를 실시했다. 그 전까지 여론조사원들은 개인이 특정 상품이나 정책, 지도자, 제도에 대해 어떻게 느끼는지에 관심을 가졌다. 이에 반해 캔트릴의 연구는 사람들에게 각자가 가진 포부를 기준으로 자신의 삶에 어떤 느낌을 가지고 있는지 물어보았다는 점에서 혁신적이었다. 태도 연구attitudinal research가 사람들에게 바깥의 세상을 살펴보고 의견을 숫자로 표현할 것을 요청했다면, 캔트릴은 사람들에게 자신의 내면을 살펴보고 의견을 숫자로 표현할 것을 요청했다고 볼 수 있다. 이는 오늘날의 행복 연구가 발전하는 데 있어서 획기적인 사건이었다. 하지만 '자기 기대 성취를 위한 노력'이라는 개념에는 사적인 성취가 유일한 대원칙인 사회의 적막함과 무목적성이 묻어난다.

문제는 자아실현과 성장이 우선시되는 사회에서도 일정한 형태의 정부와 공인된 권위가 여전히 필요하다는 데 있다. 누가 총대를 멜 것인가? 성장에 집착하는 상대주의 사회의 기본 원칙을 작성하는 데 필요한 전문 지식을 어디서 가져올 것인가?

1950년대 말부터 1970년대 말에 이르기까지, 이런 새로운 문화적 경관에 맞게 권위를 재건할 능력을 갖춘 새로운 종류의 전문가가 등장했다. 이들이 (때로 고의적으로) 몰아낸 과학적·정치적 권위와는 달리, 이들의 권위에는 전문성이라고 하는 전통적이고 도덕적인 짐이 없었다. 대신 이들의 권위는 도덕적·철학적·사회적 관심이 말끔하게 정리된 공평무사한 능력, 측정하고 등수를 매기며 비교하고 범주를 나누고 진단하는 능력에 뿌리를 두고 있었다. 벤담의 주장처럼 '공공의 이익', '정의', '진리' 같은 개념들에 천착했던 과거의 전문가들이 이론이 마음에 행사하는 '소리의 폭정'에 휘둘린 피해자였다면, 새로운 전문가들은 '이론 중립적'이라며 자랑스럽게 내세우는 도구와 수단들을 적용하는 기술자일 뿐이었다.

정치적 분란이 폭력 사태로 번지기까지 하던 시기에, 단순히 측정하고 분류하는 자격만을 갖춘 공평무사한 과학자들은 새로운 권위의 매력 넘치는 샘과도 같았다. 여기서 중요한 것은 이런 정서가 반문화적인 성격과 보수적인 성격을 동시에 지니고 있었다는 점이다. 즉, 낡은 기성의 권위를 쓰러뜨렸다는 점에서는 반문화적이었지만, 정치적 진보에 대한 자기 민의 진멍이 없었다는 짐에서는 보구적이었던 것이나. 이던 섬에서 송병부

사한 과학적 전문가들은 '문화 전쟁'에서 빠져나갈 출구를 만들어주었다. 1960년 전후로 미국 학계의 주변부에 있다가 1980년경에는 경쟁과 우울증으로 점철된 새로운 사회의 건설자가 된 몇 안 되는 학자들의 생애 속에서 우리는 신자유주의의 맹아를 찾을 수 있다.

## 시카고의 벤담

시카고의 하이드파크 구역에는 약간 괴상한 점이 있다. 19세기 말엽의 주택들이 가로수와 함께 줄지어 선 거리는 전형적인 미국 중상류층이 사는 교외와 별반 다르지 않은 느낌을 준다. 그 중심에는 옥스퍼드 대학의 고딕 양식을 본떠 중세풍의 작은 탑과 스테인드글라스 창을 완비한, 위대한 시카고 대학이 자리하고 있다. 벽을 타고 오르는 담쟁이덩굴과 말끔하게 손질된 잔디가 어우러진 하이드파크의 녹음 속을 거닐다보면 여기가 미국에서 손꼽히는 대도시라는 사실쯤은 잠시 잊고도 남게 된다. 이 사실을 다시 상기시켜주는 것은 대학 안팎의 모퉁이마다 푸른 조명을 받고 서 있는 흰 초소 안의 긴급 전화들이다. 하이드파크는 평화와 학문의 안식처지만, [강력 범죄로 악명 높은] 사우스사이드에 위치해 있기 때문에 방문객들에게 어느 쪽으로든 걸어다니면서 너무 기웃대지 말라는 조언을 할 정도다.

시카고 대학이 자리 잡고 있는 이 둥지는 신자유주의 정책 혁명의 설계와 이행에 중요한 역할을 한 '시카고학파'의 발전에서 무시 못 할 요소로 작용했다. 시카고는 워싱턴 D.C.에서 700마일, 미국 경제학의 원류인 하버드와 MIT가 있는 매사추세츠 주 캠브리지 시에서는 850마일 떨어져 있다. 시카고학파의 경제학자들은 하이드파크에 똘똘 뭉쳐 살았던 데다가 정치적·학문적 기득권의 핵심부에서 수백 마일 떨어져 있었기 때문에 논쟁을 하려면 자기들끼리 할 수밖에 없었다. 제2차세계대전이 끝난 뒤 30년간 이들은 이렇게 평화롭게 지냈다.

시카고학파로 알려지게 된 학자들이 경제학자 제이콥 바이너Jacob Viner와 프랭크 나이트Frank Knight를 중심으로 모이기 시작한 것은 1930년대의 일이었다. 1950년대 말에 이르자 이들은 탄탄한 결속을 자랑하는 일가로 성장했다. 가족이라는 표현이 비유가 아니라 실제 유대로 표현된 사례도 있었다. 밀턴 프리드먼Milton Friedman이 전후戰後 시카고학파의 핵심 인물 [이자 시카고 대학 법학과 교수였던] 아론 디렉터Aron Director의 누이인 로즈 디렉터 Rose Director와 결혼한 경우가 이에 해당한다. 이 경제학자들은 지리적으로 고립되어 있었다는 점 이외에도 수많은 지적·문화적 특성들을 공유하고 있었다. 주류의 주목을 받지 못한 사람들 특유의 왕따 정서도 그중 하나였다.

지배적인 케인즈주의적 정책 프로그램 내에서 균열이 나타나기 시작하던 1970년대 초까지만 해도 시카고를 경제학의 중심지로 진지하게 여기는 경우는 거의 없었다. 레이건 혁명이 진행되던 1980년대가 되어서야 하버드와 MIT가 마지못해 인정해주는 정도였다. 하지만 얼마 안 가 시카고 경제학자들은 꾸준히 노벨상을 수상하기 시작했다. 유대 이민자 집안 출신인 프리드먼은 1960년대를 거치며 보수계의 유명 인사로 발돋움하면서도 기득권의 후광을 입지 않은 것을 자랑으로 여겼다. 시카고학파의 또 다른 유명 인사 게리 베커Gary Becker는 자신들 모두에게 "꼴생원 기질이 있다"고 인정하기도 했다.[11] 이들의 성상 파괴 욕구에 불을 지핀 것은, 자신들에

171      **5. 권위의 위기**

게 지배권이 있다고 생각한 북동부의 자유주의적 엘리트 지식인들이 미국을 쥐락펴락한다는 느낌이었다.

시카고학파가 정부를 의혹의 눈길로 바라보게 된 것은 이 때문이었다. 이를 표출하는 방식 중 하나는 입법가와 정부 관료들의 행동을 경제적으로 분석함으로써, 이들 역시 시장의 상인이나 소비자들과 마찬가지로 자기 이익에 충실할 뿐이라는 점을 보여주는 것이었다. '미스터 매크로Mr Macro'라는 별명이 붙은 프리드먼의 친구 '미스터 마이크로Mr Micro' 조지 스티글러George Stigler(두 별명은 미시경제학자인 스티글러가 거시경제학자인 프리드먼보다 키가 30센티미터 이상 커서 생긴 농담이었다)의 연구는 경제학 분석의 초점을 시장이 아닌 공적 이익을 위해 일한다고 주장하는 워싱턴의 관료들로 바꿔놓았다.

정부를 의심한다고 해서 반드시 반국가적인 것은 아닌데, 이는 곧 프리드먼의 행동을 통해 증명되었다. 1975년 봄 독재 정권이었던 피노체트 정권에 조언하기 위해 칠레를 방문함으로써 프리드먼의 논란 많은 생애에서도 가장 큰 논란을 일으킨 일화를 남긴 것이다. 무정부주의에 공감한다고 고백했던 사람이 군부독재자와 이런 식으로 관계를 맺는 것은 아무리 좋게 봐도 위선일 뿐이었다. 프리드먼은 자신은 과학적 지식을 추구하는 사람이며 여기에 관심이 있기만 하다면 누구와도 기꺼이 함께할 수 있다며 일축했다. 어떤 경우든 정부에 대한 시카고학파의 불만은 정부가 너무 많은 권력을 갖고 있다는 것이 아니라, (벤담과 비슷하게) 권력을 비과학적인 방식으로 사용한다는 데 있었다. 요컨대 정책 입안가들은 경제학자의 말에 더욱 귀를 기울여야 한다는 것이었다. 이는 시카고학파의 특징을 가장 잘 드러내는 지점이다. 이들은 기본적으로 경제학은 인간 행위를 연구하는 객관적인 과학이며 이는 모든 도덕적·정치적 고려에서 깨끗하게 분리할 수 있다고 믿었다.

이 같은 경제학의 뿌리에는 제본스에서 벤담까지 거슬러 올라갈 수 있는 간단한 심리학 모델이 있다. 이 모델에 따르면 인간은 자기 이익을 추구하는 과정에서 꾸준히 비용과 편익을 절충하고자 한다. 제본스는 같은 양의 돈으로 더 많은 즐거움을 얻으려는 (혹은 같은 양의 즐거움을 얻기 위해 돈을 더 적게 쓰려는) 소비자 측의 심리적 합리성이라는 관점에서 시장가격의 움직임을 설명했다. 시카고학파의 차이점은 이런 심리학 모델을 시장 소비 바깥으로 확대하여 **모든 형태**의 인간 행위에 적용시켰다는 점에 있었다. 시카고에서는 아이를 돌보고, 친구들과 어울리고, 결혼을 하고, 복지 프로그램을 고안하며, 자선단체에 기부를 하고, 심지어는 마약을 복용하는 등의 분명한 사회적, 윤리적, 의례적, 비합리적 행위들이 모두 사적인 심리 이득을 최적화하기 위해 계산된 전략들로 새롭게 인식되었다. 이들은 이 심리학 모델을 '가격 이론'이라 칭하고 이는 모든 대상에 적용 가능하다고 보았다.

이 이론의 함의를 가장 잘 포착한 사람은 게리 베커였다. 오늘날 베커는 '인적 자본' 개념을 개발한 사람으로 유명하다. 이 개념은 개인이 자신의 기술에 '투자'하면 금전적 수익을 얻을 수 있음을 보여줌으로써 고등교육의 사유화를 촉발하고 정당화하는 데 활용되기도 했다.[12] 이보다 더 넓게 확산된 베커의 영향력은 모든 도덕적·법적 문제를 비용 편익 분석의 문제로 환원시키는 접근법에서 확인할 수 있다. 사람들이 마약에 중독되었다고? 그건 마약의 가격이 너무 낮거나 마약에서 얻을 수 있는 쾌락이 너무 크기 때문이다. 상점에서 물건을 훔치는 범죄행위가 늘어난다고? 그건 벌

**5. 권위의 위기**

금(과 걸릴 위험)이 너무 낮기 때문이다. 하지만 그렇다고 해도 폐쇄 회로 텔레비전과 경비원 비용을 지출하느니 그냥 좀도둑을 견디는 편이 더 합리적일 수 있다.

이런 연구를 수행했던 경제학자들은 이데올로기적인 동기가 있는 것 아니냐는 주장에 대해 항상 게거품을 물며 반박했다. 이들은 하버드와 MIT에 있는 자유주의적 성향의 경쟁 상대들이나 워싱턴에 있는 정치꾼들의 마음을 어수선하게 하는 도덕적·철학적 앙금에서 벗어나 사실을 규명하려는 것뿐이라며 항변했다. 떨어져 있는 관찰자가 충분히 과학적으로 조사하면 인간의 활동을 완전하게 파악할 수 있다는 주장에는 행동주의자 존 왓슨의 그림자가 어른거렸다.

이들은 자신들의 분석을 시카고 대학 경제학과 워크숍 시스템의 악명 높은 압박 토론 환경 속에서 검증했다. 일반적인 학술 세미나에서는 연사가 바로 그 자리에서 참가자들에게 처음 보는 논문을 나눠준 다음 이를 읽는 방식으로 발표를 했기 때문에 아무리 청중이 날카로운 비판을 하고 싶어도 그걸 생각해낼 만한 시간적 여유가 없다. 하지만 시카고의 워크숍 시스템은 달랐다. 논문은 미리 제출하여 먼저 읽어 오도록 했고, 워크숍에 모여서는 저자가 자신이 쓴 글에 대해 몇 분간 변호를 하고 나면 동료들이 논문의 논리적 허점이나 주장의 오류를 마치 먹잇감이라도 찾듯 색출하려 덤벼드는 식이었던 것이다. 한번은 긴장한 연사가 "저는 어디에 앉아야 하나요?" 하고 물어보자 워크숍을 조직한 스티글러가 "당신은 책상 밑이 좋겠군요"라며 차갑게 빈정거리기도 했다.

이 심리학 모델, 그러니까 '가격 이론' 자체가 오류라면 어떻게 되는

| 행복산업 |

걸까? 특히 가정이나 사회, 정치적 삶에서 사적 이익의 합리적인 계산기처럼 행동하지 **않으면** 어떻게 되는 걸까? 사람들이 어째서 그렇게 행동하는지 이해하는 데 경제학이 완전히 적합한 학문이 아니라면? 시카고 경제학과 세미나실에서는 결코 이런 질문을 던지지 못했다. 모든 급진적이고 회의적이며 반철학적인 경험주의 체제는 검증이 면제된 전제들을 필요로 한다. 시카고에서 이 전제는 가격 이론이다. 이 가격 이론은 1930년대 바이너의 강의에서부터 《괴짜 경제학Freakonomics》처럼 오늘날 유행하는 대중적인 경제서에 이르기까지, 신념 따위는 필요하지 않다고 주장하는 집단에게 사실상 중요한 신념처럼 기능해왔다.

## 시카고학파보다 더 시카고학파다운

---

불현듯 경이로운 생각이 떠올라 "유레카!" 하고 소리친 아르키메데스는 세상에서 가장 일어나기 힘든 사건을 경험한 영웅이다. 나는 일생을 일류 학자들과 함께 연구하며 지냈지만 아르키메데스처럼 갑작스럽게 계시를 받은 듯한 상황을 경험한 것은 딱 한 번, 그것도 관찰자로서였다.

---

조지 스티글러는 이렇게 박진감 넘치는 어조로 1960년 하이드파크에 있는 아론 디렉터의 집에서 개최된 워크숍을 회상했다. 그날 저녁이 얼마나 잊을 수 없는 사건이었는지, 스티글러는 훗날 그 일을 녹음해두지 않

은 디렉터를 욕할 정도였다.[13] 이는 스티글러의 생애에, 그리고 더 넓게는 시카고학파에 일종의 전환점이 되었다. 어쩌면 신자유주의 기획의 전환점이었다고 할 수도 있다.

그날 저녁 토론했던 논문은 당시 버지니아 대학에 있던 영국 경제학자 로널드 코스Ronald Coase의 연구물이었다. 코스는 스티글러 등의 경제학자들이 자신에게 부여하려 했던 상징적인 지위를 한사코 거부했다. 그는 경제적 제도들이 어째서 지금처럼 조직되었는지에 대해 간단한 과학적 질문들을 제기함으로써 자신의 연구 경력을 조용히 차근차근 쌓아갔다. 어째서 다른 사람들이 자신의 연구에 그와 같이 흥분하는지 이해하지 못하겠다고 밝히기도 했다. 1991년 노벨상을 수상할 때는 "내가 이루어낸 일들을 결정한 요인들은 내가 선택한 것이 아니었다"라고 말했는데, 이는 꽁생원 기질이 있고 경쟁심이 강한 시카고 경제학자들에게 열패감 비슷한 것을 안겨주기에 충분한 태도였다.

하지만 우연이든 아니든 런던 킬번 노동계급 출신인 이 겸손한 경제학자는 하이드파크의 지적 거물들에게 '아르키메데스'와 같은 역할을 하게 되었다. 그 과정에서 그는 자본주의의 통치 방식과 경쟁의 형태에 대한 더욱 사악한 이해에 기여한 셈이다. 코스의 연구는 자본주의 기업이 '경쟁적인' 방식으로 활동하기만 한다면 그 크기나 권력에는 어떤 제한도 두어서는 안 된다는, 정치적 세계관의 결정적인 강령으로 귀결되었기 때문이다.

코스를 '신자유주의 인사'라고 설명하는 경우는 없다. '보수 인사'라고는 더더욱 말하지 않는다. 하지만 1930년대에 런던정경대학에서 그를 가르친 두 경제학자, 프리드리히 하이에크Friedrich Hayek와 라이어넬 로빈스Lionel

| 행복산업 |

Robbins 모두 신자유주의 사상의 등장에 중요한 역할을 한 것은 사실이다. 라이어넬과 하이에크는 경쟁 시장의 가격 시스템에 내장된 유일무이한 지능을 강조함으로써, 대공황 기간 동안 창궐한 케인즈주의와 사회주의적 사고에 반격하고자 했다. 이러한 기운을 코스는 한껏 들이마셨다. 하지만 그보다 더 중요한 사실은, 경제학을 비롯한 모든 사회과학이 무엇을 알아낼 수 있을까 하는 것에 대해 품었던 하이에크의 강한 회의에 코스가 노출되었다는 점이다.

'가격 이론'의 기본적인 교리에서 벗어나진 않았지만, 어쨌든 뿌리 깊은 회의주의로 무장한 코스는 자신보다 자유의지론적 성향이 강했던 시카고 대학의 동료들도 결코 생각해보지 못한 문제를 던질 수 있었다. 그런데 시장의 편익이란 정확히 무엇이란 말인가? 만일 그것이 복지의 창출이라면, 상황에 따라 기업 같은 다른 형태의 조직을 통해 더 잘 수행될 수도 있지 않을까? 국가의 시장 개입에 적대적이었던 프리드먼과 그 동료들은 자유 시장은 원칙적으로 본래 우월하다는 전제를 건드릴 생각을 하지 못했다. 하지만 역설적이게도 이런 믿음 때문에 이들은 시장이 정확한 형태를 유지할 수 있게 해주는 규제법이나 경쟁법 같은, 일종의 국가 개입을 허용하는 꼴이 되고 말았다.

코스의 걸출함은 시카고학파 사람들이 전혀 알아차리지 못한 형이상학적 사유의 마지막 한 조각을 시카고학파 내에서 찾아냈다는 점에서 드러난다. 이때까지만 해도 시카고학파는 시장은 개방적이고 경쟁적이며 일정한 공정성의 원리에 따라 운영되어야 하고, 그러지 않을 경우 독점의 힘을 못 이겨 침몰하게 될 것이라고만 생각했다. 시장이 개인의 자유를 길현할 수 있는 공간이라는 이상에 근접해지려면 기본 원칙이 필요했다. 이는 경쟁자들이 공정하게 시합하지 않거나 너무 막강해져서 '실패'의 기미를 보이기 시작할 경우 이에 개입할 수 있는 권위가 시장에 여전히 필요하다는 의미였다.

회의론자였던 코스는 이런 식의 추론을 받아들이지 않았다. 실제 경제생활에서는 그 어떤 것도 그렇게 간단치 않았다. 현실의 시장은 결코 **완벽하게** 경쟁적이지 않기 때문에, '제대로 돌아가는' 시장과 '실패'한 시장 간의 단정적 구분은 경제학 이론이 만들어낸 환상이라는 것이었다. 따라서 경제학자라면 특정한 규제의 개입이 모든 사람을 전체적으로 잘살게 만들리라는 충분한 근거가 있는지 질문해야 한다고 코스는 주장했다. 그리고 여기서 '모든 사람'에는 소비자나 중소기업뿐만 아니라 규제 대상 집단까지 포함되어야 한다. 이 주장은 벤담의 사고와 정확히 일치했다. 벤담은 정책은 전체 인간 복지에 대한 통계 데이터만을 가지고 이끌어가야 하며, '옳고 그름'에 대한 모든 감각은 폐기해야 한다고 주장했기 때문이다. 만일 정부의 개입을 정당화할 만한 데이터가 충분치 않을 경우 (그리고 그런 증거를 모으기가 어려울 경우) 규제자는 아예 경제에 손대지 않는 편이 더 낫다.

코스의 주장에서 도출할 수 있는 가장 파급력이 큰 함의는 독점이 경제학자들이 생각하는 것만큼 그렇게 나쁘지 않다는 점이었다. 완벽하게 경쟁하고, 완벽하게 효율적인 시장과 비교한다면 당연히 독점은 바람직하지 않다. 하지만 코스는 이를 "칠판 경제학"이라 부르며 코웃음을 쳤다. 코스는 경제학자들이 눈을 똑바로 뜨고 실제로 존재하는 자본주의를 바라본다면 효율적인 시장을 만들어내려는 규제의 노력들이 종종 생산성을 저해하고 있음을 발견할 수 있으리라 생각했다. 차라리 그동안 기업을 그냥 내버려두고 일이 알아서 돌아가게 하면(필요할 때는 민간 계약과 보상을 활용하고) 전체적으로 최선의 결과를 실제로 만들어낼 수도 있다. 이는 완벽한 결과는 아니지만 실현 가능한 최선의 결과다. 경제학의 기능은 완벽한 유토피아적 시나리오를 제시하는 것이 아니라, 하나하나의 개별 사례를 가지고 무엇을 할 것인지 정확하게 계산하는 것이기 때문이다.

규제에 대한 코스의 회의적인 입장은 통신 시장에 대한 1959년 논문에서 처음으로 공개되었다. 이 논문으로 한바탕 소란이 일었다. 시카고 학파는 정부와 결코 친하지 않았지만, 최소한 시장이 과도한 이윤을 만들어내는 대기업의 지배를 받지 않게 하려면 어느 정도는 제어되어야 한다고 생각해왔다. 다른 한편으로 코스의 비판적인 추론 방식과 결론의 과격함은 이들의 호기심을 자극했다. 이에 디렉터는 코스를 초청하여 자신의 입장을 방어하는 논문을 발표해달라고 했는데, 훗날 〈사회적 비용의 문제〉라는 이름으로 발표된 이 논문은 경제학 역사상 가장 많이 인용되는 논문 중 하나가 되었다.

시카고 대학 경제학과의 중심인물 스물한 명이 피 냄새를 따라온 승냥이 떼처럼 도착했다. 코스의 논문을 미리 읽고 온 이들은 세미나를 시작하면서 부쳐진 투표에서 모두 반대 의사를 밝혔다. 고풍스러운 시카고 대학식 워크숍이 시작되자 디렉터가 코스를 소개했고, 이어서 5분간 코스가 자신의 주장을 설명하고 방어하는 발언을 했다. 이제 경제 논리의 무자비한 힘이 코스를 갈가리 찢을 차례였다. 이런 자리에서 항상 그랬듯 후반에 접어들자 밀턴 프리드먼이 상황을 주도했다. 하지만 이번 경우에는 뭔가 이상한 일이 일어났다. 프리드먼식 논리가 먹히지 않는 것처럼 보였던 것이다. 여기서 다시 조지 스티글러의 증언을 들어보자.

---

로널드는 우리를 설득하지 못했다. 하지만 그는 우리 모두의 잘못된 주장에 굴복하지도 않았다. [다른 때였으면] 밀턴이 저쪽에서 그를 한 대 치면 이쪽에서 다시 한 대 치고, 또 다른 쪽에서 한 대 치는 식이었을 것이다. 그런데 경악스럽게도 밀턴은 그를 내버려 둔 채 우리를 쳤다. 세미나가 끝날 무렵 투표 결과가 완전히 바뀌었다. 로널드에 대한 찬성이 21표, 반대표는 없었다.[14]

---

훗날 한 학생이 표현한 것처럼 "코스는 시카고학파보다 더 시카고학파다웠다".[15] 코스에게는 정부를 공격할 이데올로기적 무기가 전혀 없었다. 규제 없는 약육강식의 자본주의에 특별한 애정이 없기로는 프리드먼을 능가했다.

대신 그에게 **있었던** 것은 경제를 어떻게 통치해야 하는가에 대한 모든 가정, 그리고 '좋은' 경쟁과 '나쁜' 경쟁은 어떤 모습인가에 대한 모든 가정을 문제 삼고자 하는 욕구였고, 좋은 경쟁과 나쁜 경쟁의 차이를 자신들이 당연히 설명할 수 있다는 정책 입안가들의 가정에 도전하고자 하는 욕구였다. 시카고 경제학자들을 사로잡은 것은 바로 이 지점이었다. 코스는 완전 시장의 가능성 자체에 회의를 품고 있었고, 국가의 권위를 프리드먼과 그 동료들보다 훨씬 더 의심했다. 과학적인 경제 분석 외에 그 어떤 것도 규제적 개입이 필요한지의 여부를 결정할 수 없다고 보았기 때문이다.

## 자본가에 대한 공감

스티글러는 자신이 보는 앞에서 패러다임 전체가 바뀌었다고 생각했다. 정부의 시장규제를 뒷받침하던 이론적 논거가 아론 디렉터의 거실에서 증발해버린 것이다. 그러니까 1960년까지는 **시카고학파마저** 어떤 상황에는 반드시 정부 개입이 필요하고 어떤 상황은 그렇지 않다는 식의 형이상학적인 도덕적 전제하에 고투해왔던 셈이다. 훗날 스티글러가 '코스의 정리Coase's Theorem'라고 이름 붙인 명제는 그것이 그렇지 않다고, 경쟁 관계에 있는 행위자들 사이에서 자연스럽게 나타나는 상황을 규제가 자동적으로 개선시켜줄 수 있다고 믿을 만한 근거는 전혀 없다고 밝혔다.

안타깝게도 이것은 코스의 논지가 아니었다. 1960년 그날 저녁 디렉터의 집에서 그가 변론을 펼친 논문은 시장규제가 항상 필요하다고 가정할 만한 근거는 **원칙상** 존재하지 않는다는 입장이었다. 다른 경쟁자를 착취하는 경쟁자가 반드시 나쁘다고 가정할 만한 근거 역시 **원칙상** 존재하지 않았다. 하지만 규제적 개입이 나쁘다고 믿을 만한 근거도 원칙상 전혀 없었다. 코스는 그저 '칠판 경제학'의 유토피아적 명제들에 대한 대안으로서, 입수 가능한 데이터를 철저하게 경제학적으로 분석해야 한다고 호소했을 뿐이다. 경쟁이 벌어지는 상황에서 시비에 대한 서로 상충하는 다양한 관점들 가운데 권위를 유지하려면 단순히 사실만을 대변하는 경제학자들이 규제자의 역할을 맡아야 했다.

스티글러와 그 동료들은 이 같은 공정함에는 관심이 없었다. 이제 이들의 손에는 '공익'을 위해 행동한다고 주장하면서 실제보는 성공한 대기업에 대한 정치적 원한을 해소하거나 자기 이익을 위해(규제자들을 위한 일자리를 증대하기 위해) 행동하는 규제자와 입법자들의 도덕적 권위에 대한 파괴적인 비판이 들려 있었다. 규제자와 좌익 자유주의자들은 기이하게도 착취와 독점을 일삼는 대기업 역시 복지를 창출한다는 사실을 인식하지 못했다. 사실 한없는 자유를 쥐여준다면 이들이 얼마나 많은 복지를 창출할 것인지 누가 알겠는가?

날로 장밋빛이 짙어져가는 시카고학파의 관점에서 보았을 때 공룡 기업은 그 크기 덕분에 다른 기업들보다 효율적으로 작동할 수 있었고, 소비자와 사회 일반에 더 많은 보탬이 될 수 있었다. 이들이 만들어내는 편익은 공격적인 경쟁 행위에도 불구하고 발생하는 것이 아니라, 바로 이런 행위 때문에 발생하는 것이었다. 공룡 기업들이 최대한 크게, 많은 이익을 내며 성장하도록 내버려둔 뒤 무슨 일이 벌어지는지 살펴보라. 어째서 기업이 '너무 커지게' 될까봐 지레 걱정하는가? 이들이 지금보다 훨씬 **더 커져서는** 안 된다고 누가 말할 수 있단 말인가? 1960년대 말에 이르자 프리드먼은 훨씬 노골적으로 친기업적인 주장을 펼쳤다. 1970년《뉴욕 타임즈 매거진 The New York Times Magazine》에 발표된 유명한 글에서, 그는 기업의 유일한 도덕적 의무는 최대한 많은 돈을 버는 것이라고 밝혔다.[16]

1960년 디렉터의 집에서 코스가 제기했던 질문은 근본적인 문제였다. 규제자들은 오랫동안 경쟁자들을 덩치 큰 깡패로부터 보호하기 위해 노력했다. 하지만 **깡패의 행복은 어떻게 되는 거지?** 그 역시 고려의 대상이 되어야 하지 않을까? 그리고 (나중에 시카고학파가 설명하려 했듯) 소비자의 입장에서는 사실 여러 개의 작고 비효율적인 경쟁자들 사이에서 끊임없이 선택하

| 행복산업 |

는 것보다는 아주 크고 효율적인 독점기업의 서비스를 지속적으로 받는 편이 더 낫지 않을까? **만인**의 행복을 고려한다면, 그리고 여기에 공격적인 공룡 기업의 행복도 포함된다면, 규제가 실제로 어떤 편익을 만들어내는지는 불분명해진다.

공리주의는 이렇게 국가의 계산에 기업을 포함하는 방식으로 재탄생했다. 월마트, 마이크로소프트, 애플은 1960년에 존재하지도 않았지만, 만일 이들에게 가장 좋아하는 정책의 본보기가 무엇인지 물어본다면, 코스의 연구를 발판으로 시카고에서 날조된 위의 주장을 꼽을 것이다. 레이건이 백악관에 입성하자 이 발상은 워싱턴의 정책 및 규제 기관들을 통해 빠르게 확산되었고 1990년대에는 수많은 국제 규제 기관에도 스며들었다.[17] 높은 수익성을 기업이 지나치게 비대해지고 있다는 경고신호로 생각했던 정책 입안가들은 10년도 안 되어 이를 기업이 대단히 '경쟁적인' 방식으로 운영되고 있다는 반가운 조짐으로 받아들였다.

여기서 직관에 크게 어긋나는 교훈 하나가 등장했다. 그것은 바로 미국 신자유주의는 사실 경쟁 시장을 그리 좋아하지 않는다는 사실이다. 그러니까 시장을 거래 대상자를 선택할 수 있는 공간이자 거래 여부를 결정할 어느 정도의 자유가 있는 공간으로 이해할 경우(예를 들어 이베이를 생각해보라), 시카고학파는 전반적으로 효용을 더 많이 발생시키기만 한다면 기업이 이런 선택과 자유를 충분히 제한할 수 있다고 생각했던 것이다.

스티글러와 프리드먼, 디렉터 등이 진정으로 숭배했던 것은 엄밀한 의미의 시장이 아니라 경쟁 상대의 코를 납작하게 하는 데 혈안이 된 기업가와 기업에서 분명하게 드러나는 경쟁 심리였다. 이들은 시장이 만인이

동등한 기회를 갖는 공정한 장소이기를 바라지 않았다. 승자가 훨씬 큰 영광을 거머쥐고 성과를 활용할 수 있는 공간이기를 바랐다. 자본의 무한한 잠재력에 호소했던 시카고의 보수주의자들은 성장의 논리에 대해서도 반문화와 인본주의 심리학자들과 비슷하게 호소했다. '인적 자본'이라는 게리 베커의 비유는 기업 전략과 개인 행동 간의 구분을 모두 해체해버렸다. 그곳에 시장이 있든 없든 모든 개인과 모든 기업은 1등이 되기 위해 길고 긴 게임을 하고 있는 셈이었다.

그렇다면 이 승자 독식 경제학은 어떤 의미에서 여전히 '경쟁'인 걸까? 어쩌면 시카고학파의 시각에 대한 단서는 그들의 전투적인 지적 문화에 숨어 있는지 모른다. '꽁생원 기질이 있는' 자칭 왕따들은 한 번도 게임에서 진짜로 져본 적이 없다고 믿었다. 프리드먼은 40년 가까이 혼자서 전지구적인 케인즈주의의 통설과 맞짱을 뜨면서 자신의 경력을 쌓았고, 결국 1970년대 말이 되자 '이겼다'는 인정을 받았다. 세미나 주최자들은 [코스의 논문 내용뿐 아니라] 코스가 전혀 주눅 들지 않고 자신의 소수 의견을 적극적으로 변호하며 이들을 설득하려는 모습에서도 감명을 받았음이 분명하다. 하버드와 MIT 그리고 연방 정부의 엘리트들은 지배의 시절을 만끽하기만 할 것이 아니라, 시카고에서 칼을 갈던 이 학자들을 처음부터 좀 더 진지하게 생각했어야 했다. 이 신자유주의자들은 지적·정치적 승리를 맛보고 난 뒤 이를 놓치지 않기 위해 전만큼 열심히 싸웠다. 시카고식 경쟁의 양상은 경쟁 상대와의 공존이 아니라 경쟁 상대를 파멸시키려는 것이었다. 불평등은 도덕적 불의가 아니라 욕망과 권력의 차이가 정확하게 재현된 형태일 뿐이었다.

　　　　　　　　　　　| 행복산업 |

오늘날의 시장은 대기업의 지배를 받고 있다며 불평하는 모든 사람에게, 시카고학파는 잔혹한 메시지를 던진다. 그럼 당신이 직접 미래의 대기업이 되시오. 못 할 게 뭔가? 욕망이 충분하지 않은가? 투지가 부족한가? 그렇다면 그건 사회의 잘못이 아니라 당신의 잘못이다. 이는 다음의 질문으로 이어진다. 밀턴 프리드먼이나 스티브 잡스Steve Jobs의 자기중심주의와 공격성과 낙천성을 갖추지 못한 신자유주의 사회의 무수한 사람들에게 어떤 일이 벌어지겠는가? 이런 사람들을 다루기 위해서는 지금까지와는 완전히 다른 과학이 필요했다.

## 침울함의 과학

각각 미국과 스위스에서 활동하던 로널드 쿤Ronald Kuhn과 네이선 클라인Nathan Kline이라는 두 정신과 의사가 우연히 동시에 같은 발견을 한 덕분에, 1957년과 1958년 사이에 '노력'하고 '성장'하는 개인의 능력이 다소 색다른 과학적 조명을 받게 되었다. 많은 중요한 과학적 돌파구들이 그렇듯 정확히 누가 거기에 먼저 도달했는지 특정할 수는 없다. 두 사람 모두 자신들이 정확히 어디에 도달했는지 이해하지 못했기 때문이다. 1952년에 조현병調絃病에 효과가 있는 최초의 약물이 발견되었고, 1954년에 바륨을 가지고 (대상자에게는 어느 약을 주는지 알리지 않고, 가짜 약과 함께 효능이 있는 약을 테스트하는) '무작위 통제 실험'에 처음으로 성공했으니, 정신약리학은 아직 걸음마 단계이던 시절이었다. 이 돌파구는 정신과 의사들이 탐구해야 할 새로운 신경화학의 영

**5. 권위의 위기**

역으로 가는 길을 열어주었다.

이런 항불안제나 항조현병 약물의 개발자들과는 다르게, 클라인과 쿤은 정확히 어떤 질환을 목표로 삼아야 할 것인지 확신이 없었다. 클라인은 먼저 결핵 치료에 사용된 적이 있었던 이프로니아지드iproniazid라는 약물로 실험을 시작했고, 쿤은 정신증에 효과가 있을지 모른다는 희망에서 이미프라민imipramine을 실험하고 있었다. 만일 두 사람 모두 스스로 어떤 효과를 찾아내려 하는지 시작부터 분명한 목적이 있었더라면 뭐라도 발견하긴 했을는지 의문스럽다. 이들에게는 자신들이 투약자들을 대단히 조심스럽게 관찰하고 있다는 확신이 없었고, 오히려 그 덕분에 두 사람 모두 지극히 평범하지만 동시에 혁명적이기도 한 무언가를 알아차리게 되었기 때문이다.

두 사람이 실험했던 약물에는 과학적 분류가 가능한 그 어떤 특정한 효과도 없어 보였다. 아무런 정신의학적 증세나 질환도 완화시키지 못하는 것 같았다. 1950년대의 정신의학자들은 자신들의 일을 주로 정신병자 보호수용소나 병원에 있는 사람들을 치료하는 관점에서 바라보았다는 사실을 고려했을 때, 이 약물들은 분명 대단히 유용한 무언가를 제공하지는 못했을 것이다. 이 때문에 제약회사들은 처음에는 [클라인과 쿤이 찾아낸] 돌파구에 별 관심을 보이지 않았다. 이 약물들은 그저 삶에 대한 전반적인 낙천성을 회복시켜주고 사람들이 진정한 나 자신을 찾은 것처럼 느끼게 해주는 것 같았을 뿐이다.

이 약들을 복용하고 나면 사람들은 어떤 분명한 의학적 혹은 정신의학적 의미에서가 아니라, 충족감과 희망을 느끼는 능력이라는 의미에서 기분이 **좋아졌다.** 쿤의 관찰에 따르면 그의 새로운 물질에는 '항우울성'이 있는 것 같았다. 그리고 여기서 슬픔과 침울함, 그리고 그 정반대 상태인 기쁨과 들뜸도 신경화학적 관점에서 파악할 수 있다는 놀라운 함의가 도출되었고, 이는 그 이후로 우리 사회의 상식으로 자리 잡았다.

정신의학자들은 잠시 동안 이 새로운 약물을 뭐라고 설명할지 생각해내기 위해 머리를 싸맸다. 클라인은 자신의 약물을 '정신 활력 증강제 psychic energizer'라고 부르기로 했는데, 이 표현은 오늘날 '항우울제'로 출시되었지만 섭식 장애에서부터 조루에 이르기까지 만병을 통치하는 용도로 사용되는 많은 약물들을 일컫는 점잖은 이름으로 남아 있다. 약물의 효과는 난처할 정도로 미세했지만, 신경화학을 이용하여 우리를 전환 및 개선시키고자 하는 사람들에게는 바로 이 속성(선택성)이 중요한 열쇠가 되었다. [진정제, 최면제로 쓰이는] 바르비투르barbiturates와는 다르게 이 새로운 약물들은 육체적 신진대사나 전체적인 정신의 활동 수준을 바꿔놓지 않았다. 다른 심신은 건드리지 않은 채 단지 환자의 침체되거나 손상된 부분만 북돋는 것 같았다. 이는 그저 새로운 약물을 발견했다는 수준을 넘어 인간성에 대한 완전히 새로운 개념의 탄생과 같은 일이었다.[18]

쿤과 클라인이 새 약물을 가지고 처음 실험을 한 이후 몇십 년간 항우울제는 이런 선택성과 일반성으로 유명세를 탔다. 세로토닌 재흡수 억제제[SSRI, 항우울제를 뜻함]의 탁월함은 활력을 증강시켜야 하는 정확한 부위를 찾아 북돋아준다는 식의 주장이 이어졌다. 1988년 프로작Prozac이 출시된 뒤 몇 년간 세로토닌 재흡수 억제제의 잠재력에 대한 열광이 유례를 찾을 수 없을 정도로 고조되었다. 피터 크래머Peter Kramer 같은 정신의학자들은 프로작이 기분만 북돋는 것이 아니라 사람들을 진정한 자아와 다시 연결시켜준다는 주장을 펼치기도 했다.[19] 이 과정에서 슬픔의 개념은 말할 것도 없고 질병의 개념이 완전히 뒤바뀌게 되었다.

쿤과 클라인의 새로운 '정신 활력 증강제'가 대중 시장에서 호응을 얻기까지는 25년이라는 시간이 걸렸다. 사실 처음에 이 약들은 항조현병 약물로 출시되었지만, 문화적으로 이들의 발견은 완벽하게 알맞은 시점에 이루어졌다. 이전까지만 해도 정신의학자들과 심리학자들은 행복이나 번성flourishing up 같은 데는 사실상 전혀 관심이 없었다. 정신분석의 영향을 받아 정신의학적 문제들은 보통 신경증이라는 렌즈로, 다시 말해서 자아나 과거와의 갈등으로 여겨졌다. 우울증은 너무 심하면 전기충격요법으로 치료할 수 있는 공인된 정신 질환이었지만, 의학계는 말할 것도 없고, 정신의학계에서도 상대적으로 별 관심을 쏟지 않았다. 많은 정신의학 전문가들은 만성적인 불행을 이해할 때, 과거의 어떤 상실을 받아들이지 못하는 상태를 말하는 프로이트Sigmund Freud의 '멜랑콜리아melancholia' 범주를 꾸준히 차용했다.

하지만 이런 정신분석 개념들은 희망과 능력의 전반적인 침체로 표현되는, 좀 더 넓은 형태의 우울증을 다룰 때는 상대적으로 쓸모가 없었다. 1960년대가 흘러가는 동안 갈수록 이런 증세를 많이 접하게 된 정신의학자들과 정신분석가들은 자신들의 이론적 훈련의 몇 가지 핵심 측면들에 의문을 제기하지 않을 수 없었다.[20] 우울증에 걸린 개인들은 더 이상 수치심이나 억압된 욕망이라는 관점에서가 아니라, 단순히 자신의 나약함과 부적응이라는 관점에서 이야기를 하고 있었다. 이들을 힘들게 하는 것은 욕망의 봉쇄가 아니라 욕망의 **부재**였다. 공인된 대로 제약회사들은 발 벗고 나서서 전통적인 정신분석 이론을 포기하도록 거들었다. 머크Merck라는 제약회사는 항우울제 아미트리프탈린에 대한 특허 소송에서 이긴 직후, 프랭크 에이드Frank Ayd의 《우울증 환자 인정하기 Recognizing the Depressed Patient》5만 부를 미국 전역의 의사들에게 돌리기도 했다.[21] 하지만 이 약물들은 이보다 더 넓은 문화적·도덕적 변화와 연결되어 있었다.

1950년대 말의 심리학자들에게 전반적인 활력과 긍정성을 어떻게 북돋울 것인가는 완전히 생소한 문제였다. 하지만 이 문제는 개인을 긍정성이라는 측면에서 비교할 수 있는 정신의학적 잣대들과 수많은 새로운 설문 조사와 검사들이 등장하면서, 서서히 그 자체로 독자적인 연구 영역으로 부상했다. 1958년에는 주라드 자기표현 척도 Jourard Self-Disclosure Scale가 선을 보였고, 1961년에는 인지 행동 치료의 아버지인 아론 벡Aaron Beck의 작업으로 벡 우울증 조사Beck Depression Inventory가 만들어졌다. 1950년대에 미국에서 퇴역 군인들의 심리 상태 평가 등을 위해 정신 건강 관련 연구를 진행한 결과, 일반화된 우울증이 정신과 의사들의 짐작보다 훨씬 흔하게 볼 수 있는 문제라는 사실이 드러났다. 우울증이라는 평가를 뒷받침할 만한 정신분석의 소재가 있든 없든 간에, 이런 정신적 침울함은 언제든 누구에게나 해를 끼칠 수 있는 위험 요인으로 부상했다.

1960년대 말이 되자 심리학자들은 그 이면에 어떤 정신증이 있다고 가정하지 않은 상태에서 우울증을 훨씬 깊이 있게 연구하게 되었다. 개에게 충분한 전기 충격을 줄 경우 결국 그 개는 저항을 멈추게 된다는 사실을 보여준 마틴 셀리그먼Martin Seligman의 '학습된 무력감' 실험은 우울증에 대한 새로운 이해 방법을 개척하는 데 도움을 주었다. 이는 무력감을 '망각 unlearning'하는 계획에 주력하는 긍정심리학 운동의 씨앗을 뿌렸고, 셀리그 먼은 이 긍정심리학 운동에서 얼굴마담 역할을 하고 있다.

**선택적인** 성격을 가진 약물은 환자에게 어떤 문제가 있는지 정확히 규명해야 할 의사나 정신과 의사의 책임을 곧바로 약화시킨다. 따라서 이런 약물은 "일단 이 약을 한번 드셔보세요. 그러고 나서 환자분을 아프게 하는 것 중에서 뭐 하나라도 사라지는지 지켜봅시다"라는 식의 불특정적인 방식으로 처방될 수 있다. 이 과정에서 비참함이라는 것은 어떤 특정한 징후나 증상이라기보다는 처리해야 할 현상이 된다. 1960년대 초 바로 이런 이유로 정신과 의사와 의사의 권위가 실추되었다. 문제의 원인이 **정확히** 무엇이며, 이에 대한 해법을 **정확히** 어디서 얻을 수 있는지 특정하는 전문적인 역할을 맡고 있는 집단이 바로 이들이기 때문이다. 많은 증상들이 보여주듯, 정신적 능력의 전반적인 쇠퇴 때문에 사람이 아플 수도 있다는 생각은 의학적 혹은 정신의학적 전문 지식의 핵심 전제에 도전했다.

항우울제가 발견된 지 반세기가 지난 뒤에도 어째서 혹은 어떻게 이 항우울제가 효과를 발휘하는지 아무도 정확하게 알아내지 못했다.[22] 아니면 세로토닌 재흡수 억제제가 '효과를 발휘한다'는 것의 의미가 모든 환자에게 다르기 때문에 아무도 그런 발견을 할 수 없는 것인지도 모른다. 세로토닌 재흡수 억제제가 뇌의 뉴런에서 불행의 위치를 재조정함으로써 불행에 대한 우리의 이해를 바꾸어놓았다는 사실은 익히 많은 주목을 받아왔다. 하지만 세로토닌 재흡수 억제제는 의학 진단의 의미와 의학 및 정신의학의 권위의 성질까지 근본적으로 바꾸어놓았다.

개인의 만족과 실현의 신장('자기 기대 성취')을 중심으로 조직된 사회가 마음의 쾌락과 고통을 돌보고 처리하는 문제와 마주했을 때, 권위의 성질을 다시 생각해낼 필요가 있다. 이때 권위는 이 무대에는 분명한 진리가 없음을 받아들이고 스스로 더 유동적, 반문화적, 상대주의적이 되거나 범주화와 진단과 위계와 차이를 **구축하는** 기능에 충실한, 수치 지향적이고 감정에 흔들리지 않는 새로운 유형의 과학적 전문 지식을 손에 넣어 정부와 경영자와 위험 분석가들의 필요를 충족시켜야 할 것이다.

## 정신의학 권위의 재발명

시카고학파는 결국 오랫동안 미국 경제학과 정책상의 기득권층으로부터 외면받았던 덕에 빛을 본 셈이다. 이 때문에 시카고학파는 오랜 구상 기간을 가지며 지배적인 정설이 위기에 빠질 때까지 대안적인 생각과 정책 제안들을 숙성시키고 응용할 채비를 할 수 있었던 것이다. 위기가 끓어오르기 시작한 것은 미국의 생산성 증가가 불안정해지고 베트남전쟁의 비용이 정부의 재정을 축내던 1968년부터였다. 유가가 가파르게 상승하고 제2차 세계대전 이후로 별 무리 없이 운영되던 세계 금융 시스템이 붕괴하면서 1972년부터 위기는 꾸준히 고조되었다.

미국 정신의학계 역시 거의 동일한 연대순으로 자체적인 위기를 겪었다. 1968년 미국 정신의학회American Psychiatric Association는 《정신 질환 진단 및 통계 편람Diagnostic and Statistical Manual of Mental Disorders》 2판을 출간했다. 뒤에 나온 판본들과 비교했을 때 이 책은 초기에는 별 논란을 일으키지 않았다. 정신의학자들마저 여러 증상에 이름을 어떻게 붙일 것인지와 같은, 이 책이 집착하는 다소 따분한 문제에 별로 관심을 갖지 않았다. 하지만 5년 만에 이 책은 미국 정신의학회을 완전히 침몰시킬 위력을 가진 커다란 정치적 논란의 중심이 되었다.

이 책의 문제 중 하나는 의도한 목표를 달성하지 못한 것처럼 보인다는 데 있었다. 결국 정신의학자들과 정신 건강 종사자들이 실제로 일하는 방식에 아무런 영향을 미치지 못한다면, 공인된 진단 분류 목록이 있다 한들 무슨 소용이 있겠는가? 이 책이 출간된 바로 그해에, 세계보건기구는 조현병 같은 주요 정신 질환마저 전 세계적으로 진단율이 크게 다름을 보여주는 연구를 발표했다. 엄격한 의미의 과학적 검증이 거의 불가능한 증세들의 경우, 정신의학자들은 그 이면에 무엇이 있는지에 대한 이론에 의지하되 각자 큰 재량을 갖는 것처럼 보였다. 모두 같은 용어를 썼지만, 그 적용 방법에 대해서는 엄격한 규칙이 없었던 것이다.

알려진 대로 '반反정신의학 운동'에는 정신의학이라는 영역 자체를 사회 통제를 위한 정치 프로젝트로 바라본 사람들도 동참했다. 하지만 여기에는 토마스 차스Thomas Szasz처럼, 정신의학의 핵심 문제는 검증 가능한 과학적 명제를 만들어내지 못한다는 데 있다고 믿는 이들도 있었다.[23] 1973년에 실시된 유명한 실험에서 '가짜 환자' 열아홉 명은 정신의학 기관을 찾아가 '텅 빈', '공허한', '쿵' 하는 목소리가 들린다고 거짓말을 함으로써 입원 허가를 받아냈다. 나중에 이 실험은 《사이언스Science》지에 〈정신 나간 장소에서 정신이 멀쩡한 것에 대하여〉라는 제목으로 실려 반정신

의학 운동에 기름을 부었다.[24]

가장 논란이 많았던 부분은 위 책의 정신병 목록에 동성애가 포함되어 있었다는 점이다. 이에 대해 반정신의학 운동 대변인들은 1970년부터 꾸준히 격렬하게 반응했고 그 파장은 일파만파 확산되었다. 미국 정신의학회는 그 회원들이나 이사회가 애초에 신뢰성 문제에 특별한 관심을 기울이지 않았다는 점에서 알 수 있듯이, 신뢰할 수 없는 진단의 문제에는 상대적으로 별로 동요하지 않았다. 하지만 동성애 분류 문제로 일어난 정치적 폭풍까지 방관할 수는 없었다. 진단 신뢰성 문제는 업무 범위 내에서 대체로 억제 가능했지만, 동성애의 정신 질환 분류를 둘러싼 논란은 공적 영역으로 확산되었기 때문이다.

마치 시카고학파가 1970년대에 경제 정책이 위기를 맞을 때까지 냉대 속에서 참을성 있게 기다렸듯, 미국 정신의학회에 휘몰아친 혼란 속에서도 요행수로 흔들리지 않은 정신의학계의 한 학파가 있었다. 세인트루이스 워싱턴 대학을 근거지로 활동하던 이 작은 집단은 오랫동안 미국 정신의학계의 정신분석 방식에 소외감을 느껴왔다. 프로이트(혹은 프로이트의 사상을 손질하여 1950년대와 1960년대에 미국 정신의학회에 큰 영향을 미친 아돌프 마이어)보다는 스위스의 정신의학자인 에밀 크레펠린Emil Kraepelin에게 훨씬 더 많이 의지했던 이들은 정신의학 증상의 분류를 가장 중요한 문제로 여겼다. 이들은 정신병을 생리적 질병과 동일한 방식으로, 객관적인 과학적 관찰이 필요하지만 사회적 해석은 최소화해야 하는 몸(구체적으로 특정하자면 뇌)의 사건으로 바라보았다.

엘리 로빈스Eli Robins, 새뮤얼 구스Samuel Guze, 소시 위노커George Winokur

가 주도한 이 세인트루이스 그룹은 1950년대와 1960년대 내내 자체적인 지적·사회적 공간에서 활동하도록 버려져 있었다. 이들은 전미 정신 보건원 National Institute of Mental Health에 여러 차례 연구비를 신청했지만 모두 거절당했다. 전미 정신 보건원은 정신 질환과 사회적 환경의 관계에 초점을 맞추는 마이어식 전통을 따르는 연구에 더 마음이 쏠려 있었기 때문이다. 세인트루이스학파는 기득권에서는 관심을 갖지 않는 왕따였다. 이에 유럽의 동조자들과 네트워크를 형성하여 의지하고 자기들끼리 찧고 까불긴 했지만 미국 정신의학계에서는 주변에 머물러 있었던 것이다.

이 '신크레펠린주의자들neo-Kraepelinians'이 보기에 정신의학이 과학의 지위를 획득하기 위해서는 진단 신뢰성이 절대적이었다. 그러니까 동일한 증세에 대해 다른 정신의학자 두 명이 서로에게 의지하지 않고 각자 진단을 내려도 동일한 결론에 도달할 수 있어야 하는 것이다. 가장 중요한 것은 정신의학자가 자신 있게 증상의 이름을 밝힐 수 있는지의 여부고, 환자가 무엇 때문에 힘들어하는지, 그 원인은 무엇인지, 어떻게 해야 완화할 수 있는지 진정으로 이해를 하는지는 그다음 문제였다. 이런 과학적 기준으로 보았을 때 정신의학자의 일은 해석하거나 설명하는 것이 아니라, 관찰하고 분류하며 이름을 붙이는 것일 뿐이었다. 그리고 좀 더 유토피아적인 전통에서는 문명 일반의 치유를 목적으로 삼았지만 이런 관점에서 정신의학의 도덕적·정치적 소명은 크게 축소되었다. 그 대신 겉으로 드러난 질병을 범주화하기 위한 일단의 도구가 그 자리를 차지했다. 1960년대의 많은 정신의학자들에게 이는 고리타분한 학문적 집착처럼 보이기만 했다. 하지만 얼마 안 가 그보다 훨씬 큰 의미를 가진 일이 되었다.

세인트루이스학파는 정신의학계에서 환영받지 못하는 존재였지만, 당시 진단 신뢰성을 높여야 한다고 목소리를 높인 집단은 이들만이 아니었다. 1952년에서 1967년 사이에 정신질환 진단율이 두 배로 뛰면서 미국의 보험회사들은 급증하는 정신 건강 문제에 점점 불안해하고 있었다.[25] 그 사이 제약업계는 어떤 획기적인 정부 규제로 정신의학계의 진단 행위를 엄격하게 만드는 데 분명한 관심을 나타내고 있었다. 증상의 이름에 새롭게 합의해야 한다는 기업 측의 주장도 점점 거세지고 있었다.

　　1962년 테네시 주의 상원 의원 에스테스 캐포버Estes Kefauver와 아칸소 주의 대의원 오렌 해리스Oren Harris는 의약품의 규제적 승인을 골자로 한 법률을 훨씬 엄격하게 만들기 위해, 1938년의 연방 식품·의약품·화장품법Federal Drug, Food and Cosmetic Act 개정안을 의안으로 상정했다. 이는 탈리도마이드thalidomide라고 하는 새로운 항불안제를 입덧에 처방하기 시작하면서 1960년과 1962년 사이에 전 세계적으로 1만 명 가까운 신체 기형아가 태어나게 된 비극에 대한 직접적인 대응이었다. 미국의 경우 한 식의약청 관리가 아직 적절한 시험을 거치지 않았다는 이유로 해당 약물을 차단시키는 신중함(나중에는 영웅적인 행위로 칭송받았다)을 보인 덕에 상대적으로 피해를 적게 입었다.

　　커퍼버-해리스 개정안의 특징은 약물을 출시하기 위해서는 이 약물이 완화할 수 있는 증상을 분명하게 명시해야 한다는 점에 있었다. 이는 정신의학에서 분류의 중요성을 다시 한 번 부각시켰다. 이 경우는 사업상의 이유이긴 했지만 말이다. 가령 어떤 약물에 '항우울제로서의 특성'이 있는 것 같다는 식의 표현으로는 커퍼버-해리스의 규제 장벽을 넘을 수 없었다.

195　　　　　　　　　　　　　　　　　　　　　　　**5. 권위의 위기**

대상 질환의 이름을 분명하게 밝혀야 했는데, 이 경우 대상 질환은 '우울증'이라고 불러야 한다. 영국 정신의학자 데이비드 힐리의 주장처럼 이 개정안은 오늘날 우울증이 질병으로 자리 잡게 된 핵심적인 계기였다고 볼 수 있다.[26] 커퍼버-해리스 개정안 덕분에 사람들은 '우울증'과 그 외 각종 변종들을 확실히 구분할 수 있다고 믿게 되었다. 그리고 이 구분선은 제약회사들이 출시하는 제품과 마법처럼 일치한다.

1973년까지 미국 정신의학회는 사이비 과학, 동성애 혐오증이라는 비난에다 정상성에 대한 억압적인 1950년대식 도덕 기준 같은 것을 유포하고 다닌다는 비난을 면치 못했다. 여기에 이들이 거대 제약회사의 장기적인 수익성에 위협이 된다는 점 역시 무시할 수 없었다. 문화적인 힘과 경제적인 힘이 동시에 정신의학의 존재 목적을 의문시하며 공격했다. 결국 이 위기에서 승자는 세인트루이스학파의 접근법이었고, 이 엄정한 반反이론적 진단법은 곧 괴짜들이나 집착하는 무익한 놀음에서 정설定說로 지위가 승격되었다. 하지만 상황이 이렇게 180도 변하게 된 데는 미국 정신의학회 고위 인사들 중에서도 특히 에너지가 넘치는 인물의 힘이 필요했다.

전통적인 정신의학에서 출발한 로버트 스피처Robert Spitzer는 1966년에 [컬럼비아 대학 산하의] 뉴욕 정신의학 연구소New York State Psychiatric Institute에 합류했다. 1960년대 말에는 컬럼비아 대학 구내식당에서 《정신 질환 진단 및 통계 편람》 2판의 저자들과 어울리며 이들과 같은 입장에 섰지만, 갈수록 동료들이 유포하는 정신분석 이론에 조금씩 질리기 시작했다.[27] 스피처는 호전적인 사람이었다. 뉴욕의 유대인 공산주의자 가문에서 자란 그는 아버지와 장황한 정치적·지적 논쟁을 하며 어린 시절을 보냈는데, 특히 아버지의 스탈린주의적 성향이 그의 주 논박 대상이었다. 오늘날에는 그를 20세기 말의 가장 영향력 있는 미국 정신의학자로 널리 인정한다. 그런데 모든 일이 그렇듯, 그가 지금처럼 인정을 받게 된 것은 이성적인 사고의 덕이기도 하지만 기업가적 열정과 상상력 덕분이기도 하다. 스피처에게는 급진적인 변화에 대한 엄청난 욕구가 있었는데, 이는 전문직 집단에서는 보기 드문 덕목이었다.

1960년대 말 현 상황의 대안을 찾던 스피처는 진단상의 분류에 대한 관심을 키우고 있었다. 하지만 동성애 논란을 진정시키라는 임무가 주어지기 전까지, 미국 정신의학회 내에서 스피처의 지위는 주변적이었다. 그는 이 임무를 얻어내기 위해, 섹슈얼리티 장애라는 진단을 내리기 위해서는 그 전에 **고통**이 수반되어야 함을 강조하면서 관련 증후군에 대한 대안적인 표현('성적 지향 장애')을 제시하는 등 미국 정신의학회 내에서 공격적인 캠페인을 시작했다. 여기에는 미묘한 듯하면서도 강력한 차이가 있었다. 스피처는 은연중에 정신의학자의 영원한 소명은 정상성의 추구가 아니라 불행의 경감이 되어야 한다고 말하고 있었기 때문이다. 1973년 스피처는 미국 정신의학회 내의 고위 임원들과 이 문제를 두고 정면으로 맞붙어서 승리를 거두었다. 스피처의 변호 덕분에 성적 '정상성' 문제는 정신 질환의 성격이 넓게 확장되고 있다는 암시를 주면서, (꽤나 소란스럽게) 분류 가능한 고난의 하나로 대체되었다.

이듬해 스피처는 두 번째 정치적 도전에 직면했다. 그것은 바로 미국 정신의학회의 진단 신뢰성을 직접 다루는 일이었다.《정신 질환 진단 및 통계 편람》2판은 이미 시대에 뒤떨어진 것으로 치부되고 있었고, 어쨌든 세

197　　　　　　　　　　　　　　　　　　　　　**5. 권위의 위기**

계보건기구 자체의 바뀐 진단 기준에 맞추기 위해서는 재작성되어야 했다. 스피처는 명명과 통계 태스크포스Task Force on Nomenclature and Statistics의 책임자로 지명되었다. 이번에는 10여 년간 말썽을 일으킨 진단 신뢰성 문제를 처리하라는 분명한 지시가 있었다. 결정적으로 그는 이 태스크포스의 구성 방식을 완전히 통제했다. 그는 미국 정신의학회가 가지고 있던 이론적 원칙을 산산이 박살 내고 그 빈자리를 세인트루이스식의 방법들로 채우겠다는 분명한 의도를 가지고 여덟 명의 구성원을 엄선했다.

스피처의 태스크포스에 지명된 여덟 명 중 네 명은 세인트루이스 출신으로, 스피처는 이들을 "마음 맞는 사람들"이라고 표현했다. 나머지 네 명은 스피처가 일으키려 하는 쿠데타에 협조적일 것으로 판단되는 사람들이었다. 정신의학회는(그리고 건강보험업계도 분명) 스피처를 지명하면서 진단 범주가 엄정해지면 사실상 전체적인 진단은 감소하리라는 희망을 품었다. 진단 기준이 크게 엄격해지면 증후군을 진단하기가 어려워지리라고 짐작했던 것이다. 이들은 스피처의 태스크포스가 분류에 대해 철두철미하게 접근한 나머지 공인된 정신 질환의 종류가 꾸준히 증식하리라고는 전혀 예상하지 못했다.

하나의 진단 옆에 이제까지 알려진 모든 정신의학 증상들이 빠짐없이 열거되었다. 이를 위해 이들은 세인트루이스 집단이 저술한 진단 분류에 대한 1972년 논문에 크게 의지했고, 여기에 더욱 심화된 분류와 기준을 추가했다.[28] 맨해튼 웨스트 168번가에 있는 자신의 사무실에서 타자기를 두드리면서, 무슨 끝도 없는 정신의학계의 쇼핑 목록 같은 증상과 진단들을 말해보라고 태스크포스 팀원들을 재촉하는 스피처에게는 한 치의 흔들림도 없었다. 일설에 의하면 그는 "내 마음에 들지 않는 진단명은 하나도 없었다"며 농담을 했다고 한다.[29] 새로운 정신·행동 용어 사전의 초안이 이렇게 완성되었다.

## 상대적인 불행

1978년 스피처와 그의 팀이 만들어낸 문서는 미국 정신의학 역사상 가장 혁명적이고 논란 많은 문헌이라 할 수 있는《정신 질환 진단 및 통계 편람》 3판의 기초 자료가 되었다. 1979년에 최종 작업을 거쳐 그 이듬해에 출판된 이 책은 1968년에 출간된 2판과는 닮은 점이 거의 없었다. 2판은 134쪽에 걸쳐 180개의 범주를 개괄했지만, 3판은 597쪽에 걸쳐 292개 범주를 담고 있었다. 세인트루이스학파의 초기 진단 지침에서는 (다소 자의적이긴 하지만) 진단이 가능하려면 어떤 증세가 한 달간 지속되어야 한다고 명시하고 있었다. 하지만《정신 질환 진단 및 통계 편람》3판은 충분한 설명도 없이 이 기간을 2주로 단축시켰다.

　이제부터 정신 질환은 관찰과 분류를 통해 탐지할 수 있는 것이 되었다. 그 발병 원인에 대한 설명은 더 이상 중요하지 않았다. 인간 자아의 침잠과 갈등에 대한 정신의학적 통찰은 증상을 명명하기 위한 냉철한 과학적 지침으로 대체되었다. 그리고 어떤 정신적인 증후군이 일단의 외부 환경에 비례해서 나타나는 이해 가능한 반응인지도 모른다는 가능성을 폐기한 정신의학은 이와 함께 사회나 정세 소식 안에 있는 문제를 규명할 능력을 상실했다.[30] 새로운 입장을 지지하는 사람들은 이를 "이론 중립적"이라고 설명했고, 비판적인 사람들은 치유와 경청, 이해라는 정신의학의 더욱 심원한 소명을 저버렸다고 생각했다. 태스크포스팀의 구성원 중 한 명이었던 헨리 핀스커Henry Pinsker(세인트루이스 출신이 아님)마저도 "우리가 장애라고 부르는 것들이 실제로는 증상에 불과하다고 생각한다"며 불안해하기 시작했다.[31]

《정신 질환 진단 및 통계 편람》3판이 나오게 된 것은 미국 정신의학회가 너무 많은 문화적·정치적 논란에 한꺼번에 휩싸이면서 이에 부담을 느꼈기 때문이었다. [3판이 나오기 이전까지] 정신의학자들이 추구하던 진실의 형태는 1968년의 난기류와 그 여파 속에서 살아남기가 불가능했다. 지나치게 형이상학적이고 정치적인 의미들로 가득한 데다 입증하기가 너무 어려웠기 때문이다. 하지만 행복(과 불행)이 어떻게 정신 건강 전문가와 의사, 제약회사, 개인들의 뇌리에 각인되었는지를 이해하려면 이 속을 들여다보아야 한다. 이 지점에 이르기 위해서는 주류 정신의학 기관이 그들만의 리그에서 사실상 제외되어야 했다. 한 정신의학자가 우울증 환자에게 항우울성 약물이 아니라 [정신분석 이론을 바탕으로 한] 장기적인 정신 역동 치료를 처방했다는 이유로 고소를 당한 1982년의 역사적인 소송은 새로운 국면을 단적으로 잘 보여준다.[32] 오늘날 미국에서 항우울제 처방의 80퍼센트는 [일반] 의사와 1차 진료소의 의료진에 의해 이루어지며, 정신의학자들은 항우울제를 거의 처방하지 않는다.

1960년대 이후 '자기 기대를 성취하기 위해 노력'하는 시대에는 더 큰 행복에 대한 욕망 외에 어떤 것을 공통적으로 보유할 수 있을까? 그리고 심리 전문가는 불행의 감소보다 더 높은 어떤 목표를 추구할 수 있을까? 이런 반론의 여지가 없어 보이는 간단한 원칙들은 1968년에 정점에 달한 문화적·정치적 갈등에서 출현한 것들이었다. 활력과 욕망의 불특정적 부재로 경험되는 우울증 문제가 갈수록 증가하고, 이를 선택적으로 경감시켜주는 듯한 약물이 등장한 데다, 불분명한 진단 문제를 명확하게 정리할 제약회사와 규제자, 건강보험업계의 필요까지 보태지면서 정신분석이라는 전문 지식은 내리막길을 걷게 되었다.

이런 새로운 문화적, 정치적 경관 속에서 긍정적인 기분과 부정적인 기분을 추적하려면 새로운 기술과 측정법, 잣대가 필요했다. 1961년에 벡우울증 척도를 개발한 아론 벡은 시대를 한참 앞서 있었다. 육체적 통증의 관점에서 작성된 그 유명한 맥길 통증 설문지McGill Pain Questionnaire가 도입된 것은 1971년이었다. 1980년대와 1990년대에는 우울증의 수준을 규명하고 정량화하기 위해 병원 불안·우울 척도Hospital Anxiety and Depression Scale(1983년), 우울 불안 스트레스 척도Depression Anxiety Stress Scales(1995년) 같은 다양한 설문지와 척도들이 추가로 도입되었다. 여기에 우울증의 발생 '위험'을 경감시켜 준다고 약속하는 긍정심리학의 영향력이 갈수록 증대되면서 '긍정적인 정서'와 '번성'의 척도들이 추가되었다. 이 모든 수단들은 과학적인 측정의 힘만을 가지고 다른 사람의 기분을 알아내고자 하는 벤담식 야망이 더욱 심화, 발전된 것이었다. 그리고 그 이면에는 슬픔, 걱정, 좌절, 신경증, 고통 같은 여러 형태들을 간단한 척도 상의 이쪽 끝에서 저쪽 끝 사이 어딘가에 줄을 세울 수 있을지 모른다는 익숙한 일원론적 희망이 있었다.

여러 가지 새로운 척도가 포함된《정신 질환 진단 및 통계 편람》개정판은 무엇을 우울증으로 분류해야 하는지, 그리고 그 정노는 얼마나 되는지를 아주 분명하게 밝혔다. 수면 시간 감소, 식욕 감퇴, 성욕 감퇴 같은 충분한 수의 증상들이 2주 이상 지속되면 이제는 '우울증'이라고 부를 수 있게 되었다. 하지만 스피처와 세인트루이스 팀 이후에 등장한 새로운 심리학 전문가들은 많은 경우 우울하다는 것이 실제로 무엇을 의미하는지, 혹은 그 원인은 무엇인지와 같은 질문에는 별 관심을 두지 않았다. 새로운 진단 시대에 환자의 목소리는 완전히 무시되지는 않았지만, 엄격한 설문과 지표의 설계와 적용에 의해 통제된 것이다. 게다가 신경과학에 힘입어 정신 의학은 이런 제한적인 문답에 더 이상 속박될 필요가 없게 되었다.

그렇다면 오늘날 일생의 특정 지점을 경과하는 사람들의 약 3분의 1과, 경과 지점에 상관없이 약 8퍼센트에 달하는 미국과 유럽의 성인들을 괴롭히고 있는 이 우울증이라는 질병은 대체 무엇인가? 우울증이란 혼자 힘으로 자신의 미래를 개척하지 못하는 상태라고 이야기하기도 한다. 오늘날 우울증의 문제는 단순히 기쁨이나 행복을 느끼지 못하는 데서 그치지 않고 기쁨이나 행복을 추구할 의지나 능력마저 상실한다는 데 있다. 이는 우울증에 걸린 사람들이 불행해져서가 아니라, 자신들을 행복하게 해줄 수 있는 것을 찾아 나설 정신적(그리고 때로는 육체적) 자원을 잃어버렸기 때문 이다. 이들은 자신의 생활양식과 가치의 주인이 되려고 노력하지만 그것을 몸소 실천할 에너지가 없음을 알게 된다.

총체적인 개인의 성장을 궁극의 미덕으로 여기는 사회에서는 총체적인 개인의 몰락이라는 질병을 피할 수 없다. 그리고 같은 맥락에서 낙천성만을 중요하게 여기는 문화는 비관성이라는 병을 잉태할 것이며, 경쟁을 중심으로 구축된 경제는 패배주의를 질병으로 몰고 갈 것이다. 정신의 최적화라는 벤담식 기획이 더 많은 것을 약속하기만 할 뿐 어딘가에서 다 함께 멈춰 서야 할 것 같다는 감각을 잃어버릴 때, 공리주의적 측정은 긍정적인 효과와 함께 절망적일 정도로 부정적인 효과를 가져오리라는 골치 아픈 사실을 맞닥뜨리게 될 것이다.

## 우울성-경쟁 질환

나이키의 '도전하라Just do it'나 맥도날드의 '더 많이 즐기라Enjoy more' 같은 슬로건은 1960년대 이후 신자유주의 시대의 윤리를 보여주는 명령어들이다. 도덕의 권위를 내던진 사회에 마지막으로 남은 초월적인 도덕 원칙들인 셈이다. 슬라보예 지젝Slavoj Žižek의 주장처럼, 즐거움은 법을 준수하는 것보다 훨씬 엄중한 의무가 되었다. 시카고학파가 정부 규제자들에게 영향을 미친 이후로는 기업 수익성 역시 즐거움과 동격이 되었다.

신자유주의 시대를 거치면서 정신의 극대화와 이윤의 극대화는 갈수록 복잡하게 얽혀들었다. 이는 기업의 이해관계가 미국 정신의학회에 침투한 것과도 어느 정도는 관련이 있다. 2013년에 발표된 《정신 질환 진단 및 통계 편람》 5판을 준비하는 과정에서 제약 산업이 미국 정신의학회의 예산 5,000만 달러 중 절반을 책임졌고, 진단 기준에 대해 자문하는 11인 위원회 중 여덟 명이 제약회사와 연계되어 있다는 보도가 있었다.[33] 오늘날 우리가 우리 자신과 우리의 정신적 고통을 설명하는 방식은 거대 제약회사의 금전적 이익에 어느 정도는 영향을 받아 설정된 것이라 할 수 있다.

203

우울증에 대한 신경화학적 이해에 대해 마지막으로 살펴보아야 할 점은, 슬픔에 빠진 사람을 우울증에 포함시키지 않았다는 사실이다. 그때까지만 해도 슬픔은 적어도 사람을 불행하게 만드는, 건강에 나쁜 요인으로 간주되지는 않았던 것이다. 하지만 '사랑하는 사람을 잃은 직후에 나타나는 중대한 우울증 증세들'을 완화시켜준다고 약속하는 웰부트린Wellbutrin이라는 새로운 약물이 등장하자 미국 정신의학회는 《정신 질환 진단 및 통계 편람》 5판에서 슬픔에 대해 적용하던 예외를 없애버렸다.[34] 이제는 다른 사람이 세상을 떠난 뒤 2주 이상 불행한 상태에 있으면 정신 질환으로 간주할 수 있게 된 것이다. 오늘날 정신의학자들은 **어째서** 상실이 고통스러운 경험이 될 수 있는지 같은 정신분석학적 혹은 상식적인 의미는 안중에 두지 않은 채 정신 건강의 '위험 요인'이라는 관점에서 사별 문제를 연구한다.[35]

작업장의 열정과 쇼핑몰의 욕망을 이용하는 경제에서 기업 역시 우울증이 야기할 경제적 비효율성 문제를 갈수록 크게 의식하고 있다.[36] 기업의 수익성을 유지하기 위해서는 사람들을 이 질병에서 끌어내거나 아니면 아예 처음부터 이런 병과 마주칠 위험을 줄이는 방법(맞춤형 식생활, 운동, 혹은 어릴 때부터 위험을 평가할 수 있는 뇌스캔을 통해)을 찾아내는 것이 무엇보다 중요한 문제로 부각되었다. 바클레이스 은행 등 수많은 영국 기업들이 후원한 한 연구 보고서는 기이할 정도로 냉담한 어조로 이렇게 서술하고 있다. "오늘날의 두뇌 기반 경제는 뇌의 기술을 특히 중요하게 여긴다. 인지는 생산성과 혁신에 불을 붙이기 때문이다. 우울증은 이 중요한 자산을 공격한다."[37]

행복의 측정과 극대화는 [개인적인 일이 아니라] 집합적인 모험이라는 벤담의 가정을 보면 우리는 벤담이 당대의 해방적인 사회정신에 크게 영향을 받았음을 알 수 있다. 벤담의 관점에서는 원칙적으로 다른 사람의 이익을 명분으로 한 사람의 행복을 저해하는 행위를 정당화할 수 있었다. 물론 벤담이 이 문제를 다룰 때 그 대상은 주로 처벌과 관련된 장소였다. 그러니까 감옥은 비수감자들이 감옥의 존재를 통해 이익을 얻는 만큼 정당화된다. 하지만 그럼에도 불구하고 효용을 계산할 때는 모든 사람을 계산에 넣어야 했다. 경제 정책에서 만인을 고려할 경우 빈곤 때문에 고난이 발생한다는 것이 확실하기만 하다면 부자의 돈을 가난한 사람들에게 이전하는 것도 정당화할 수 있다.

신자유주의시대에 우울성-경쟁 질환이 발생하는 것은 (그것이 화폐나 육체적 증상으로 측정 가능할 경우) 더 높은 효용 점수를 손에 넣으라는 명령어들이 철저하게 개인을 향하고 있기 때문이다. 대단히 부유하고, 크게 성공했으며, 아주 건강한 기업이나 사람은 훨씬 더 개인화될 수 있고, **되어야** 한다. 시카고학파와 세인트루이스 정신의학파는 우리는 약자에 대해 각별한 정치적 혹은 도덕적 책임을 지니며, 때로 이 때문에 강자에게 어떤 제약을 가해야 할 수도 있다는 논리를 박살내 버렸다. 이제 권위는 아무런 판단도 하지 않은 채 강자와 약자를 측정하고 등급을 매기며 비교하고 대조하는 행위에만, 약자에게 너희가 얼마나 더 강해질 수 있는지 보여주는 행위에만, 그리고 강자에게는 최소한 당분간 승자는 너희라는 확신을 심어주는 행위 속에만 존재한다.

신자유주의 규제자와 평가자들의 기술 관료적 도구들 속에는 야만석인 성지설학이 숨어 있나. 이 징지칠힉은 내부분의 사림들을 실페지리며 손가락질하고, 언젠가는 승리할 수 있다는 희망조차 거의 남겨두지 않는다. "두 경기 이상에서 우승할 경우 다른 학생들이 열등한 것처럼 보일 수 있다는 우려에서 학생들이 꼭 한 경기에서만 우승하도록 했다"는 런던의 그 학교는 사실 1977년에는 아무도 예측하지 못했던 우울성-경쟁 질환을 예방할 수 있는 하나의 모델이었다. 만일 이런 질서가 모델이 되었다면, 오늘날의 정책 결정자들은 인정하기 어려운, 완전히 다른 형태의 자본주의가 나타났을지 모른다.

# 6.

# 사회적
# 최적화

커피숍에 가서 카푸치노를 주문했는데, 놀랍게도 이미 누군가 돈을 지불했다는 사실을 알게 되었다고 생각해보자. 이는 즐거운 경험이 될 수 있다. 어쩌면 커피를 더욱 즐거운 마음으로 마시게 되는지도 모른다. 그런데 이 예상치 못한 선물은 어디서 온 걸까? 알고 보니 그것은 먼저 왔던 손님이 남긴 것이었다. 유일한 문제가 있다면 그건 이제 당신도 다음에 올 손님을 위해 똑같은 일을 해야 한다는 점이다.

이런 가격 제도를 '선행 나누기pay-it-forward'라고 한다. 버클리의 카르마 키친Karma Kitchen 같은 캘리포니아의 수많은 작은 기업들이 실천하는 활동이자 때로 고객이 자체적으로 즉석에서 도입하기도 한다. 겉으로 보면 이 활동은 자유 시장 경제학의 논리를 거스르는 것처럼 보일 수 있다. 어쨌든 가격 제도의 기본 전제는, 윌리엄 스탠리 제본스와 신고전 경제학자들에게 그랬던 것처럼 내가 사적으로 경험하는 쾌락을 나의 돈과 맞바꾸는 것이기 때문이다. 가게 주인에게 전달되는 돈은 내가 취할 만족과 균형을 이룬다. 시장이라는 장소에서 우리는 이기적으로 행동해도 괜찮을 뿐만 아니라 때로 이기적으로 행동하리라는 기대를 받곤 한다. 선행 나누기는 그 히피적인 이상주의 때문에 경제적 타산의 핵심 교리에 저항하는 것처럼 여겨질 수 있다.

하지만 여기에는 단순한 저항을 넘어서는 무언가가 있다. UC 버클리의 결정 과학 연구 집단Decision Science Research Group에 속한 연구자들은 선행 나누기 가격 제도를 유심히 들여다보다가 시장과 기업의 작동 방식에 깊은 함의를 가진 무언가를 발견했다. 연구 결과 사람들은 기존의 가격 제도 하에서보다 선행 나누기 모델을 적용했을 경우 같은 상품에 대해 더 많은 돈을 지불하는 경향을 보였던 것이다.[1] 참가자들이 완전히 서로 모르는 사람인 경우에도 마찬가지였다. 이 연구의 주 저자인 정민아Minah Jung에 따르면 "사람들은 저렴해 보이고 싶어 하지 않는다. 공정하게 행동하고 싶어 하지만, 동시에 사회적 규범에 맞추려고도 한다". 오랫동안 경제학자들이 생각했던 것과는 반대로 이타심은 때로 계산적인 사고보다 우리의 의사 결정에 훨씬 지대한 영향을 미칠 수 있다. 사람들이 이기적인 계산보다는 상호적 관계에 더 끌릴 수 있다면, 이들에게 영향을 미칠 수 있는 능력은 그만큼 더 커지게 된다. 정의 연구가 보여주듯 이들이 더 많은 돈을 지불하게 만들 기회 역시 더 커질 수 있다.

작업장에서도 이와 유사한 연구 결과들이 나왔다. '성과급performance-related pay'은 노동자의 추가적인 노력을 그에 상응하는 임금 인상으로 보상해주겠다는 충분히 합리적인 주장을 담은 친숙한 개념이다. 하지만 하버드 경영 대학 연구자들이 수행한 연구에서는 직원의 노력을 더 추출할 수 있는 이보다 더 효과적인 방법을 발견했다. 그것은 바로 임금 인상을 '선물'이라고 표현하는 것이다.[2] 돈을 추가적인 노력에 대한 보상으로 제공할 경우, 노동자들은 자신들에게 이 돈을 받을 자격이 충분하다고 생각하고 전과 별 차이 없이 업무를 이어갈 수 있다. 하지만 고용주가 굳이 취할 필요 없는 어떤 이타적인 행동을 할 경우, 노동자들은 좀 더 끈끈한 상호적 관계를 형성하며 더욱 열심히 일하게 된다.

이런 연구 결과들은 19세기 말에 갈라섰던 심리학과 경제학이 1970년대 말에 재결합하면서 나타나게 된 '행동 경제학'에서 전형적으로 나타난다. 일반적인 경제학자들처럼 행동 경제학자들 역시 개인의 동기는

　　　　　　　　　　　　　　**6. 사회적 최적화**

보통 자기 이익의 극대화라고 전제한다. 하지만 늘 그런 것은 아니다. 경우에 따라 인간은 심지어 자신의 경제적 이익을 훼손하고서라도 사회적·도덕적 동물이 된다. 무리를 따르고 특정 경험 척도에 따라 행동한다. 이들에게는 돈을 주고도 살 수 없는 몇 가지 원칙들이 있다. 바로 여기서 대대적인 광고를 통해 많이 알려진 무수한 정책 교훈들이 나오게 되었는데, 이를 '넛지'라고 한다.

가령 어떤 사람들이 동네에서 계속해서 소란을 피운다면 이들을 어떻게 처리해야 할까? 제레미 벤담이었다면 모종의 처벌과 관련된 답을 내놓았으리라. 이 처벌이 고통을 유발할 수 있는 행위라면 호소력이 감소되긴 하겠지만 말이다. 첫 번째와 같은 논리 선상에 서 있는 두 번째 해답은 이들에게 돈을 주고 더 착하게 행동하라고 하는 것이다. 하지만 벤담이 비웃고도 남을 만한 세 번째 선택지도 있다. 이들로 하여금 앞으로 행동 방식을 바꾸겠다고 약속하는 종이에 서명하게 한다면 어떨까? 다소 놀랍게도, 때로는 이것이 가장 효과적인 전략이 될 수 있음이 확인되었다. (압력에 못 이겨 했다 하더라도) 확실한 도덕적 약속을 하는 것은 공리주의적인 처벌과 경제적 유인이 해내지 못하는 어떤 방식으로 사람들을 묶어두는 듯 보인다.

이는 공리설과 정통 경제학의 핵심에 있는 인간 심리에 대한 냉소적이고 타산적이며 개인주의적인 이론을 약화시키는 것으로 여겨진다. 이기적인 이해관계뿐만 아니라 도덕적인 원칙 역시 인간의 동기가 될 수 있었던 것이다. 어쩌면 우리가 오랫동안 걱정했던 것처럼 시장의 냉철한 이성은 인간의 심리를 휘어잡지 못하는지도 모른다. 그렇다면 인간은 썩 나쁘지 않은 사회적 존재일 수도 있는 걸까? 공감과 상호성이 뇌 안에 어떻게 '내장'되어 있는지를 보여주는 신경과학의 많은 증거들이 그렇다고 말한다. 이는 어쩌면 나눔과 공여가 화폐 축적과 사유화의 권력에 진지하게 맞서는 사회를 꿈꾸게 하는, 새로운 정치적 희망의 근거가 될 수도 있다.

하지만 좀 더 심란한 가능성도 존재한다. 공리주의적 정책과 기업 경영의 무기고에 개인주의와 금전적 계산에 대한 비판마저 장착될 수 있기 때문이다. 자본주의의 역사는 낭만주의자, 마르크스주의자, 인류학자, 사회학자, 문화 비평가 등등이 쏟아낸 인간성 말살에 대한 비판, 화폐와 시장, 소비와 노동으로 구성된 비도덕적 세계에 대한 비판으로 얼룩져 있다. 이들 비판가들은 사회적 유대가 시장가격보다 더 본질적이라고 오래전부터 주장해왔다. 행동 경제학의 업적은 이 통찰력을 취하되, 권력의 이익을 위해 도구화했다는 점에 있다. '사회적'이라는 개념 자체가 포획되어가고 있는 것이다.[3]

1917년 존 왓슨은 행동주의 과학의 시대에는 "우리가 자료를 실험적으로 손에 넣을 수 있게 되는 순간 교육자, 의사, 법학자, 기업가들은 이 자료를 실용적으로 사용할 수 있으리라"고 약속했다. 행동주의 경제학은 이 강령에 충실해왔다. 행동주의 경제학의 핵심적인 통찰 중 하나는, 만일 누군가가 다른 인간을 통제하고자 한다면 자기 이익보다는 도덕심과 사회적 정체성에 호소하는 것이 훨씬 더 효과적일 때가 종종 있다는 점이다. 행동주의 과학은 '공정성'과 '선물' 같은 개념들을 순수하게 심리학적이고 신경학적인 틀에 가둠으로써 사회적 통제의 도구로 전환시킨다.

더 냉소적인 관점에서 바라보면(행동주의 경제학자들이 그러하듯) 선행 나누기나 경영사 임의의 너그러운 행위 같은 행동에는 은밀하게 꿈틀히는 시악한 요소가 있다. 이런 기획들은 순수한 자기 이익의 심리학을 폐기하는 대신 신용과 부채의 심리학이라고 하는 훨씬 침략적이고 억압적인 대안으로 옮겨갔다. 일단 사회적 의무에 대한 심리적 감각을 [인위적으로] 제조하고 난 뒤 드러나지 않는 특수한 목적을 위해 그것을 사용하는 것이다. 공리주의가 본질적으로 모든 제도를 그 측정된 결과를 가지고 판단하는 정치논리라면, 우리의 기본적인 도덕적 감수성까지 포괄하는 그 확장태는 그 논리의 최종적인 승리를 상징한다고 볼 수 있다.


## '사회적인' 영리 추구


너그러움은 이제 거대한 산업이 되었다. 2009년 《와이어드Wired》지 편집자를 지냈던 크리스 앤더슨Chris Anderson은 《프리: 비트 경제와 공짜 가격이 만드는 혁명적 미래Free: The Future of a Radical Price》를 출판했다. 이 책에서 그는 기업의 입장에서 보았을 때 고객과의 관계를 향상시키기 위해 상품과 서비스를 공짜로 줘야 한다는 주장을 뒷받침하는 강력한 논거가 존재한다고 밝혔다. 물론 이 목가적인 공여 행위에도 돈이 완전히 필요 없는 것은 아니다. 물건을 공짜로 주는 것은 관객들을 붙잡아두거나 평판을 쌓기 위한 도구이며, 시간이 지나면 이제는 값을 올려서 물건을 판매하거나 광고하는 데 이용할 수 있다. 아일랜드의 논란 많은 저가 항공사 라이언에어Ryanair의 회장 마이클 오리어리Michael O'Leary는 심지어 언젠가 수하물 비용과 화장실 이용료, 돈을 내면 줄을 서지 않고 서비스를 곧바로 이용할 수 있게 해주

| 행복산업 |

는 방식 등을 통해 모든 비용을 충당하고 비행기 표는 무료인 날이 오도록 할 것임을 시사하기도 했다.

그런데 자유 시장에 관한 한, 모든 기업은 역설적인 태도를 취한다. 자신들의 기득권을 위해서는 시장이 제공하는 모든 자유를 손에 넣으려 하지만, 다른 사람들을 위해서는 이를 최소화하려 한다.[4] 비결은 바로 주주와 임원을 위해서는 최대한 많은 자율성을 유지하지만, 노동자와 고객들로부터는 최대한 많은 헌신을 얻어내는 데 있다. 앤더슨이 강조했던 것은 긴밀한 유대를 형성함으로써 비화폐적인 관계가 가질 수 있는 막강한 이윤 잠재력이었다. 달리 말하면 기업이 고객들(혹은 좀 더 중요한 직원들)에게 마지막으로 바라는 것은 자신들이 선택의 자유를 행사할 수 있는 시장에 있음을 기억하는 것이다. 공짜 선물은 실제로 벌어지는 일을 감출 수 있는 유용한 수단이다.

그리고 기업의 공여가 수익 증대의 방편으로 사용될 수 있듯, 마법 같은 답례사들도 같은 역할을 할 수 있다. 오늘날 마케팅 전문가들은 고객과의 '사회적' 관계를 더욱 돈독히 하기 위해 "감사합니다"라고 말하는 최적의 방식을 분석한다. 한 전문가는 온라인 소매업의 장점을 이렇게 설명한다.

---

감사 인사와 주문 번호를 동시에 보여줄 수 있는 감사합니다 페이지는 사실상 부동산보다 훨씬 큰 가치를 갖는다. 이 페이지는, 적절하게 사용하기만 하면 여러분들의 수익을 꾸준히 증대시켜줄 수 있는 최적화된 전환 시스템의 핵심 요소다.[5]

---

감사의 언어들은 이목을 사로잡는 많은 광고 캠페인에 이미 스며들어 있다. 2013년 성탄절 즈음에는 많은 기업들(특히 근래 평판이 크게 안 좋았던 기업들)이 주위 모든 사람들에게 감사의 말을 전하는 광고 캠페인을 시작했다. 물론 그 대상은 자신들의 고객이었지만, 우정을 보여준 사람들에게 전체적으로 감사하는 분위기로 확대되기도 했다.

2008년 금융 위기로 큰 어려움을 겪었던 영국 은행 중 하나인 로이즈 TSB는 함께 행복한 시간을 보내고 있는 어린 친구들의 깜찍한 이미지가 주를 이루다가 "감사합니다"라고 적힌 파티용 풍선으로 마무리되는 캠페인을 시작했다. 돈에 대한 언급은 어디에도 없었다. 더 괴이한 것은 2011년부터 브랜드 가치가 급락한 거대 슈퍼마켓 체인 테스코가 크리스마스 정찬을 요리하는 사람에서부터 안전 운행을 하는 사람, 인스타그램 같은 다른 회사 등 모든 사람에게 "감사해요"라고 노래를 불러주는 크리스마스 점퍼 차림의 사람들을 찍은 유튜브 영상을 잇달아 올린 것이었다. 테스코는 사적인 이해관계를 떠나 전방위로 감사 인사를 살포하고자 했던 것으로 풀이된다.

기업들이 트위터의 행동 유도성을 포착하여 독창적이고 말이 통하는 상대라는 정체성을 얻기 위해 노력하면서 우정과 연계된 감정을 기획하려는 낯선 풍광은 훨씬 기이한 국면에 접어들고 있다. 브랜드들은 수줍은 색시인 양 부끄러워하면서도 약간의 교태까지 담아 서로를 트윗한다. 데니스Denny's라는 체인 음식점이 트위터에서 쿨하게 처신하는 현상을 두고 저술가 케이트 로시Kate Losse는 이렇게 말했다. "[데니스처럼] 인기 있고 '쿨한' 브랜드가 되려면 반항적인 10대가 권력을 다루기 위해 배우는 기교들을 학습해야 한다. 그것은 바로 빈정대는 유머와 끝없이 리믹스할 수 있는 모방의 요소들이다."[6] 이제 기업들은 당신의 친구가 되려고 한다.

물론 한 개인이 기업과 사회적 유대를 형성하는 데는 한계가 있다. 오늘날 기업들은 '사회적'이 되는 데 혈안이지만 이들이 말하는 '사회적'이란, 보통 자신들이 최대한 효과적으로 개인 대 개인으로 연결된 사회적 네트워크에 침투할 수 있다는 의미일 뿐이다. 브랜드들은 우정을 공고히 하는 데 일익을 담당함으로써, 속 좁게 계산된 이유들로 버림받지 않으리라는 보증서를 손에 넣고 싶어 한다. 이런 맥락에서 가령 코카콜라는 다소 앙증맞은 마케팅 캠페인을 무수하게 시도했다. 콜라 병에 ('수Sue', '톰Tom' 등) 사람 이름을 붙여 선물하도록 유도하는가 하면, 둘이 함께 마시라는 의도를 담아 '쌍둥이 팩'을 내놓기도 했다. 경영자들은 자신의 노동자들 역시 일상적인 사회생활에서 '브랜드 홍보 대사'처럼 행동하기를 바라며, 어떻게 하면 노동자들에게 영향을 미쳐 이를 가능하게 할 수 있을지 조언을 구한다. 그사이 한쪽에서는 신경 마케터들이 이미지와 광고를 가지고 고립된 개인이 아닌 집단 내에서 공통적인 신경 반응을 유발하는 방법을 연구하기 시작했다. 이는 거대한 인구 집단의 반응 방법을 알아낼 수 있는 훨씬 좋은 징후인 것 같았다.[7]

에어비엔비[Airbnb, 숙박 공유 서비스를 제공하는 회사 및 온라인 사이트]와 우버 [Uber, 고용되거나 공유된 차량의 운전기사와 승객을 모바일 앱을 통해 중계하는 서비스를 제공하는 운송 네트워크 회사]가 전형적으로 보여주다시피 '공유 경제'가 등장하고 선행 나누기 실험 같은 연구가 진행되면서, 대기업들은 한 가지 단순한 교훈을 얻었다. 그것은 바로 우정이나 선물 교환 같은 느낌이 섞이던 사람들이 물건을 구매하는 경험에서 더 큰 즐거움을 느낀다는 점이었다. 화폐의 역할은 가능한 한 모든 곳에서 지워 없애 보이지 않도록 만들어야 한다. 마케터들이 인정하듯 고객과 어떤 관계를 맺든 지출은 불행한 '통각점pain points'일 뿐이기 때문에 좀 더 '사회적'인 경험으로 마쳐시켜야 하고, 쇼핑은 이와는 아무런 상관없는 다른 어떤 것으로 재현되어야 한다.

하지만 당연하게도 기업들이 '사회적'인 것 속에서 새로운 이윤 창출 기회를 찾는 데 가장 큰 공을 세운 일등 공신은 소셜 미디어다. 소셜 미디어는 마케팅의 관점에서 무수한 새로운 기회와 도전들을 제공한다. 20세기를 지나는 동안 마케팅은 대중 미디어와 대중 시장, 방송 광고 모델이 조금씩 해체되는 방향으로 진화되었다. 1960년대부터는 세심한 관찰과 포커스 집단을 통해 좀 더 예민하게 이해해야 할 틈새 집단과 '패거리들tribes'이 브랜드들의 타깃이 되어갔다. 연구자들은 소셜 미디어를 통해 취향과 의견, 소비자의 습관이 어떻게 소셜 네트워크를 이동하는지 파악할 수 있고 이로써 훨씬 미세한 소비자 통찰까지 포착하게 되었다. 덕분에 특정 개인에게 맞춘 광고가 가능해졌다. 이들이 누구와 알고 지내는지, 그리고 그들의 지인들은 무엇을 좋아하고 무엇을 구매하는지에 대한 기본 정보가 있기 때문이다. 뭉뚱그려서 '사회 분석학social analytics'이라고 하는 이런 활동들은 취향과 행동을 유례가 없을 정도로 자세하게 추적할 수 있음을 의미한다.

마케팅의 관점에서 보았을 때 가장 가치 있는 묘책은 사람들이 공익광고 캠페인이 무색할 정도로 긍정적인 브랜드 메시지와 광고를 서로 공유하도록 유도하는 기술이다. '프랜드버타이징friendvertising'이라고 하는 기업 활동이란, 의식 가능한 상업적 의도를 완전히 제거한 채 소셜 미디어 이용자들이 서로 공유할 만한 이미지와 동영상을 만드는 행위를 말한다.[8] 개인이 기업의 상업적인 후원을 받고 온라인 토론이나 블로그에 참여하는 '후원 체험담sponsored conversation'도 같은 목적에서 이루어지는 시도지만 들통날 때가 많다. 마케터들은 바이럴 마케팅 혹은 '입소문'의 과학을 알아내기 위해 사회심리학과 사회인류학, 사회적 네트워크 분석을 파고들었다.

행동 경제학이 우리가 사회적이며 이타적인 존재임을 보여주는 여러 가지 방식을 강조하고 있을 때 소셜 미디어는 기업들에게 소비자의 사회적 행위를 분석하고 먹잇감으로 삼을 기회를 제공하고 있었다. 최종 목표는 19세기 말 마케팅과 경영학이 막 걸음마를 떼던 시기의 그것과 한 치도 달라지지 않았다. 바로 돈을 버는 것이다. 달라진 것이 있다면, 이제는 우리 각자가 친구와 지인들의 태도와 행동을 바꿀 도구적인 존재로 비춰지고 있다는 점이다. 행동과 생각은 더 큰 네트워크를 '감염'시킬 꿈을 품고 '전염병'처럼 전파될 수 있다. 페이스북 같은 소셜 미디어 현장이 마케팅에 일체의 새로운 가능성들을 제공한다면, 작업장의 인사 관리를 위해서는 이메일 네트워크 분석이 똑같이 새로운 가능성들을 제공할 수 있다. 1920년대에 엘튼 마요가 비공식적인 관계의 사업 가치를 이해하기 위해 시작한 프로젝트가 이제는 훨씬 엄격하고 정량적인 과학적 분석에 종속될 수 있게 된 것이다.[9]

이렇게 미세한 사회적 분석을 통해 발견하게 된 사실 중 하나는, 다양한 사회적 관계는 대단히 다양한 수준의 경제적 가치를 갖는다는 점이었다. 개인이 비공식적인 사회생활에서 마케팅 캠페인을 중개하게 되면 어떤 사람들(발이 넓고 영향력이 있는 사람들)은 다른 사람들에 비해 더 유용한 소농

217

수단임이 곧바로 드러난다. 작업장에서 사회적 관계가 광범위한 노동자들은 고립된 노동자보다 더 소중한 존재가 될 것이다. 여기서 등장한 기업 논리란, 이미 넓은 관계망을 구축한 소수의 사람들에게 대단히 관대해지는 반면 그 나머지 전부에게는 신경을 훨씬 적게 쓰는 것이다. 기업들은 오랫동안 유명 인사를 통해 자신들의 브랜드를 돋보이게 만들기 위해 그들에게 선물을 퍼다 날랐다. 이와 동일한 과정이 사회적 네트워크에도 적용되려 하고 있다. 이런 기업의 후한 인심이 가장 필요하지 않은 사람들은 그 수혜자가 될 공산이 크지만, 가장 필요한 사람들에게 기업은 인심을 쓰지 않는다.

이런 새로운 '사회적' 경제 이데올로기를 구축하기 위해서는 '낡은' 경제를 무시무시하게 개인주의적이고 물질주의적이라고 몰아세워야 한다. 월드와이드웹과, 이를 찬미하는 캘리포니아의 전도사들이 등장하기 전까지 우리는 모든 관계가 현금에 의해 매개되는 원자화된 사적인 삶을 살았고, '사회적' 경제가 나타나기 전까지 경제는 탐욕의 힘만으로 굴러가는 끔찍한 개인주의의 소굴이었다는 식으로 말이다.

물론 이런 식의 묘사는 완전히 틀렸다. 19세기 중반 경영학이 탄생한 이후로 기업들은 사회적 관계를 (순수하게 금전적인 거래의 대안으로서) 만들어내고 관리하며 여기에 영향을 미치기 위해 꾸준히 애써왔다. 기업들은 오랫동안 자신들에 대한 공적인 평판과 노동자들의 헌신에 대해 노심초사했다. 그리고 비공식적인 사회적 네트워크가 인간의 역사만큼이나 유서 깊다는 사실은 말할 것도 없다. 자본주의 내에서 '사회적인 것'의 역할은 크게 달라지지 않았지만, 사회적 관계의 디지털화 덕분에 '사회적인 것'을 정량적인 경제 분석에 종속시킬 수 있는 능력이 생겼다는 점이 과거와의 차이다. 사회적 관계를 시각화하고 정량화한 뒤 이를 경제적 감사에 넘기는 능력은 꾸준히 증대되고 있다.

이런 일은 '사회 분석학' 전문가들에게 맡기는 것이 최선이지만, 갈수록 개인 스스로가 자신들의 사회생활을 이런 수학적이고 공리주의적인 의미에서 바라보는 경향과 기회가 증가하고 있다. 이에 따라 우정과 상호성의 도덕적 측면들이 약화되기 시작하는 반면, 좀 더 분명한 공리주의적 측면이 부각되고 있다. 선행 나누기 같은 행위는 우리에게 더 이상 영향을 미치지 못하는데, 이는 우리가 사회적 규범을 따르고 싶어 하기 때문이기도 하지만, 그보다는 우리 스스로가 거기서 강한 심리적 효과를 얻지 못하기 때문이다. 사람들은 이제 이타심을 경제적 인센티브의 관점에서 생각하기 시작한다. 사회적 관계와 공여를 이렇게 암묵적으로 경제적인 방식으로 바라보기 시작하면 달갑지 않은 질문이 고개를 쳐든다. 이게 나한테는 무슨 도움이 되지? 가장 설득력 있는 대답 중 하나는 우정과 이타심은 심신을 건강하게 해준다는 것이다.

## '사회적'인 의학

2010년 2월 나는 커다란 방에 앉아 있었다. 내 왼쪽에는 거대한 황금 왕좌가, 오른쪽에는 미래의 영국 노동당 당수 에드 밀리반드Edward Miliband가 있었다. 우리는 스크린에 나오는 이미지들을 보고 있었는데, 그건 1990년대 초 런던의 캠든 시장에서 '허브 치료제' 판매원들이 쌀넌 쁘랙녈 비니오를 연상시켰다. 정부 정책 자문관들도 많았다. 마치 자신이 그곳을 안방처럼 편안해하는 모습을 보여줌으로써 지위를 드러내는 게임이라도 하듯 모두가 최대한 팔자 좋게 늘어져 거드름을 피우고 있었다(다음 정부에서 게임의 우승자는 [2010년 5월 총리로 임명된] 데이비드 캐머런David Cameron의 절친 스티브 힐튼 Steve Hilton이었다. 그는 아무것도 신지 않은 맨발로 회의에 참여하는 기염을 토했다).

영국 정부 국무조정실에 속한 바로크풍의 여러 사무실 중 하나였던 그 방에는 열 명쯤 되는 사람이 있었는데, 모두가 이 스크린에 나오는 선과 점의 움직임에 사로잡힌 듯 시선을 떼지 못한 채였다. 스크린 옆에 서 있던 미국 의료 사회학자 니컬러스 크리스태키스Nicholas Christakis는 자신의 영상이 이 영향력 있는 청중들을 휘어잡고 있음을 즐기고 있는 것이 분명했다. 자신의 책《행복은 전염된다Connected》를 홍보하기 위해 순회강연 중이었던 크리스태키스는 고든 브라운 정부의 임기가 거의 끝날 무렵 영국 정책 입안가들에게 자신의 연구 결과를 발표해달라고 초청받은 것이었다. 나는 정책을 연구하는 사회학자라는 이유로 함께 초대를 받았다.

크리스태키스는 비범한 사회학자다. 그 누구보다 수학에 능할 뿐만 아니라 유수의 의학 저널에도 수많은 논문을 발표했다. 그날 우리가 스크린에서 본 프랙털 같은 이미지는 볼티모어에 있는 한 동네의 사회적 네트워크를 형상화한 것이었다. 그리고 이 이미지에서 움직이는 선과 점은 특수한 '행동'과 의학적 증상들을 의미했다. 그 자리에 모인 정책 입안가들에게 크리스태키스가 던진 메시지는 강력했다. 비만, 빈곤, 우울증처럼 종종 함께 나타나 사람들을 만성적인 무기력에 빠지게 하는 문제들에는 전염성이 있다. 사회적 네트워크를 바이러스처럼 떠다니면서 우연히 함께 어울린 사람들을 통해 개인에게 위험을 안긴다는 것이다.

이 이미지에는 뭔가 최면술처럼 사람들이 빠져들게 만드는 요소가 있었다. 뿌리 깊은 사회문제들이 정말로 이런 종류의 그래픽으로 재현될 수 있단 말인가? 크리스태키스의 기술적인 기량은 분명 매혹적이었다. 제2차세계대전 기간 동안 미군을 통해 영국으로 흘러든 껌과 나일론 스타킹 같은 위대한 보급 물자처럼, 그의 최첨단 사회 네트워크 분석은 진기하고 저항 불가능한 듯했다. 정책도 자연과학에 바탕을 둘 수 있다는 행동주의의 약속은 앞으로 항상 고위 정책 입안가들의 귓전에서 아른거리게 될 것 같았다.

거대한 황금 왕좌 옆에서 그날 나는 우리가 보고 있는 이 특수한 미국 도심 지역의 기이한 모습이 약간 초현실적이라고 느꼈다. 소비자 행동이 등장하고 이동할 때마다 이를 파악하고자 노력하는 사회 분석학 회사들처럼 이곳 런던에 있는 우리가, 상대적으로 빈곤한 볼티모어 주민 몇천 명의 식습관과 건강 문제가 마치 질병처럼 어떻게 이동하는지 관찰하고 있는 것이다. 위에서 개미집을 관찰하는 듯한 기분이었다. 실제로 이 스치듯 지나가는 이미지들이, 각자의 관계와 역사, 내일의 할 일이 있는 인간을 나타낸다는 사실은 그렇게 중요하게 여겨지지 않았다.

물론 이것은 특히 요즘 같은 정부 긴축의 시대에 엄청나게 기막힌 정책 기회를 제시했다. 의료 관련자들이 어떤 네트워크에서 영향력 있는 사람 몇 명의 행동을 개선시키기만 해도 이를 통해 보다 긍정적인 '전염병'이 확산될 수 있다는 말이기 때문이다. 문제는 정책 입안가들이 어떤 식으로든 사회생활을 내내직으로 감시하지 않는다는 전제하에 이런 종류의 사회

221

학적 데이터를 한 번에 얻는다는 게 꿈이나 꿀 수 있는 일인가 하는 것이었다. 사람들은 구글 같은 민간 기업들이 수백만 명의 일상 행동에 대한 상세 정보를 수집한다는 것에 대해서는 점점 익숙해지고 있지만, 정부가 같은 일을 할 수도 있다는 생각에 대해서는 아직 소름 끼쳐 한다.

마케터들이 우리의 취향과 욕구를 바꾸기 위해 우리의 사회적 네트워크에 침투하려 안간힘을 쓰는 동안, 정책 입안가들은 사회적 네트워크를 우리의 건강과 행복을 개선시킬 수 있는 수단으로 바라보게 되었다. 여기서는 사회적 관계의 결핍(혹은 외로움)은 불행의 원인일 뿐만 아니라 생리학적 건강에 심각한 위험 요소이기도 하다는 발견이 중요한 역할을 하게 되었다. 시카고의 신경과학자 존 카시오포John Cacioppo가 개척한 '사회신경과학'에 따르면 인간의 뇌는 사회적 관계에 의존하는 방향으로 진화해왔다. 카시오포의 연구는 외로움이 흡연보다 건강에 훨씬 큰 위험 요인이라고 주장한다.[10] 의사가 사람들에게 합창단이나 자원봉사 단체에 들어가라고 권하는 '사회적 처방' 같은 활동들은 고립감과 그로 인한 우울증과 만성질환의 방지를 목적으로 한다.

1990년대 초부터 급성장한 긍정심리학 운동은 상호적인 사회적 관계가 가져다주는 심신의 혜택을 강조하는 데 많은 역할을 했다. 긍정심리학자들은 '번영'과 '낙관주의'의 관점에서 이야기하기를 좋아하지만, 이런 많은 수사 뒤에는 날로 증가하는 우울증 진단율이라는 문제가 도사리고 있다. 긍정심리학 운동의 권위자들은 희색이 만연한지 몰라도 이들의 책을 읽고 강의를 듣는 많은 사람들은 무의미함과 외로움, 침체되는 기분과 씨름하며 처절하게 치유책을 찾고 있다.

여기서 다시 화폐 중심의 시장 교환 논리는 긍정심리학의 맹렬한 공격 대상이 된다. 긍정심리학 도서와 강의에서는 감사, 공여, 공감 같은 단어들이 거듭 되풀이된다. 냉혹하고 계산적이며 무심한 듯 보이는 이 세상에서 긍정심리학은 그 추종자들에게 공감과 관대함을 기초로, 좀 더 윤리적인 입장을 취할 것을 권한다. 사회적 상호성에 대한 이 같은 압박이 (마케팅에서 분명하게 드러나는) 오늘날의 자본주의 정신과 완전히 조화를 이룬다는 사실에 대한 언급은 전혀 없다. 하지만 이 새로운 윤리적 경향에서 정말로 주목해야 할 부분은 그것이 궁극적으로 정당화되는 방식이다. 공여가 공여자를 더 행복하게 만들고, 고마움을 느끼는 정신적 습관은 정신적으로 긍정적인 편익을 가져다준다는 식으로 사회적 상호성은 정당화되고 있다. 이제 자신에 대해서는 너무 많이 생각하지 말라고 조언하면서도, 사회적 상호성을 정당화할 때는 결국 자기중심적인 논리를 들이민다.

국무조정실의 공식 알현식에서 이루어진 크리스태키스의 세미나를 통해 확인되었다시피, 오늘날 사회적 네트워크는 보건 정책의 수단으로 인식되고 있다. 사회적 네트워크를 활용하면 심신의 쾌락과 고통에 영향을 미칠 수가 있다. 역사적으로 공리주의적 기획들은 다소 조야한 당근과 채찍에 의존해왔다. 고통이 필요하면 체벌을, 행복이 필요하면 돈과 육체적 즐거움을 활용하는 식이었던 것이다. 하지만 이제 의학 연구와 정책의 범위가 확장된 덕분에, 바로 우리가 어울리는 사람들이 정신물리학적 개선의 마지막 수단으로 활용되고 있다. 요즘에는 사회적으로 고립된 사람이 고관절 수술을 하고 난 뒤 경험하는 육체적 통증이 사회적 관계가 넓은 사람에 비해 너 그냥고 알려서 있기 때문이다.[11] 또한 긍정적인 세계관은 정신 질

223                                                  **6. 사회적 최적화**

환에서 회복하는 데 도움이 되며 정신 질환 발병의 위험을 낮춰준다고도 알려져 있다.

사회생활과 도덕성에 대한 전문가적 이해는 특히 신경과학의 힘을 빌려 신체 연구 분야로 급격히 파고든다. 사회신경과학자 맷 리버만Matt Lieberman은 전통적으로 우리가 감정적이라고 여기는 고통(연인과의 이별 같은)이 보통 육체적 고통이라고 생각하는 것(팔의 골절 같은)과 동일한 신경화학적 과정에 관련되어 있음을 보여주기도 했다. (매체에는 사랑 박사Dr. Love라고 알려진) 또 다른 저명한 신경과학자 폴 잭Paul Zak은 옥시토신이라고 하는 신경 물질 하나에만 초점을 맞추는데, 그의 주장에 따르면 이 물질은 사랑과 공정함 같은 인간의 가장 강력한 사회적 본능들과 관련되어 있다. 취리히 대학의 과학자들은 뇌의 특정 부위를 자극함으로써 '선악' 관념을 유발시킬 수 있음을 발견하기도 했다.[12] 이제 사회과학과 생리학이 융합된 새로운 분과 학문이 등장하고 있다. 이 새로운 분야에서는 인체가 서로에 대해 물리적으로 반응하는 방식을 알아내기 위해 인체를 연구한다.

정책 입안가들에게 사회적 네트워크와 이타심이 건강에 영향을 미친다는 사실을 뒷받침하는 이 같은 증거들을 무시하라고 주장했다간 삐딱한 사람이라는 낙인을 면치 못할 것이다. 어쨌든 긍정심리학이 자조自助와 인지적인 조언들 덕분에 아주 조금이라도 더 상호적인 관심을 불러일으킬 수 있다면 막을 이유가 뭐가 있겠는가? 하지만 이 같은 세계관 속에는 위험이 도사리고 있으며, 이는 모든 형태의 사회적 네트워크 분석에도 똑같이 해당하는 문제다. 사회 세계를 개인이 이용할 수 있는 일단의 자원과 메커니즘으로 환원시키다보면, 사회적 네트워크가 이미 특권을 가진 집단에

| 행복산업 |

게 유리한 방식으로 다시 설계될지 모른다는 의문이 반복적으로 제기된다. 네트워크는 소위 '권력 법칙'을 지향하는 경향이 있다. 즉, 영향력이 있는 사람은 그 힘을 가지고 훨씬 더 큰 영향력을 손에 넣을 수 있는 것이다.

긍정심리학은 소셜 미디어 분석학과 결합하여 심리적 기분과 감정이 네트워크를 타고 이동함을 보여준다. 이는 크리스태키스가 건강 관련 행동과의 관계에서 발견한 것과 크게 유사하다. 가령 중국 베이징항공항천대학의 연구자들은 사회적 미디어 메시지 내용 분석을 통해 분노 같은 일부 기분들은 다른 기분보다 네트워크상에서 더 빨리 이동하는 경향이 있음을 밝혔다.[13] 우울함을 비롯한 부정적인 마음의 프레임은 사회적으로 '전염성'이 강한 것으로 알려져 있다. 따라서 행복하고 건강한 사람은 불행의 '위험'에서 자신을 보호하는 방식으로 사회적 관계를 짜 맞출 수도 있다. 바로 이 현상을 연구해온 미국 심리학자 가이 윈치Guy Winch는 행복한 사람들에게 조심하라고 충고한다. "만일 당신이 부정적인 세계관을 가진 사람과 살거나 그런 사람 주위에 있다면 긍정적인 세계관을 가진 사람을 규칙적으로 만나 균형을 맞추는 것이 좋다."[14] 이러한 방침이 '부정적인 세계관'을 가진 불행한 이들에게 어떤 영향을 미칠는지는 불을 보듯 뻔하다.

약간 서글프게도 요즘 사회생활의 구조는 보건 정책의 문제가 되어버렸다. 외로움이 객관적인 문제가 된 이유는 물리적인 두뇌와 육체라는 형태로 드러나고 정부와 건강보험회사에게 계산 가능한 비용을 요구하기 때문일 뿐이다. 사람들에게 너그러움과 감사의 마음을 가지라고 조언하지만, 이는 주로 자신의 정신 건강 문제와 개인적인 고통을 완화하기 위해서시 성발로 남을 위해 그런 것은 아니다. 그리고 가난한 도심 근린 지역의 끈끈한 우정은 정부의 관심을 받아왔지만, 결국 비용을 요구하는 무기력과 영양 불량이라는 전염병을 중재하는 선을 넘지는 못한다. 이는 모두 수학적이고 개인주의적인 심리학의 힘을 빌려 사회 세계를 파악하려는 시도다. 이는 어려움에 처한 사람들에게 진정한 의학적 도움을 줄 수도 있지만, 순수하게 심리학적인 관점에서 사회를 이해하려는 노력은 결국 자아도취로 귀결될 수 있다. 그리고 실제로 이를 시작한 사람은 자아도취에 단단히 빠진 인물이었다.

## 신 놀이

1893년 다뉴브 강에서 멀지 않은 부쿠레슈티[루마니아의 수도] 근교에서 네 살짜리 꼬마아이가 친구들과 함께 부모님 집 지하실의 층층이 쌓아 올린 불안정한 의자 더미 꼭대기에 앉아 있었다. 제이콥 모레노Jacob Moreno라고 하는 이 소년은 부모님이 안 계신 틈을 타서 가장 좋아하는 놀이를 하는 중이었다. 그는 '신'이었고 같은 동네에 사는 다른 아이들은 자신의 '천사'였다. 의자 더미 꼭대기에 앉은 모레노는 천사들에게 날갯짓을 하라고 지시했다. 천사들은 복종했다. "너도 한번 날아보는 게 어때?" 한 천사가 그에게 권했다. 그는 그러겠다고 하고는 공중으로 몸을 던졌고, 순식간에 지하실 바닥에 떨어져 팔이 부러졌다.

하지만 그 이후에도 모레노는 신처럼 행동하고 싶다는 욕망을 결코 버리지 못했다. 어른이 된 그는, 개인의 사회 세계에서 인간은 자기 자신과

| 행복산업 |

자신이 맺고 있는 관계를 창조한 개개의 신이라는 생각을 가지고 정신분석학자이자 사회심리학자로서 연구를 진행했다. 1920년의 저작《아버지의 말씀The Words of the Father》에서 그는 인간에겐 무한한 가능성이 열려 있으며, 자기 창조 능력을 제한하는 유일한 요소는 사회집단에 속해 있다는 사실 뿐이라고 주장하는 무시무시한 인본주의 철학을 피력했다. 하지만 사회집단은 갈대처럼 주위의 영향을 받기 때문에 개선의 여지도 많다. 신에겐 천사가 필요한 법[이므로 이 사회집단을 자신의 천사로 활용하면 된다].

최고의 부성父性에 대한 환상은 모레노의 연구에서 지속적인 특징으로 나타나는데, 이 때문에 그는 자신의 태생을 둘러싼 터무니없는 신화까지 지어냈다. 여기에는 노골적인 거짓말도 일부 포함되는데, 가령 자신은 1892년에 배 안에서 태어났고 국적도, 아버지도 모른다는 반복된 주장 같은 것이다. 하지만 실제로 그는 1889년에 부쿠레슈티에서, 아등바등 힘겹게 살아가는 터키 국적 유대 상인의 아들로 태어났다. 만년에는 당시 심리학계와 정신의학계에서 통용되던 다양한 개념과 기법들의 원저자가 자신이었다고 주장하는 데 정력을 쏟았는데, 특히 심리학자 쿠르트 레빈Kurt Lewin이 자신의 아이디어를 훔쳤다며 유별난 적개심을 드러내기도 했다. 모레노는 사회 관계를 연구하는 데 관심이 많은 사람이라 하기엔 신기할 정도로 피해망상증과 자기중심성이 강했다.

그가 어릴 때 가족들이 비엔나로 이주했고, 바로 여기서 나중에 그는 의대에 들어갔다. 덕분에 그는 제2차세계대전 직전에 지그문트 프로이트의 강의를 들을 수 있었다. 이 유명한 정신분석학자에게 모레노는 그렇게 큰 인상을 받지는 못했다. 1914년 어느 날 모레노는 강의실을 나서면서 프로이트에게 말을 걸었다. "저기요, 프로이트 박사님, 저는 선생님이 멈추신 데서 출발하려고 해요." 그는 이렇게 말했다. "선생님은 선생님 연구실이라는 인공적인 환경에서 사람들을 만나시잖아요. 대신 저는 거리와 사람들의 집에서, 그러니까 그 사람들의 자연스러운 환경 속에서 만나려고요."[15] 전쟁이 발발하면서 모레노는 자신이 생각했던 일에 착수할 첫 번째 기회를 손에 넣었다.

국적이 하나가 아니었기 때문에 모레노는 군대에서 복무할 수가 없었다. 그래서 1915년부터 1918년까지 오스트리아-헝가리제국[17세기에 오스트리아에 복속된 헝가리는 18세기 말 헝가리 왕국이 독립한 뒤에도 오스트리아 황제가 두 왕국의 군주를 겸하는 이중 제국 체제를 유지했다. 이 체제는 1919년 해체되었다]의 난민 수용소에서 의사로 일했다. 난민 수용소에서 지내는 사람들을 관찰하던 그는 이들이 당면한 사회적 환경을 바꿈으로써 이들의 행복에 영향을 미칠 수 있는 방법을 고민하기 시작했다. 객관적인 환경은 상당한 고통을 유발할 수밖에 없는 상황이었지만, 모레노는 관계의 유형을 주의 깊게 관찰해보면 상대적으로 크지 않은 변화만으로도 심리적인 만족감을 높일 수 있는 방법을 찾아낼 수 있을지 모른다고 믿었다. 1916년 그는 오스트리아-헝가리제국 내무부 장관에게 보내는 서한에서 이 같은 자신의 생각을 이렇게 밝혔다.

---

사회성 측정 분석법sociometric analysis을 이용하면 모든 가정에서, 가정과 가정 사이에서, 모든 공장에서, 지역사회 내의 민족과 정치집단에서 나타나는 긍정적인 감정과 부정적인 감정을 탐구할 수 있습니다. 여기 동봉하는 사회성 측정 분석법에 의한 새로운 질서를 제안합니다.[16]

---

| 행복산업 |

그가 말한 이 '사회성 측정' 분석법이란 무엇일까? 그리고 그것이 어떻게 도움이 된다는 걸까? 계산 과학은 고사하고 아직 수학적인 과학으로도 발달되지 않은 상태였지만 '사회성 측정법'은 모레노의 상상처럼 훗날 등장하게 될 사회적 네트워크와 소셜 미디어에 필요한 토대를 마련했다. 하지만 이것이 과학적 가능성을 가진 것으로 개발되기 전까지는 모레노의 또 다른 환상을 동원해야 했던 것으로 보인다.

모레노는 항상 자신이 미국에서 살 운명을 타고났다고 주장했다. 아버지도, 국적도 없이 태어난 신화를 만들어낸 그는 "나는 이 바다에서 저 바다로, 이 나라에서 저 나라로 떠돌다가 어느 날 뉴욕 항에 안착할 운명을 타고난 선원으로, 세계 시민으로 태어났다"라고 선언했다. 1922년 그는 소리를 녹음하고 재생하는 새로운 기기를 가지고 맨해튼 5번가에 서 있는 꿈을 꾸었다고 말했다. 새로운 심리학 분야 하나를 통째로 창조한 것으로도 성에 차지 않았던 그에게 그 꿈은 자신에게 녹음기를 발명할 운명도 있음을 일깨워주었다. 모레노는 공동 연구자 프란츠 로니초Franz Lornitzo와 함께 1924년 이 기계에 대한 연구에 착수했고 비엔나에서 특허를 출원했으며, 그 덕에 미국 오하이오에 와서 제너럴 포노그래프General Phonograph Manufacturing Company사와 함께 기술을 개발해달라는 초청을 받았다.

녹음기 발명으로 큰 인정을 받을 줄 알았던 모레노는 생각보다 반응이 미적지근하자 결국 실망했고, 그답게도 유사한 프로젝트가 동시에 여러 개 진행 중이라는 사실을 받아들이지 않으려 했던 것 같다. 아니면 오하이오의 초청자들이 이 믿기 힘든 발명가에게 모레노가 기대했던 것만큼 아양을 떨지 않았는지도 모르겠다. 하지만 그럼에도 불구하고 오하이오 초

청장 덕분에 그는 부모의 보살핌 없이 자란 무국적의 미국인이라는 자아상을 자각하게 되었다. 게다가 (이전 10년간 그의 꿈과 환상을 점령한 장소인) 뉴욕 시는 자기 손으로 빚어낸, 사회집단에 속한 독립적인 자아라는 모레노의 이상과 일치하는 듯 보이는 새로운 사회의 모델을 지향하고 있었다.

모레노가 프로이트에게 통명스럽게 밝혔듯, 프로이트 정신분석학의 문제는 기존의 관계에서 오는 한계를 무시한 채 사회에서 동떨어진 개인을 연구한다는 데 있었다. 그렇다면 그 대안은 무엇인가? 프로이트주의의 극단적인 개인주의는 똑같이 극단적인 마르크스주의의 집단주의나, 에밀 뒤르켐Emile Durkheim이 개척한 통계 사회학의 형태로 엇나갈 위험이 있었다. 모레노가 보기에 유럽인들에게는 사회주의국가의 강제적인 집단성과 무의식적인 자아의 난폭한 이기주의라는 양분된 선택밖에는 없는 것 같았다. 하지만 뉴욕은 말하자면 일종의 제3의 길이 가능함을 보여줄 것 같았다. 사람들이 집을 수직으로 포개야 할 정도로 비좁은 공간에서, 미세한 여러 방식으로 협력하면서 살아가지만 그 과정에서 개인의 자유를 제한하지 않는 도시가 바로 뉴욕이었던 것이다. 미국은 자수성가형 집단을 기초로 건설된 나라라는 것이 모레노의 판단이었다.


## 우정의 수학


바로 이 뉴욕에서 모레노는 이미 '사회성 측정법'이라고 이름 붙여놓았던 연구 기법을 발전시킬 첫 번째 기회를 얻었다. 그에게도 사람은 각자가 자신의

신이라는 이야기를 더 이상 하지 않을 정도의 판단력은 있었다. 대신 그는 전시 난민 수용소에서 얻은 통찰력과 《아버지의 말씀》에 담긴 심리 이론을 발판으로 발돋움할 작정이었다. 그는 사회성 측정법 프로젝트를 이렇게 묘사했다.

> 구성원 각자가 최대한 자유로운 주체로서 자신이 속한 집단을 만들어가는 데 참여할 수 있는 공동체, 그 안에 있는 다양한 집단들이 대단히 짜임새 있고 서로 잘 맞아서 지속적이고 조화로운 정치적 연합체가 등장할 수 있는 그런 공동체가 가능한지를 파악하는 것이 중요하다.[17]

관계는 개인을 위해 존재한다. 자발성과 창의성은 순전히 우리 각자에게서 개별적으로 나오는 것이지만, 이를 발산하는 능력은 올바른 사회적 환경 속에 있는지 여부에 달려 있다. 사회성 측정법이 할 일은 개인의 사회적 관계에 대한 연구에 과학이라는 날개를 달아주고, 궁극적으로는 그 안에 수학을 녹여내는 것이었다.

모레노는 비엔나에 있을 때 이를 가능케 할 만한 다양한 방법을 생각해두었다. 그는 직감적으로 복잡한 상호작용의 그물을 재현하는 최고의 방법은 시각적인 도표일지 모른다고 생각했다. 1931년 한 정신의학회에서 몇 가지 아이디어를 발표하고 난 뒤 그는 학회에서 제안했던 연구 방법들을 뉴욕 싱싱Sing Sing 형무소에 수감된 재소자들을 대상으로 시도해보라는 요청을 받았다. 모레노는 연령, 국적, 인종 등 서른 가지 난감한 속성에 따라 재소자들을 평가하는 설문지를 작성했다. 설문조사를 할 때만 해도 특기할 만한 것은 아무것도 없었다. 하지만 그다음 그의 작업은 역사의 한 획을 그을 정도로 획기적이었다.

모레노는 (당시 시장 연구자들과 여론조사원들 사이에서 보편적으로 자리 잡기 시작하던 방식대로) 설문조사 자료를 평균과 합계, 확률 등의 관점에서 분석하는 대신, 재소자들이 서로 개별적으로 얼마나 잘 어울리는지 평가할 목적에서 재소자 서로를 비교했다. 각 개인이 같은 부류의 개인들에게 얼마나 유용한지의 관점에서 일대일 관계의 가치를 포착하고자 하는 새로운 형태의 사회학은 이렇게 탄생하게 되었다. 모레노는 무엇이 정상인지, 혹은 일반적으로 무엇이 전형인지와 같은 것들에는 관심이 없었다. 그가 알고 싶었던 것은 각 개인이 우연히 알게 된 사람들에 의해 어떻게 영향을 받는가였다.

컴퓨터가 발명되기 전, 이런 연구를 수학으로 계산하는 일은 공포 그 자체였다. 네 명으로 이루어진 집단에서 모든 일대일 관계를 연구하려면 최대 여섯 개의 관계를 살펴봐야 한다. 집단의 크기가 열 명으로 늘어나면 마흔다섯 개의 관계를 들여다봐야 한다. 집단이 서른 명으로 커지면 가능한 관계의 수는 465개로 늘어난다. 느리고 고된 작업이었다. 하지만 사회 연구 방법이 인간의 개별 자율성을 존중하지 않으면 인간은 각자의 사회 세계에서 신의 지위를 유지할 수 없게 된다.

이듬해 모레노는 허드슨에 있는 뉴욕 여자 감화소New York Training School for Girls에서 사회성 측정법을 실행해볼 두 번째 기회를 얻었다. 이번에는 여자 재소자들에게 방을 같이 쓰고 싶은 사람은 누구인지, 이미 알고 지내는 사람은 누구인지 등을 물어보면서 서로에 대한 개인의 태도에 좀 더 분명하게 초점을 맞추었다. 이 연구를 통해 모레노는 처음으로 연구 결과를 시각적인 사회성 측정 지도로 나타냈다. 감화소 여성들 간의 관계를 빨간 선으로 직접 그려 나타낸 이 지도는 나중에 1934년에 출판된 모레노의 저작 《누가 살아남을 것인가?Who Shall Survive?》에 실렸다. 이제 사회 세계는 완전히 새로운 방식으로 시각화되었다. 이는 '사회적'인 것에 대한 21세기식 이해를 지배하게 된 시각화 방법이었다.

사회성 측정법에 불을 붙인 사회생활에 대한 관점은 확실히 그때까지 사회학에 영감이 되었던 관점보다 훨씬 개인주의적인 성향이 강했다. 집단적인 존재는 오직 개인적인 자아의 자발적인 힘이 있어야만 출현할 수 있고, 다시 사라져도 별 상관 없다는 식이기 때문이다. 최소한 모레노의 관점에서 미국 문화는 집단에 드나들 수 있는 이와 같은 자유를 기초로 하고 있었다. 하지만 이런 개인의 자유를 승인하는 사회과학을 만들어내는 길은 결코 녹록지 않았다. 특히 두 가지가 문제였다.

첫째, 풍부하고 구속력 있으며 위안을 주고 때로 숨통을 옭아매기도 하는 사회생활의 본질이 보이지 않게 제거되어 버린다는 문제가 있다. 사회성 측정 연구에 포함될 수 있는 데이터들은 어쩔 수 없이 대단히 간소화된다. 마치 소셜 미디어 사이트들이 사용자들에게 자신의 연애 상태('싱글', '연애 중', '복잡함')나 다른 사람과의 관계('친구'와 '비친구', '동료'와 '비동료')를 규정하는 방식을 엄격하게 제한하듯, 모레노의 사회성 측정법은 미묘한 차이를 벗겨내고 나서야 성공 가능한 기획이다. 프로이트의 연구실이라는 한정된 제약에서 탈출하기 위해 인간 정신의 깊이를 지워버리는 대가를 치른 것과 같다. 사회의 과학과 고립된 개인의 과학 사이에 길을 놓기 위해 사회성 측정법은 어쩔 수 없이 양자 모두를 상당히 단순화시켜야 했던 것이다. 물론 이 같은 단순화는 니콜라스 크리스태키스의 영상이 그날 런던에서 증명했 듯 매혹적일 수도 있다. 사회 세계에 과학적인 조치를 취하기 위해서 엘리 트들은 미묘한 차이와 문화를 제거할 필요가 있다.

둘째, 사회를 개인 간 관계의 그물망으로 바라봄으로써 얻어낸 무수 한 데이터를 가지고 무엇을 할 것인가? 이 모든 자료를 어떻게 처리 혹은 이해해야 하나? 모레노는 아무런 대답을 내놓지 못했다. 사회적 네트워크 분석이 1960년대 이후에야 구색을 갖출 수 있었던 것은 근간이 될 만한 적 당한 이론이 없어서가 아니라, 숫자를 처리할 만한 능력이 없었기 때문이 었다. 이미 언급했다시피 모레노는 사회과학 앞에 대단히 부담스러운 수학 적 과제를 던져놓았다. 사회적 네트워크 분석은 복잡한 데이터 군집을 처 리하는 문제에 걸려 1950년대와 1960년대에 미국에서 느린 속도로 발전했 다. 사회적 데이터 속에서 패턴을 발견할 수 있는 알고리즘이 개발되었지 만, 대학에는 이를 자동으로 계산할 수 있는 능력이 없었다.

1970년대가 되어서야 사회적 네트워크 분석용 소프트웨어 패키지 들이 줄줄이 개발되었다.[18] 물론 아직은 학계의 연구자들이 발로 뛰어다니 며 컴퓨터가 처리할 데이터를 수집해야 했다. 이런 분석 방식은 아직 너무 번거로워서 (통계학에 비해) 대중들의 상상을 별로 자극하지 못했다. 모레노의 방법론이 '사회적'이라는 용어의 의미를 이해할 수 있는 지배적인 방식이 되려면, 광범위한 대중들이 네트워크로 연결된 컴퓨터를 일상적으로 사용 해야만 했다. 이런 상황은 결국 21세기 초가 되어서야 나타났고, 2003년 이 후로 꾸준히 등장한 '웹 2.0'[블로그, 위키피디아 등 데이터의 소유자나 독점자 없이 누구

| 행복산업 |

나 데이터를 생산하여 공유할 수 있도록 한 사용자 참여 중심의 인터넷 환경] 회사들이 이 기회를 포착했다. 가입자가 10억 명에 달하는 페이스북은 모레노가 수십 명의 사람들과 인터뷰하고 손으로 도표를 그려가며 진행한 사회성 측정 연구를 본사에서 스위치 하나만 가지고 해낼 수 있게 되었다.

하지만 사회 분석 기법들은 결코 눈에 보이는 것처럼 그렇게 정치적으로 순진하지 않다. 사회적 네트워크 분석은 우리가 맺고 있는 관계를 간소화시켜 수학적으로 연구하는 일이라고 하지만, 그 창시자에게 영감을 제공한 철학이 무엇인지는 한번 생각해볼 필요가 있다. 모레노는 다른 사람들이 존재하는 이유는 개개의 자아를 떠받들고 기쁘게 해주기 위해서라고 생각했다. 우정이 소중한 것은 내가 더 나은 기분을 느끼게 해주기 때문이다. 사회생활에 대한 연구가 수학적인 심리학의 한 분야로 전환되는 순간 이는 사람들이 관계 맺는 방식에 우려할 만한 영향을 미치게 된다. 천사에 둘러싸여 신 놀이를 하던 어린 소년의 나르시시즘은 오늘날 기쁨을 벽돌처럼 찍어내고 계량하는 방식의 또 다른 모델이 되었다.


## 접속 중독

1980년에 《정신 질환 진단 및 통계 편람》 3판이 소개된 뒤 이 책에 대한 주된 비판은 일상적인 형태의 슬픔과 별난 성격을 모두 질병으로 몰아간다는 것이었다. 이는 아주 흔하게 볼 수 있는 중독의 여러 형태들을 규명할 때 특히 두드러졌다. 1970년대 초까지만 해도 중독은 알코올 중독처럼 신진대사에 영향을 미치는 증후군에 관련되어 있다는 정도로만 이해되었고, 그럴 때마저도 그 사회적·문화적 측면을 인정하는 분위기가 있었다. 하지만 《정신 질환 진단 및 통계 편람》3판이 나오고 난 뒤부터 도박에서부터 쇼핑, 섹스에 이르기까지 모든 형태의 향락적인 습관과 경험과의 관계 속에서 새로운 중독을 밝히고 진단하게 되었다. 아니나 다를까, 이런 새로운 진단 범주들은 행동이 두뇌의 어떤 부분이나 유전자에 내장되어 있다는 생물학적 설명을 뒷받침하는 용도로 사용되고 있다.

2013년 초에 발표된 《정신 질환 진단 및 통계 편람》5판은 역기능적 충동 목록에 인터넷 중독이라는 새로운 항목을 추가했다. 많은 의사와 정신의학자들은 이 인터넷 중독이 마약중독에 비해 결코 경미하지 않은, 진정한 중독의 자격을 갖추고 있다고 자신한다. 인터넷 중독자들은 중독 행위의 모든 특징을 보여준다. 인터넷 사용에 대한 집착은 관계나 경력을 유지할 능력을 집어삼킬 수 있다. 인터넷 중독자들에게 갑자기 인터넷에 접속하지 못하게 하면 생리적인 금단증상이 나타날 수도 있다. 가까운 사람들에게 거짓말을 하기도 한다. 신경과학은 인터넷 사용과 관련한 쾌락은 코카인이나 다른 중독 물질이 유발하는 쾌락과 화학적으로 동일할 수 있음을 보여준다.

만일 잠시 신경화학 너머로 눈길을 돌려 한 가지 간단한 질문을 던져보자. 인터넷 중독자는 정확히 무엇에 중독된 것일까? 이 현상을 대단히 면밀하게 탐구한 정신의학자로는 런던 타비스톡 병원Tavistock Clinic의 리처드 그레이엄Richard Graham이 있다. 그리고 그가 도달한 결론은 '사회적인 것'의 새로운 개념이 얼마나 병리적인지 똑똑히 보여준다.

　　　　　　　　　　　| 행복산업 |

2005년 그레이엄은 비디오게임이 젊은이들의 행동과 태도에 미치는 영향을 연구하고 있었다. 이 연구를 위해 그는 우울증 증세가 있고 컴퓨터게임, 그중에서도 특히 할로Halo라고 하는 게임에 대한 충동을 조절하지 못하는 한 10대 소년을 만나게 되었다. 소년은 친구와 가족과의 관계도 모두 끊은 채 게임의 다음 레벨에 진입하는 데 매달려 하루 4~5시간씩 게임을 했다. 소년의 부모는 소년이 방에서만 너무 많은 시간을 보낸다며 걱정했다. 하지만 그레이엄은 게임 그 자체가 걱정의 특별한 원인이라고 생각하지 않았다.

하지만 2006년 소년의 상황이 급격히 나빠졌다. 소년은 월드 오브 워크래프트World of Warcraft라는 게임으로 갈아탔는데, 이와 함께 몰두하는 시간이 크게 늘어 하루에 15시간씩 게임을 하게 된 것이다. 부모의 걱정은 날로 커졌지만 그저 어쩔 줄 몰라 하기만 했다. 이후 3년간 이런 상황이 지속되었다. 2009년 사순절의 네 번째 일요일, 소년의 부모가 모뎀을 꺼버리면서 결국 일이 터졌다. 소년이 돌연 폭력성을 드러내 경찰을 불러야 할 지경이 되었다. 비디오게임에 대한 집착이 그 자신은 물론 다른 그 누구도 통제할 수 없는 상태에 이른 것이다.

두 게임의 핵심적인 차이는 월드 오브 워크래프트는 실시간으로 다른 게이머들을 상대로 게임을 하는 방식이라는 점에 있었다. 즉, 진짜 사람들의 존경과 인정이 관련되어 있다. 집착은 했지만 중독 수준은 아니었던 할로와 달리 월드 오브 워크래프트는 사회적인 경험이다. 혼자 방에 앉아 모니터에서 움직이는 그래픽을 응시하는 동안에도 실제로 존재하는 다른 선수들이 같은 게임을 한다는 생각을 통해 일반 비디오게임에서는 얻기 못하는 일종의 심리적인 '마약' 효과를 얻을 수 있다. 소년은 단순히 [게임이라는] 기술에 중독된 것이 아니라, 네트워크로 연결된 컴퓨터들의 주특기라할 수 있는 특수한 자기중심적 관계의 형태에 중독된 것이었다.

그 뒤로 그레이엄은 특히 젊은 사람들의 소셜 미디어 중독 분야에서 손꼽히는 권위자가 되었다. 월드 오브 워크래프트 중독 사례가 극단적인 경우였다면, 페이스북과 스마트폰의 시대가 도래하면서 그보다 정도는 덜하지만 훨씬 많은 사람들이 이와 유사한 중독에 시달리게 되었다. 《정신 질환 진단 및 통계 편람》을 근거로 삼았을 때 소셜 미디어 중독은 인터넷 중독의 하위 범주로 분류됨에도 불구하고, 그 사회적 의미는 심리적으로 대단히 강력하다. 게이머들과 마찬가지로 스마트폰을 항상 몸에 지니고 있어야만 마음이 편한 사람들은 이미지나 주변 사물들과 그 자체로 관계를 맺지 못한다. 사람들은 인간과의 상호작용에 필사적으로 매달리지만, 이 상호작용은 개인적·사적 자율성을 침해하지 않는 얕은 수준의 것이다. 오늘날 미국에서는 성인의 38퍼센트가 일종의 소셜 미디어 중독에 시달리는 것으로 추정된다.[19] 일부 정신의학자들은 페이스북과 트위터가 담배나 알코올보다 훨씬 중독성이 강하다고 주장하기도 한다.[20]

사람들은 어딜 가든 디지털 미디어를 사용하지 못하면 히스테리를 부리게 되었다. 인터넷이나 페이스북은 젊은 사람들이 갈수록 나르시시즘에 빠지고, 다른 사람에게 헌신하지 않으며, '상호적'이지 않은 것에 대해서는 결코 집중하지 못하는 현실에 일정한 책임이 있다고 볼 수 있다. '스크린 [을 보는] 시간'이 우리 뇌에 좋지 못한 영향을 미친다는 최근의 발견도 결국은 인터넷이나 페이스북 등 디지털 미디어의 책임으로 볼 수 있다. 실제로 소셜 미디어를 강박적으로 이용하는 사람들은 자기중심성이 강하고 '노출증'과 '과시적인 행동'에 빠지기 쉽다는 증거도 있다.[21] 하지만 정보 통신 기술을 사람들을 심리적·신경학적으로 타락시키는 바이러스로 취급하기보다는, 한발 물러나 그 안에 작동하는 더 넓은 문화적 논리를 살펴보는 것이 생산적일지 모른다.

월드 오브 워크래프트 중독자나 소셜 미디어 중독자, 섹스 중독자 등 중독이라는 증상은 한 사회의 약간 더 병리적인 요소들일 뿐인데, 이런 중독자들은 중독을 통해 얻을 수 있는 심리적인 쾌락이라는 관점 밖에서는 관계를 상상하지 못한다. 식사 자리에서 친구의 말에 귀를 기울여야 할 순간에 페이스북 페이지를 확인하기 위해 손가락을 분주히 움직이는 사람은 제이콥 모레노의 윤리 철학을 따르는 계승자라 할 수 있다. 다른 사람은 개별 자아에게 기쁨과 만족감, 확신을 주기 위한 존재일 뿐이기 때문이다. 이는 어쩔 수 없이 악순환으로 귀결된다. 사회적 유대가 한번 이렇게 심리적으로 척박한 수준으로 떨어지고 나면 간절히 바라던 충족감을 얻기가 갈수록 어려워지기 때문이다. 다른 사람을 자신의 기쁨을 위한 도구로 바라본다는 것은 곧 우정과 사랑, 너그러움의 핵심적인 윤리적·정서적 진실을 부정하는 것과 다름없다.

'사회적'인 것에 대한 이런 자기중심적인 사고는 우리 중 그 누구도 항상 칭찬받으며 관심의 중심에 서기만 할 수는 없다는 점에서 중대한 결함이 나타난다. 줄기차게 신 역할만 할 수 있는 사람은 없다. 대부분의 경우는 신 주위에 서 있는 천사가 되어야 한다. 그리고 이는 페이스북의 경우도 다르지 않다. 과시적인 글기리기 끝없이 이어지는 페이스북 은 니 지신끼 네

생활이 초라하다고 느끼게 만든다.[22] 네트워크의 수학은 결국, 대부분의 사람들은 친구가 평균보다 적지만 소수의 사람들은 친구가 평균보다 훨씬 많다는 사실을 확인시켜줄 뿐이다.[23] 이런 열등감을 만회하기 위해 사람들은 스스로 과시적인 볼거리를 만들어내고 다른 사람들의 이목을 끌려고 노력하지만 이는 결국 집단적인 악순환을 강화하는 결과로 이어진다. 긍정심리학자들이 열렬히 강조하듯 이 같은 경청이나 공감 능력의 부재는 우울증의 중요한 원인이다.

사회적 네트워크 분석에서 핵심 범주는 '중심성'이다. 이것은 주어진 '노드node(일반적으로 사람을 의미하지만 조직이 될 수도 있다)'가 그것이 속한 사회 세계에서 얼마나 필수적인지 그 정도를 일컫는다. 모레노식으로 말하면 사회적 '신성神性'의 척도가 된다고 할 수도 있을 것이다. 그런데 여기서 하나의 네트워크는 보통 수십 명 규모를 넘어서기 때문에 컴퓨터의 힘을 빌리지 않고서는 이 중심성의 계산이란 거의 불가능하다. 하지만 21세기의 눈부신 처리 능력과, 어디서나 가능해진 사회적 네트워크의 디지털화 덕분에 중심성의 논리는 사람들을 분할 통치하기에 이르렀다. 이 중심성의 논리는 자신이 팔로우하는 사람과, 자신을 팔로우하는 사람의 비율을 초조하게 확인하는 트위터 이용자들을 지배하고 있다. 또한 관찰은 할 수 있지만 참여하지 못하는 그림의 떡과 같은 사회 세계에서 주변화되었다고 느끼는 사람의 우울증과 고독의 바탕에도 바로 이 같은 중심성의 논리가 있다. 이제는 지인들이 공들여 전시해놓은 이미지와 발언들을 관람하며 시간을 보낸다는 것은 유명세에 대한 물신주의가 그만큼 우리의 사회생활에 속속들이 침투했다는 의미일 것이다.

만일 개인주의적인 사회가 들이미는 자기중심적이고 순전히 쾌락 지향적인 관계보다는 그렇지 않은 관계의 발견 속에 행복이 깃들어 있다면 페이스북과 그와 유사한 소셜 미디어의 형태들은 행복을 가져다주지 못할 것이다. 실제로 소셜 미디어에는 더 강하고 성취감이 큰 사회적 관계를 지향하게 만드는 속성이 있다. 페이스북 사용에 대한 한 연구는 (직접 과시하거나 다른 사람들이 과시하는 것을 지켜보는) '방송 및 소비'형 모델과 이메일 기반형 모델을 구분하는데, 전자는 더 큰 소외감으로 이어지는 반면, 후자는 대화를 통해 화합을 도모할 수 있다고 한다.[24] 한 긍정심리학자 집단은 어떤 유형의 사회적 관계가 더 큰 행복으로 이어질 수 있는지에 대한 자체적인 근거를 가지고 새로운 소셜 미디어 플랫폼인 '해피어Happier'를 만들어냈다. 이 플랫폼은 정신적 행복의 핵심 요소로 인식되는 감사와 너그러움의 표현을 중심으로 설계되어 있다.

행복과학과, 거기서 파생되었다고 볼 수 있는 일체의 소셜 미디어 혁신들은, 심리적 최적화를 위해 관계를 창조하고 관계에 투자하며 (잠재적으로) 관계를 폐기하기도 하는 사회적 논리를 전혀 문제 삼지 않는다. 하지만 관계를 통해 전략적으로 행복을 추구하는 행위에는, 관계를 통해 얻을 수 있는 정신적 가치나 효과 이상으로 관계에 의미를 두지 않는다는 맹점이 있다. 만일 친구들이 충분한 쾌락이나 행복을 퍼뜨리지 못하는 것으로 확인되면 '친구 당번표'를 만들어 '균형'을 맞춰야 할 수도 있다. 그리고 이런 논리가 쾌락주의적으로 변형되면 분명 사회적 중독과 나르시시즘으로 치닫게 되고, 때로는 선禪불교식 전체론과 결합하여 잔잔한 평정심의 시간은 길게, 오락가락하는 혼돈의 시간은 짧게 만들면서 마음을 다스리려 할 수도 있다. 하지만 '사회적인 것'은 어떤 경우든 거의 동일한 역할을 한다.

## 신자유주의적 사회주의

우리 사회는 지나칠 정도로 개인주의적이다. 시장은 모든 것을 개인의 계산과 이기심의 문제로 환원한다. 우리는 사회적 관계와 인간적 성취를 희생하여 돈과 상품을 손에 넣기 위해 집착하게 되었다. 자본주의가 퍼뜨린 물질주의라는 질병은 우리의 유대감을 잠식하여 많은 이들을 고립감과 외로움에 떨게 만든다. 새로운 공유의 기술을 다시 찾아내지 못하면 우리 사회는 완전히 파편화되어 신뢰가 불가능해질 것이다. 우정과 이타심에 연결된 가치를 회복하지 못하면 허무주의적 권태감의 나락에 떨어질 것이다.

수 세기 동안 자본주의와 시장은 위와 같은 주장에 입각하여 다양하게 비판받아왔다. 이런 비판들은 시장의 범위를 제한하려는 온건한 시도에서부터 자본주의 시스템을 정비해야 한다는 좀 더 전면적인 요구에 이르기까지 정치·경제 개혁을 주장하는 근거로 종종 활용되기도 했다. 오늘날에도 이와 동일한 탄식이 터져 나오고 있지만, 출처는 완전히 다르다. 마케팅과 자조, 행동주의 경제학과 소셜 미디어, 경영학의 권위자들이 선봉에서 시장의 개인주의적이고 물질주의적인 가정들을 공격한다. 하지만 이들이 그 대안으로 제시하는 개인 심리와 행동에 대한 이론이라고 해서 크게 다른 것도 아니다.

의사와 신경과학자들의 눈에 걸려든 덕분에 정책 입안의 영역에 진입하게 된 우울하고 외로운 사람들은 신자유주의적 자본주의 모델하에서 잘못된 일이 한두 가지가 아님을 보여준다. 사람들은 자신 외에는 그 누구에게도 의존할 수 없고 문제가 생길 때면 자아 성찰만을 요구하는 상황에서 벗어나고 싶어 한다. 이와 관련하여 긍정심리학자들은 극단적인 개인주의의 문제들을 아주 분명하게 이해하고 있다. 개인주의 사회의 사람들은 다른 사람에 비해 나의 가치가 얼마나 되는가 하는, 불안하고 내향적인 질문에서 헤어나지 못한다. 긍정심리학자들이 추천하는 치료법은 자기 자신으로부터 벗어나 다른 사람들과의 관계에 몰두하는 것이다. 하지만 행복권위자들은 사회 개념을 심리학의 논리로 환원시키면서 제이콥 모레노와 행동주의 경제학, 그리고 페이스북과 동일한 논리를 따른다. 이는 '사회적인 것'이 각자의 의학적·정서적 혹은 금전적 성취의 수단일 뿐이라는 의미다. 자기 성찰과 자기 수양의 악순환은 이렇게 계속된다.

이 함정에서 빠져나가려면 어떻게 하는 것이 좋을까? 어떤 면에서는 '사회적 처방'의 사례가 유혹적이다. 사회적 처방은 사람들이 모임에 참여하여 협력함으로써 자신의 행복을 증진할 수 있다는 공리주의적 전제에서 출발하지만, 이를 가능케 하는 제도까지 고려한다는 점에서 단순히 좀 더 인지적인 조언들과 넛지 차원을 넘어선다. 만일 사람들이 이미 자기 안에 갇혀 다른 사람들을 질시하기만 한다면, 사회적 처방은 제도적·정치적·집합적 해답이 필요한 질문을 던질 것이다. 사회적인 것에 대한 심리적 호소는 디지털 미디어와, 이런 미디어가 조장하는 자기중심적인 연결성 모델과 결합되어 버리고 나면 오히려 문제를 악화시키기만 할 뿐 완화하지 못한다. 기업과 시장, 정책과 법, 정치적 참여를 시급과는 다른 어떤 방식으로 별개

해야 의미 있는 사회적 관계를 유지할 수 있을까도 중요한 문제지만, '사회적' 자본주의의 중진들은 이런 문제에는 결코 신경 쓰지 않는다.

요즘 기업과 미디어, 정책 집단이 사회적인 것에 열광하는 것을 '신자유주의적 사회주의'라고 표현할 수 있을 것 같다. 공유는 판매보다 선호되지만, 공유가 지배 기업들의 금융상 이해관계에 개입하지 않는 한에서다. 사람들의 도덕과 이타심에 호소하는 것은 이들이 전혀 발언권을 가지지 못하는 의제들에 토를 달지 못하게 하는 최상의 방법이 된다. 돈의 주인을 전혀 바꾸지 않은 상태에서도 브랜드와 행동을 사회적 전염병처럼 확산시킬수 있다. 공감과 관계를 찬미하는 것은 그것들이 행복한 사람들이 학습한 특수한 습관이라는 도구적인 의미를 가질 때뿐이다. 우정처럼 과거에는 경제적 논리에서 벗어나 있던 모든 것이 이제는 소리 없이 경제적 논리 안에 들어와 있다. 한때는 공리주의의 적이었던 도덕원리가 이제는 공리주의라는 목적을 위해 도구화된 것이다.

승자 독식의 신자유주의 논리는 이 의제 안에 들어 있는 희미한 사회 개혁의 가능성마저 찬탈할 위험이 있다. 사회적 행동을 건강, 행동, 부의 한 요소로 분석하는 데 있어서 맷 리버만, 폴 잭 등 '사회신경과학'은 탄탄한 생리학적 근거를 제공한다는 점에서는 어쩌면 가장 결정적인 근거가 될수 있다. 개개의 뇌와 신체에 고집스러울 정도로 집중하는 사회신경과학은 외로운 사람과 주변으로 밀려난 사람들에게 도움을 주는 만큼 힘 있는 사람들과 부유한 사람들에게도 분명 큰 도움이 된다(어쩌면 더 큰 도움이 될지도 모른다). 사회적 관계가 인체의 의학적·생물학적 속성으로 이해되는 순간, 신자유주의 시대에 행복을 위해 필요한 자기 최적화의 무한한 추구라는 블랙홀에 빨려들 수 있다.

불과 얼마 전까지만 해도 인터넷이 조직 형태를 완전히 바꿔놓으리라고 기대하는 사람들이 있었다. 문화 이론가이자 정치 이론가인 제러미 길버트Jeremy Gilbert의 주장처럼, 우리는 루퍼트 머독Rupert Murdoch의 미디어 제국이 마이스페이스를 영리기업으로 전환하려다 완패한 것이 불과 몇 년 전이었음을 기억해야 한다.[25] 개방형 네트워크의 논리와 민간 투자의 논리 사이의 긴장을 풀지 못했던 머독은 5억 달러를 날리고 말았다. 페이스북은 똑같은 실수, 특히 오프라인의 '실제' 정체성을 온라인의 정체성으로 삼게 한다든가, 마케터와 시장조사원들의 이해를 중심으로 설계를 짜 맞추는 등의 실수를 되풀이하지 않기 위해 각고의 노력을 기울여야 했다. 페이스북이 성공했다고 말하기는 아직 시기상조인지 모른다. 페이스북의 심리 통제 기술에 대한 저항감에서, 상업적 논리가 전혀 노골적으로 드러나지 않고 익명성을 유지할 권리를 보장해주는 소셜 미디어 플랫폼인 엘로Ello가 등장하게 되었다. 결국 엘로가 물거품이 된다 하더라도 최소한 마케터의 이익을 위해 사회적 네트워크를 분석하고 조작하는 일에 대한 대중들의 불만이 얼마나 큰지를 드러냈다는 점에서 의미가 있다고 생각한다.

제이콥 모레노와 행동 경제학자들은 사회생활을 심리학으로, 사회신경과학은 생리학으로 환원했지만, 이는 충분히 되돌릴 수 있다. 카를 마르크스는 자본주의가 노동자들을 공장에 모아놓고 함께 일하도록 함으로써 결국 자본주의를 전복시킬 힘을 가진 계급을 만들어냈다고 믿었다. '부르주아 이데올로기'는 시장에서 거래하는 개인을 떠받들었지만 계급의 힘을 무력화할 수는 없었다. 마찬가지로 오늘날 사람들은 각자의 정신적·육체적 건강을 위해, 혹은 각자의 개인적인 쾌감을 위해 함께 불려 나올지 모르지만, 이렇게 모인 사회적 신도들은 개인의 행복이나 쾌락으로 환원할 수 없는 고유의 논리를 만들어낼 수도 있다. 이 새로운 신자유주의적 사회주의 밑에 잠들어 있는 희망은 바로 이것이다.

# 7.

# 실험실에서
# 산다는
# 것

기업의 이념과 실천은 저절로 확산되지 않는다. 명백히 이윤을 가져다줄 것으로 여겨지는 경우에 마찬가지다. 의도적인 노력이 필요하다. 때로는 문화적·정치적 장벽을 강제로 허물어야 할 수도 있다. 나중에 다시 차용하여 결국 아무 일 없었다는 듯 자연스럽게 받아들이는 한이 있더라도 말이다. 1920년대에 J. 월터 톰슨(JWT)사가 존 왓슨의 지원하에 개척한 '과학적 광고' 개념이 그러한 예에 속한다.

미국 광고업계의 중심지인 매디슨가 최초의 기업 중 하나였던 JWT는 설문조사 같은 심리학적 자료 수집 기법을 활용하면 광고로도 소비자들을 과학적으로 구워삶을 수 있다고 믿었다. 이런 기법들을 통해 사람들이 이성의 더 나은 판단을 거스르면서까지 물건을 구매하도록 영향을 미칠 수 있다고 생각한 것이다. 오늘날에는 광고가 우리의 내밀한 감정과 행동에 대한 심리학의 통찰력에 의지한다는 생각이 그렇게 이상하게 여겨지지 않는다. 하지만 이 생각이 1920년대 중반 매디슨가에서 확산되어 전 세계의 상식으로 자리 잡기까지는 험난한 여정을 거쳐야 했다.

만일 JWT가 1927년에 제너럴모터스사와 계약을 체결하지 못했더라면 과학적 광고 개념을 전 세계에 퍼뜨리지 못했을지 모른다.[1] 당시 이미 유럽 전역에 생산 공장을 두었던 제너럴모터스는 막강한 국제적 존재감을 과시하고 있었다. JWT는 제너럴모터스사가 이미 자리 잡고 있는 모든 나라에 사무실을 열고 해당 지역에 맞는 마케팅 지식을 이 공룡 자동차회사에 제공하기로 계약을 체결했다. 그러면 제너럴모터스는 전 세계에 있는 자신들의 시장 모두에 대한 독점적인 해설을 JWT에 제공하는 것이었다. JWT는 1927년 한 해에만 유럽 6개국에 사무실을 열었다. 그리고 이후 4년간 인

| 행복산업 |

도, 남아프리카공화국, 호주, 캐나다, 일본에 추가로 사무실을 열었다. JWT는 거대 공룡 기업의 든든한 후원에 힘입어 국제적인 기업이 되었고, 이와 함께 그 독특한 마케팅 스타일도 세계화되었다. 제2차세계대전 이후 미국 기업들이 물밀듯 세계시장에 진출할 수 있었던 것은 이미 이런 기업들 간의 정보 네트워크가 자본주의 세계 곳곳에 침투해 있었기 때문이라 해도 과언이 아니다. 해외 소비자들에 대한 지식이 이미 수중에 있었던 것이다.

JWT는 제너럴모터스사와 계약을 체결한 뒤 전무후무한 규모로 소비자에 대한 통찰을 쌓아가기 시작했다. 18개월도 못 되어 전 세계에서 4만 4,000여 건의 인터뷰를 했는데 대다수가 자동차와 관련한 인터뷰였지만, 음식이나 화장품 소비 같은 주제에 대한 것들도 있었다.[2] 이는 역사상 가장 야심 찬 대규모 심리학적 정보 수집 프로젝트였다. 이들은 맨주먹으로 시작하여 전 세계 소비자 취향을 보여주는 자세한 지도를 만들어갔다. 하지만 이에 대한 저항이 전혀 없었던 것은 아니다.

JWT의 연구자들은 자신들의 기법이 국내시장 밖에서도 널리 이해되거나 인정받지 못한다는 사실을 재빨리 간파했다. 이들이 지향하던 수준의 소비자 친밀도는 거부되기 일쑤였다. 영국에서는 호별 방문 조사를 실시하던 일부 연구자들이 체포되기도 했다.[3] 또 다른 영국의 인터뷰 진행자는 소비자 정보 수집 활동이 너무 어려워서 길거리에서 지나가는 사람들을 쫓아다니며 그 옆에서 설문 문항을 외치듯 물어보기도 했다. 1927년 코펜하겐의 아파트에서 설문조사를 수행하던 한 연구원은 한 주민이 밀치는 바람에 한 층 높이의 계단에서 굴러떨어질 정도로 심한 적개심을 맞닥뜨리기도 했다. 그리고 역시 코펜하겐에서 또 다른 연구원은 정부 조사원인 것처럼 하고서 사람들의 집에 들어가려다가 체포되었다. 독일 자동차 제조업 협회German Automobile Manufacturer's Association는 JWT를 '산업스파이 행위'로 고소하겠다며 위협하기도 했다.

전 세계 소비자 정보를 취합하기 위해서는 행운과 속임수, 그리고 야만적인 무력이 모두 필요했다. JWT가 자체적으로 설정한 도전 과제는 특히 말썽의 소지가 많았다. 한동안 잡지들이 해왔듯 단순히 사람들을 공개적으로 관찰하거나 대중들의 의견을 구하는 것이 아니라, 새로운 수준의 소비자 친밀감을 손에 넣기 위해 때로 집에서 주부들이 어떻게 지내는지 관찰하기도 해야 했던 것이다. 연구자들은 사람들이 제품에 대해 어떻게 생각하거나 말하는지뿐만 아니라 집에서 제품이 어떻게 활용되는지, 소비자는 어떻게 행동하는지 확인하고 싶어 했다. 이런 지식은 어느 정도 염탐하듯 돌아다니며 개인적인 질문을 해야만 얻을 수 있다.

JWT의 유럽 상륙이 고통스러웠던 것은 일반인들의 협력을 어떻게 유도할 것인가 하는, 대중적인 심리 측정 프로젝트가 상대해야 하는 가장 중대한 도전 과제 중 하나에 부딪혔기 때문이었다. 모든 사회과학에는 정치적 측면이 있다. 연구자는 연구 대상자들의 동의를 얻기 위해 이들과 협상을 하거나 아니면 일정 정도의 무력과 특권을 사용하여 사람들을 강제로 연구하고 측정해야 한다. 그도 아니면 연구자들은 좀 더 은밀한 방식을 택한다.

빌헬름 분트가 라이프치히에 심리학 연구실을 만들었을 때는 자신의 학생과 조교들을 실험의 초점으로 삼았다. 그가 수행하고자 했던 과학의 유형에는 이들의 완전한 동의가 필요했다. 오늘날 좀 더 일반적으로 심리학자들은 연구 대상자들에게 재정적 인센티브를 제공하는데, 주로 다른 학과 출신의 고학생들이 연구 대상으로 참여한다. (통계학이라는 단어가 암시하듯) 인구를 정확하고 객관적으로 측정하기 위해 항상 국가의 폭력적인 힘을 등에 업었던[통계학statistics은 '국가'라는 의미가 담긴 이탈리아어 'statistica'에서 파생되었다] 통계학의 역사는 사실 정반대 사례에 해당한다. JWT는 초기에 사람들을 관찰하느라 집단적으로 애를 먹었다. 하지만 국가는 이를 수월하게 해낼 수 있다. 마찬가지로 프레더릭 테일러는 자신의 귀족적인 연줄 덕분에 1870년대와 1880년대에 무수한 필라델피아의 작업장을 들여다볼 수 있었다.

'데이터'라는 말은 '주어진 것'을 의미하는 라틴어 **다툼datum**에서 유래했다. 하지만 이것은 새빨간 거짓말이다. 설문조사와 심리 실험을 통해 수집하는 데이터는 거저 주어지는 것이 아니다. 권력 불평등의 힘을 빌려, 감시의 힘을 통해, 혹은 금전적 보상이나 공짜 아이패드를 얻을 기회 같은 다른 무언가와의 맞교환으로써 얻어진다. 한쪽 방향에서만 투명하게 보이는 반투명거울을 통해 포커스 집단을 관찰하듯 은밀한 방식으로 데이터를 수집하는 경우도 종종 있다. 인류학 같은 사회과학에서는 (오랜 관찰과 참여를 통해) 데이터를 수집하는 조건을 꾸준히 성찰한다. 하지만 행동주의 과학에서 '데이터'라고 하는 무고한 단어 속에는 거대한 권력 장치를 통해, 사람들이 동의하든 말든 그들을 연구하고 관찰하며 측정하고 추적할 수 있다는 사실이 숨어 있다.

분명 JWT가 해외로 확장하던 1920년대에만 해도 이런 정치적 측면이 아직 눈에 보였다. 하지만 그 이후로 이는 차츰 우리 시야에서 사라졌다. 사람들이 무엇을 생각하거나 느끼는지, 어떻게 투표할 생각인지, 어떤

**7. 실험실에서 산다는 것**

브랜드를 어떻게 인지하는지 같은 문제들은 간단한 사실의 문제가 되었다. 이는 행복도 마찬가지다. 요즘 갤럽은 매일매일 1,000명의 미국 성인들을 대상으로 행복과 웰빙에 대해 조사하는데, 이는 조사 대상자로 하여금 대중적인 정서를 아주 구체적으로 좇도록 만드는 효과를 겸한다. 이제 우리는 힘 있는 기관이 우리의 기분과 생각을 알고 싶어 한다는 데 워낙 익숙해져서 더 이상 이걸 정치적인 사안으로 여기지 않는다. 하지만 심리학적·행동주의적 데이터는 권력 구조에 의해 그 가능성이 크게 좌우된다. 오늘날 행복과 웰빙 관련 데이터가 폭발적으로 늘어나는 것은 사실 새로운 감시 기술과 실천들 때문이다. 그리고 다시, 이런 새로운 감시 기술과 실천들의 뿌리는 기존의 권력 불평등이다.


## 새로운 실험실 만들기


2012년 《하버드 비즈니스 리뷰Harvard Business Review》는 '21세기의 가장 섹시한 직업'은 '데이터 과학자'가 될 것이라고 선언했다.[4] 우리는 데이터 수집 및 분석의 가능성과 관련하여 무지막지한 낙관론의 시대를 살고 있다. 그리고 이런 낙관론 덕에 마음과 몸, 뇌에 대한 세심한 과학적 관찰만으로 사회를 운영한다는 행동주의적, 공리주의적 야망이 재점화되었다. 행동주의 경제학자나 행복 전도사들이 자리에서 일어나 마침내 우리가 인간의 동기부여와 만족의 비밀에 접근할 수 있게 되었다고 선언할 때마다, 무수한 기술적·문화적 변화 덕분에 새로운 심리 감시의 기회가 마련되었음을 은연

중에 암시하는 형국이다. 여기에는 특히 세 가지 중요한 지점이 있다.

첫째, 그 유명한 '빅 데이터'의 등장이다.[5] 우리가 소매업자, 의료인, 도시 환경, 정부 등과 하는 다양한 일상적인 거래들이 디지털화되면서 충분한 기술적 능력만 있으면 '캐낼' 수 있는 엄청난 기록들이 쌓이고 있다. 이런 데이터가 사람들의 미래 행동을 예측하고자 하는 사람들에게는 형용할 수 없을 정도로 중요하다고 믿는 기업들은 손에 넣은 데이터들을 애지중지한다. 페이스북 같은 많은 기업들은 이를 자신들의 목적에 맞게 분석하거나 시장 연구 기업에 팔기 위해 기밀로 관리하는 경향이 있다.

이런 데이터들이 공공재라는 근거로 '개방'되는 경우도 있다. 어쨌든 스마트카드를 긁고, 웹 사이트를 방문하고, 우리 생각을 트윗하는 등등의 행동을 통해 빅 데이터를 만들어내는 것은 바로 우리 대중들이다. 따라서 빅 데이터는 우리 모두가 분석할 수 있도록 열려 있어야 한다. 하지만 이런 다소 자유주의적인 접근법은, 데이터가 개방된 곳에서도 이를 분석할 수 있는 도구는 개방하지 않는다는 사실을 도외시한다. '스마트 시티' 분석가인 앤서니 타운센드Anthony Townsend가 뉴욕 시의 공개 데이터 규정과 관련하여 지적한 대로, 이들은 전자 정부 계약자들이 이런 데이터를 분석할 때 사용하는 알고리즘은 신중하게 건너뛴다.[6] 자유주의적 좌파들이 지적 재산권을 통해 이행되는 것과 같은 지식의 사유화에 대한 우려를 꾸준히 제기하는 동안, 유형과 추이를 알아내는 알고리즘이 상업적인 이유로 비밀에 부쳐지는 이론의 사유화 문제가 새롭게 대두된 것이다. 오늘날에는 경제활동 전체가 빅 데이터 내부에서 관련성을 해석하고 만들어내는 능력에 기초를 두게 되었다.

두 번째 국면은 문화적인 관점에서 보아야 진정한 이해가 가능하다. 그것은 간단히 말하면 날로 확산되는 자아도취가 연구의 기회로 활용되고 있는 현상이다. 1920년대에 JWT가 최초로 유럽 소비자들의 정보를 수집하려 했을 때 이는 프라이버시의 침해로 받아들여졌고 실제로도 그러했다. 그런데 최근 들어서는 잠재적인 참가자들의 조바심 때문에 또다시 설문조사를 받기가 어려워지고 있다.' 사람들은 설문지를 들고 있는 연구원들에게 자신들이 무엇을 좋아하고, 어떤 생각을 하며, 무엇을 원하는지 더 이상은 맨입으로 시시콜콜 알려주지 않으려 한다. 하지만 페이스북이 십억 명의 사용자들에게 순진한 척하며 "지금 무슨 생각을 하고 계신가요?"라고 질문하면 우리는 별 깊은 생각도 없이 이 회사의 거대한 데이터뱅크에 우리의 생각과 취향, 기호와 욕망과 의견을 쏟아낸다.

사람들은 연구용으로 내적 정신 상태를 알려달라는 부탁을 받으면 마지못해 억지로 조사에 임하지만, [소셜 미디어에서] 자발적으로 할 때는 갑자기 자신의 행동과 기분을 알리는 일을 그 자체로 충족감과 만족을 안겨주는 활동으로 여긴다. (식생활에서부터 기분, 성생활에 이르기까지) 다양한 개인 생활의 영역들을 측정하고 보고하는 '자아 정량화quantified self' 운동은 일군의 소프트웨어 개발자들과 예술가들의 실험으로 출발했다. 하지만 이는 자기 감시에 대한 놀라운 열광을 불러일으켰고, 시장 연구자와 행동주의 과학자들은 여기에 조심스럽게 주목했다. 요즘 나이키 등의 기업들은 (조깅 같은) 사용자의 행동을 꾸준히 보고하고 이 과정에서 나이키에 새로운 데이터 집합을 생성시켜주는 자아 정량화 앱과 함께 건강 및 피트니스 제품을 판매할 방법을 연구 중이다.

세 번째 상황에 내포된 정치적·철학적 함의는 어쩌면 가장 파괴적일 수 있다. 이는 인간의 행위를 [이 행동이] 전달하고자 하는 감정의 관점에서 해석하는 법을 컴퓨터에게 '가르치는' 능력과 관련되어 있다. 가령 '정서 분석' 영역은 예컨대 트위터에 적은 어떤 문장에 표현된 정서를 해석하는 알고리즘을 설계한다. MIT 정서 컴퓨팅 연구소Affective Computing research centre는 컴퓨터가 사람들의 표정을 평가하여 기분을 읽어내거나, 사람들과 '정서적으로 똑똑한' 대화를 수행함으로써 사람들이 안정감을 찾고 우정을 느낄 수 있는 새로운 방법을 모색하는 데 전념한다.

사람의 신체, 얼굴, 행동을 추적하여 기분을 읽어내는 법은 오늘날 급속하게 확산되고 있다. 사람의 기분을 알아내고 기분에 영향을 미치도록 고안된 컴퓨터 프로그램들은 감정과 기술을 서로 동기화시키는 또 다른 방법이다. 이미 비팅 더 블루스Beating the Blues나 피어파이터FearFighter 같은 소프트웨어 패키지 덕분에 컴퓨터화된 인지 행동 치료가 가능한 상태다. 정서 컴퓨팅이 발달할수록 우리의 감정을 판별하고 감정에 영향을 미치는 컴퓨터의 능력이 증대될 것이다.

인간의 감정을 '객관적'으로 파악하고 싶어 하는 마케터들이나 광고업자들이 보기에 안면 인식 기술은 엄청난 가능성을 품고 있다. 안면 인식 기술은 컴퓨팅이나 심리학 연구실 같은 제한된 영역을 넘어 우리 일상생활로 침투하기 시작했다. 슈퍼마켓 체인 테스코는 이미 사람들의 얼굴에 드러난 기분에 따라 맞춤형 상품을 광고하는 기술을 시험했다.[8] 카메라를 가지고 소비자들의 얼굴을 확인한 뒤 이들의 과거 쇼핑 행태를 근거로 상품을 광고하는 것이다.[9] 하지만 이는 어쩌면 시작에 불과한 것인지도 모른다. 선도적인 안면 독해 소프트웨어 개발자 중 하나는 학생이 지루해하는지 집중하는지 알아낼 수 있는 교실용 프로그램도 추진하고 있다.[10]

빅 데이터, 개인적 감정과 생각의 자아도취적 공유, 정서적으로 똑똑한 컴퓨터, 이 세 가지가 결합되면서 벤담과 왓슨은 꿈도 못 꿔본 심리 추적의 가능성이 열리게 되었다. 여기에 스마트폰까지 추가하면 예전에는 감옥 같은 고강도 감시 기관이나 대학 연구실 안에서나 가능했던 우수한 데이터 수집 장치가 뚝딱 만들어진다. 심리적 감시에 대한 정치적·기술적·문화적 제약이 해제되고 있는 것이다. 시카고학파 같은 신자유주의자들에게 시장의 위대한 미덕은 소비자 취향에 대한 조사를 사회 전역에서 꾸준히 실시한다는 점에 있었다. 하지만 대규모 디지털화와 데이터 분석 능력은 시장이 일반적으로 범접하지 못하는 사적 관계와 감정을 집어삼키며 [시장보다] 훨씬 깊숙이 침투할 수 있는 힘을 과시함으로써 무시 못 할 심리 검열자로 등극하고 있다.

설문조사 기법이 발달하면서 연구자들은 이제는 단순히 시장에 의존하지 않고서도 사람들이 무엇을 중요하게 생각하는지 알아내는 행위에 수반되던 사이비 민주성과 정치성을 우회할 수 있다고 믿는다. 트위터와 온라인에서 벌어지는 행동 혹은 표정을 은밀하게 분석하면, 데이터를 수집하기 위해 사람들을 직접 상대해야 하는 연구자들에게는 불가능한 초연한 객관성을 어느 정도 확보할 수 있는 것이다. 연구 대상의 '언어 행동'에서 심리학을 해방시키고자 했던 왓슨의 꿈은 이제 거의 실현된 듯하다. 연구자들이 우리의 뇌와 얼굴, 무의식적인 감정의 암호를 풀어내기만 한다면 감정이 품고 있는 진실은 아마 백일하에 드러날 것이다.

설문조사의 시대에서 점점 멀어지고 있는 지금도 전과 다르지 않은 많은 질문들을 사람들에게 던지기는 하지만, 이제는 대답이 훨씬 정교하게 이루어진다. 제너럴 센티먼트General Sentiment 같은 감성 추적 기업들은 여론 조사 작업 대신 매일 6,000만 명의 정보원으로부터 데이터를 긁어모아 대중들의 생각을 해석한다. 공공서비스 제공자들과 의료진들은 이용자 만족도 설문조사를 하는 대신 좀 더 확실한 평가를 위해 소셜 미디어 정서를 분석한다.[11] 그리고 이제 우리의 가장 내밀한 취향과 욕망을 분명하게 드러내는 것은 전통적인 시장 연구가 아니라 데이터 분석 작업이다.[12]

여기서 한 가지 흥미로운 것은, (가령 페이스북을 통한) 사적이라고 생각했던 서로 간의 대화가 인터뷰나 설문조사를 통해 만든 보고서보다 더 분석하기 좋은 믿음직한 데이터로 인식된다는 점이다. 우리가 의식적으로 진술한 의견이나 비평은 신뢰할 수 없지만, 부지불식간에 이루어진 '언어 행동'은 내면 심리의 진실을 알려주는 원천으로 간주되는 것이다. 행동주의 과학이나 감정 과학의 입장에서는 말이 되는지 모르겠지만, 사람은 자신의 이해관계를 의도적으로, 의식적으로 발언할 능력이 있다는 생각에 입각한 민주주의의 관점에서 보면 이는 대단히 난처한 현상이다.

이 같은 상황들은 사람의 마음과 의사 결정, 그리고 행복에 대해 많은 것을 알아낼 수 있다는 새로운 낙관론의 물결을 만들어냈다. 의사 결정에 영향을 미치는 방법이 실제 무엇인지, 사람들의 진정한 구매동기는 무엇인지 결국 밝혀질지 모른다. 벤담 이후 200여 년이 지난 지금 이제 우리는 무엇이 인간의 행복을 양적으로 증대시켜주는지 알아낼 수 있을지 모른다. 그리고 우울증이 전염병처럼 퍼진 상황에서 기분과 행동에 대한 대대적인 감시를 통해 이 질병의 비밀을 파헤쳐 우울증을 미리 확인하고 이를 피할 수 있는 방법과 수단을 사람들에게 알려줄 수 있을지도 모른다.

하지만 이런 유토피아적 관점에는 사회를 거대한 실험실처럼 설계하고 통제한다는 전제가 깔려 있다는 사실에 대해서는 모두가 침묵한다. 이는 순수하게 감시와 프라이버시의 관점만으로는 특징을 포착하기는 어려운, 완전히 새로운 권력 역학이다. 이런 사회에서는 모두의 삶을 더 쉽고 건강하며 행복하게 만들어준다는 명목으로, 종종 개별 소비자들과 소셜 미디어 이용자들의 열렬한 협력에 힘입어 심리 데이터가 은밀하게 축적된다. 그 결과 대부분의 사람들이 거의 알아차리지 못하는 방식으로, 행동과 실시간 사회 트렌드에 맞게 꾸준히 변화하는 스마트 시티 같은 환경이 제공된다. 그리고 '소리의 폭정'에 대한 벤담의 걱정에 보조를 맞추어 이런 실험실 사회에서는 전문가의 관리가 대화를 대체한다. 물론 이런 실험실이 아무리 크다 해도 모두가 여기서 살아가는 것은 아니다. 힘 있는 소수는 과학자의 역할을 해야 하기 때문이다.

2014년 6월 페이스북이 사회적 네트워크 상의 '감정적 전염'을 분석하는 논문을 발표했을 때 우리는 이런 미래를 살짝 엿볼 수 있었다.[13] 이에 대한 대중들의 반응은 1927년 JWT의 설문 대상자들이 코펜하겐과 런던에서 드러냈던 격분과 크게 다르지 않았다. 이 한 편의 학술 논문이 전 세계 언론의 헤드라인을 장식했다. 연구 결과의 질이 문제가 아니었다. 페이스북이 2012년 1월 한 주 동안 70만 이용자들의 뉴스피드를 고의로 조작했다는 사실이 연구 윤리 위반으로 비춰졌던 것이다.[14] 우정과 공적인 캠페인의 유용한 발판이었던 페이스북이 사람들의 행동을 조사하고 시험하는 실험실로도 사용되고 있었던 셈이다.

10년이나 20년이 지난 뒤에도 사람들은 이런 종류의 활동에 여전히 격분할까, 아니면 조금씩 익숙해지게 될까? 더 중요하게는, 페이스북이 자신들의 연구 결과를 온갖 반발을 무릅쓰고 굳이 발표하려 할까, 아니면 사익을 위해 그저 실험을 수행하고서 결과는 비밀에 부칠까? 오늘날 이런 상황에서 곤란한 점은 이런 형태의 지식들이 권력 불평등 덕분에 가능하다는 사실이 전체적으로 눈에 띄지 않게 되거나 아예 당연시되어버렸다는 점이다. 이들의 핵심적인 작동 방식은, (우리의 건강과 웰빙을 증진시켜준다는) '친절한' 의도를 이윤과 엘리트 정치 전략이라는 목적에 결합시키는 것이다. 우리 일상생활에 대한 이 같은 전면적인 관리에 맞서는 유일한 방법은, 긍정적이든 부정적이든 일체의 감정을 우리에게 전달하는 전문가의 무의식적인 권리에 도전하는 것이다.


## 행복의 진리?

당신은 어제 얼마나 행복했나? 기분은 어땠나? 알고 있나? 기억할 수 있나? 당신이 기억하지 못하더라도 다른 누군가가 말해줄 수 있을 것이다. 행복에 대한 디지털 과학과 신경과학이 발달하면서 이제 전문가가 당신 자신보다 당신의 주관적인 상태에 대해 말할 자격을 더 많이 갖게 된 지경에 이르렀다. 달리 표현하자면, 주관적인 상태는 더 이상 주관적인 문제가 아니게 되었다.

트위터가 바로 이 사례에 속한다. 2억 5,000만 트위터 이용자들이 매일 생성하는 5억 개의 트윗은 다양한 목적으로 분석될 잠재력을 가진 꾸준한 데이터 흐름을 만들어낸다. 이는 최근 이루어지고 있는 빅 데이터 축적 사례 중 극단적인 편에 속한다. 이런 정보 흐름의 10퍼센트 정도는 무료로 자유롭게 이용할 수 있기 때문에 대학이나 기업에 있는 사회 연구자들에게 매혹적인 기회의 문을 열어주게 된다. 나머지 90퍼센트의 흐름은, 요금에 따라 트윗 하나하나의 완벽한 파이어호스[fire-hose, 트위터의 모든 데이터가 저장된 데이터베이스를 말한다]까지 다양하게 이용할 수 있다.

문제는 이렇게 많은 데이터를 어떻게 소화하느냐다. 이를 위해서는 수백만 개의 트윗을 해석할 수 있는 알고리즘을 만들어야 한다. 피츠버그 대학의 한 심리학자 집단이 140자로 된 하나의 트윗에 얼마나 많은 행복이 표현되는지 파악할 목적에서 이런 알고리즘을 만들었다. 이를 위해 연구자들은 디지털 텍스트에서 추출한 5,000개의 단어로 데이터베이스를 만든 뒤 단어마다 1점에서 9점까지 '행복값'을 매겼다. 이렇게 해서 하나의 트위터가 자동적으로 얼마나 많은 행복을 표현하는지 평가할 수 있게 된 것이다.

피츠버그 프로젝트의 목적은 매일 5,000만 개의 트윗을 분석하여 종합적인 수준에서 행복의 추이가 어떻게 바뀌고 있는지 확인하는 것이다. 그러니까 개별 이용자의 행복 수준에는 관심이 없지만 행복이 시간과 공간에 따라 사람들 사이에서 어떻게 변동하는지 분명한 패턴을 규명할 수는 있다. 이 데이터를 근거로 행복 지도가 개발되었다. 이제 연구자들은 한 주에서 가장 행복하지 않은 날은 화요일이고 가장 행복한 날은 토요일이라는 사실을 알고 있다. 이 프로젝트는 당신이 실제로 지난 주에 얼마나 행복

| 행복산업 |

했는지에 대해서는 알려주지 못할 수 있다. 하지만 이와 유사한 다양한 프로젝트들은 알려줄 수 있다. 모두가 당신의 웰빙과 건강, 혹은 안전을 위한 일이라는 미명하에 말이다.

다트머스 대학 연구자들이 에밀 뒤르켐의 이름을 따서 만든 '뒤르켐 프로젝트'가 바로 이런 프로젝트다. 사회학의 기초를 닦은 인물 중 하나로 알려진 뒤르켐은 19세기에 국가별 자살율의 차이를 분석한《자살론Suicide》의 저자이기도 하다. 뒤르켐은 당시 유럽에서 수십 년간 누적된 새로운 사망률 통계 데이터를 근거로 사용했다. 뒤르켐 프로젝트는 여기서 한발 더 나아가고자 했다. 소셜 미디어 데이터와 휴대전화의 대화를 분석하여 자살을 예측하는 것이다.

이 분석의 대상은 다른 사람들보다 자살 위험이 더 높다고 알려진 전직 미군 참전 용사들이다. 문제는 어떻게 하면 너무 늦기 전에 도움이 필요한 사람이 누구인지 알아내는가이다. 뒤르켐 프로젝트의 목표는 의료 기록에 접근할 수 있는 재향군인회Department of Veterans Affairs의 도움을 받아 자살 위험이 높은 사람이 누구인지 알려주는 조기 경보 시스템을 제공하는 것이다. 이를 위해서는 다시 어떤 단어들이 무슨 의미를 담고 있는지 학습함으로써 방대한 양의 데이터에서 의미를 추출할 수 있는 정교한 데이터 분석이 필요하다. 자살하고 싶어 하는 사람들의 문장과 문법구조를 연구한 뒤 이를 컴퓨터에 학습시키는 것이다. 이를 통해 개인들의 삶에는 아무런 개입을 하지 않은 채 이들의 감정만 추적한다. 영국 워릭 대학에서 진행된 이와 유사한 프로젝트는 실제 유서를 이용하여 문법구조 안에서 자살 충동을 찾아내는 방법을 컴퓨터에게 학습시키기도 했다.

**7. 실험실에서 산다는 것**

이런 심리 감시 프로그램에 사람들을 욱여넣을 수 있다면 그에 따라 측정의 가능성이 증대될 것이다. '헬스 2.0' 정책을 실행할 수단으로 모바일 기기를 개발하여 시시각각 사람들의 웰빙을 포착하려는 것은 의학의 시선이 수술실과 병원, 실험실의 문턱을 넘어 우리 일상생활로 훨씬 깊숙하게 침투할 수 있음을 의미한다. 걱정스러워서든 단순한 호기심 때문이든 자신의 기분이 얼마나 변하는지 측정하는 '기분 추적'은 이제 자아를 정량화하려는 더 큰 움직임의 특수한 일부를 차지하게 되었다.[15] 각자의 기분 추적 활동을 활성화하고 표준화하기 위한 (유명한 정신의학 감정 척도인 파나스 PANAS를 근거로 만든) 무드스코프Moodscope 같은 앱들은 이미 나와 있다.

하버드에서 개발한 트랙 유어 해피니스Track Your Happiness나 런던정경대학에서 만든 매피니스Mappiness 같은 스마트폰 앱들은 몇 시간마다 한 번씩 사람들의 기분 상태(숫자로 보고되는)와 활동 상태를 알아내, 경제학자와 웰빙 전문가들이 10년 전까지만 해도 상상도 못 했던 지식을 축적할 수 있게 한다. 사람들은 '친밀한 관계'를 맺고 있을 때 가장 행복한 것으로 확인되었다. 일각에서는 핸드폰을 통한 주기적인 보고가 이런 경험의 질에 부정적인 영향을 미치지는 않을까 하는 우려가 있긴 하지만 말이다.[16]

1960년대에 처음으로 사회 전체의 행복에 대한 데이터를 수집하려던 연구자들은 난관에 부딪쳤다. 공리주의의 핵심을 관통하는 기술적 문제 중 하나인, 자신의 행복에 대한 사람들의 보고를 얼마나 신뢰할 수 있는가가 문제였던 것이다. 사람들이 행복을 보고하는 방식은 몇 가지에 의해 왜곡될 가능성이 있다. 물론 먼저 행복에 대해 보고할 만한 '객관적인' 무언가가 존재한다는 가정하에서긴 하지만 말이다. 첫째, 사람들은 그날그날의 일상을 실제로 어떻게 경험했는지 망각하기 쉽고, 따라서 실제보다 더 명랑하거나 우울한 해석을 덧씌워버릴 수 있다. 물론 사람들은 자신이 선택한 방식대로 자신의 삶을 진술할 자유가 있긴 하지만, 이는 보기에 따라 일종의 착각일 수 있다.

둘째, 사람들은 설문조사에 답하는 방식과 관련된 문화적 규범의 영향을 받을 수도 있다. 만일 "전체적으로 당신은 당신의 삶에 얼마나 만족하십니까?" 혹은 "당신은 어제 얼마나 행복하셨습니까?"라고 질문한다면 어떤 사람들은 문화나 교육의 영향을 받아 특정한 방식으로 특정 유형의 대답을 내놓게 될 수 있다. 자신의 삶에 대해 불평하는 것을 패배주의적이라고 생각해서 행복을 과장할 수도 있고(특히 미국에서 이런 문제가 많다), 반대로 자신이 행복하다고 만천하에 알리는 것을 천박하다고 여겨서 겸손하게 드러낼 수도 있다(프랑스에서 자주 나타나는 현상이다).

1990년대에 행복경제학이 성장하면서 이 문제를 해결하기 위한 다양한 전략들이 등장했다. 목표는 사람들이 자신이 경험했다고 말하는 행복이 아니라 실제로 경험한 행복에 접근하는 것이었다. 이는 분명 방법론적인 문제이기도 하지만 철학적인 문제이기도 하다. 사람들 스스로의 의식적인 성찰을 거치지 않고, 행복의 '진실'에 접근한다는 것은 무슨 의미일까? 심리학자들과 경제학자들은 이를 위한 다양한 방식들을 뚝심 있게 개발해왔다. 사람들이 매일 밤 자신이 그날 하루 시간대별로 무엇을 하며 얼마나 행복했는지를 일기로 작성하는 방식으로 행복 연구에 직접 참여하는 일상 재구성법도 이렇게 개발된 기법 중 하나다. 경험을 잘못 기억할 가능성이라는 관점에서 이는 분명한 결함이 있다. 하지만 의식적인 보고의 기

263                                             **7. 실험실에서 산다는 것**

능성을 줄이고, 마음속에서 고무줄처럼 늘었다 줄었다 하는 행복의 신기루 같은 양을 어떻게든 포착하기 위해 한 걸음 더 나아갔다는 의의가 있다.

데이터 분석학과 스마트폰이 제공하는 새로운 감시와 자기 감시의 기회들은 이 문제를 일소할 수 있다고 약속한다. 사람들의 말을 본인들 몰래 한꺼번에 해석할 수 있다면, 혹은 사람들이 스마트폰 앱을 통해 자신의 행복 상태를 실시간으로 숫자로 표현해서 알려줄 수 있다면, 사람들은 설문조사를 통해 자신의 행복에 대해 보고할 필요가 없게 된다. 200년간 정신생활의 부침을 측정하려는 야망은 교도소, 대학 연구실, 병원, 작업장 같은 기관에 한정되어 펼쳐졌다. 따라서 이런 측정을 가능케 하는 권력 위계는, 그에 도전하긴 어려웠지만 최소한 눈으로 확인할 수는 있는 것이었다. 오늘날에는 이런 측정이 특정 기관에 한정되어 이루어지는 것이 아니다보니, 이를 가능케 하는 권력 위계는 도전은커녕 눈으로 확인하는 것조차 불가능하다.

하지만 이보다 더 극단적인 형태로 공리주의적 감시를 실현하기 위한 노력도 존재한다. 행복과학에서 더 뻗어나가면 행복에 대한 [주관적인] 경험이나 의식을 완전히 벗겨내는 연구 프로젝트도 있다. 이런 연구 프로젝트에서는 행복을 마음이나 의식의 어떤 상태라기보다는, 당사자 자신의 판단이나 보고에 관계없이 객관적으로 파악할 수 있는 생물학적·물리적 존재 상태로 바라본다.

행복과학은 주관적인 기분의 비밀을 봉인 해제할 수 있다는 약속으로 항상 유혹의 손짓을 보내왔다. 하지만 행복과학이 날로 발전함에 따라 결국 행복의 주관적인 요소는 전체 그림에서 빠지기 시작했다. 쾌락과 고통이 심리학의 유일한 실제적 측면이라는 벤담의 가정은 이제 신경과학자나 데이터 과학자로부터 내가 나 자신의 기분에 대해 객관적으로 틀렸다는 말을 듣게 되는, 철학적으로 불가사의한 상황으로 번지고 있다. 의사소통을 할 때 말보다 육체가 더 신뢰할 만하다고 믿는 상황에 이르고 있는 것이다.

행복을 생리적인 사건으로 보는 방법 중 하나가 얼굴 표정을 확인하는 것이라면, 또 다른 방법은 그 중심이라고 알려진 뇌에 더욱 가까이 접근하는 것이다. 뇌전도와 fMRI 스캐너 덕분에 양극성 장애나 행복의 경험 같은 다양한 기분과 장애의 형태들이 이제는 눈으로 확인 가능한 것으로 간주된다.[17] 신경과학과 관련된 과장된 주장들은 이미 널려 있다. 그리고 (심리학이 연구하는) 마음을 (신경과학이 연구하는) 뇌로 완전히 환원하는 작업은, 일단 근본적으로 '마음'이라는 단어의 의미를 오해하는 것에서 출발한다. 그럼에도 불구하고 벤담은 결코 상상조차 할 수 없었던 종류의 새로운 공리주의 시대가 도래할 가능성은 있다. 새로운 공리주의 시대의 행복과학은 전통적인 설문조사 기법과 심리학 검사뿐만 아니라 기분을 드러내는 모든 육체적·언어적 지표를 우회하고도, 물리적으로 표현된 기분 그 자체에 접근하는 경지에 이르게 될 수 있다. '기분'이라는 단어의 기본적인 의미가 바뀌고 있는 것이다.

의식과 감정 같은 친숙했던 개념들이 육체적 증상과 신경학적 사건들에 의해 갈수록 주변으로 밀려나면서 뭔가 이상한 일이 벌어지고 있다. 한때 자아의 속성이라고 생각했던 기분과 결단력은 신체의 다른 영역으로 넘어가기 시작했다. 신체에서 우울증의 위치를 재설정하려는 문화적인 요청이 워낙 깅해져서 이제는 과학자들이 혈액검사민으도도 우울증을 진단할 수 있다고 믿는 상황이 되었다. 환자가 진단에 동의하지 않는다면 어쩔 것인가? 과학자들의 판단이 틀릴 수도 있지 않을까? 더 골치 아픈 점은 '뇌'라는 단어가 추상적인 개념으로 바뀌고 있어서, 이제는 다양한 신체 부위를 지칭할 수도 있다는 것이다. 생물학자 마이클 거슨Michael Gershon이 장腸에서 발견했다고 주장하는 '두 번째 뇌'는 소화를 다루긴 하지만, 여기에도 고유의 기분과 '정신 질환'이 있을 수 있다.

정치적 목적을 위해 사람들을 조작하거나 프라이버시를 침해하려는 목적에서 발명된 새로운 감시 수단은 거의 없다. 대체로 이런 감시 수단들의 동기는 일정한 시간을 두고 다양한 인구 집단이 경험하는 웰빙을 추적하여 그 본질을 더 잘 이해하면 인간의 복지가 향상되리라는 순수한 과학적 혹은 의학적 직감이다. 벤담의 후예들이 보기에 진보를 좌우하는 것은 심신의 관계를 이해하는 더 나은 방법과 정서적 쾌락을 물리적인 사물과 연결할 수 있는 새로운 수단을 발견하고, 우리 머리 속에서 '실제로' 무슨 일이 벌어지고 있는가 하는 무한한 수수께끼를 풀기 위해 씨름하는 인간 과학이다.

인간 과학은 우리의 건강과 웰빙을 위한 과학이라고 명시하기 때문에 이에 대한 저항을 조직하기가 쉽지 않다. 반대로 행복과 웰빙의 비밀을 밝힐 목적에서 고안된 새로운 디지털 앱과 분석 도구들은 많은 경우 우리에게 우리 자신을 측정하는 데 적극적으로 협력하고, 우리의 기분에 대한 데이터를 열성적으로 공유할 것을 요구한다. 이를 위해서는 분명한 실익이 있어야 하며, 그렇지 못할 경우 이런 형태의 측정은 대체로 중단될 수밖에 없다.

266　　　　　　　　　　　　　　　| 행복산업 |

문제는 이게 끝이 아니라는 데 있다. 인간 행복의 조건과 본질에 대한 과학적 탐구로 시작했던 작업이 한순간에 행동 통제를 위한 새로운 전략으로 탈바꿈할 수도 있다. 철학적으로 표현하면 공리주의와 행동주의 사이에는 큰 계곡이 가로지르고 있는데, 공리주의가 마음의 내적인 경험을 모든 가치의 지표로 중시한다면, 행동주의는 관찰 대상인 인간이라는 동물에게 시각적으로 영향을 미쳐 조작할 수 있는 다양한 방식에만 관심을 갖는다. 하지만 방법론, 기술 그리고 기교 면에서 공리주의는 너무 쉽게 행동주의로 흘러갈 수 있다. 공리주의적 관점에서 내적인 주관적 감정을 너무 중시하다보면 이를 객관적이고 행동주의적인 방식으로 독해하고 예측할 수 있는 기계의 매력이 너무 커지는 것이다.

마찬가지로 인간의 번영과 진보를 이해하기 위한 기초로 출발했던 것들(계몽이나 인본주의 같은 핵심 개념들)이 사람들에게 필요하지 않은 물건을 판매하기 위한 수단으로, 노동자를 존중하지 않는 경영자들을 위해 더욱 열심히 일하게 만드는 수단으로, 아무런 발언권이 없는 정책 목표를 따르게 만드는 수단으로 난데없이 재등장하기도 한다. 마음과 육체, 그리고 세상 사이의 관계를 정량화하는 작업은 예외 없이 사람들에 대한 통제력을 확고히 하고 사람들의 결정을 예측 가능하기 만들기 위한 토대로 활용된다.

## 결정의 진실?

맨해든 웨스트사이드에서 진행되는 히드슨 야드Hudson Yards 부동산 프로젝

**7. 실험실에서 산다는 것**

트는 록펠러센터가 건설된 1930년대 이후 뉴욕 시 최대의 개발 사업이다. 이것이 완공될 경우 사무 공간과 5,000여 세대의 아파트, 소매점, 학교 등이 들어가는 열여섯 채의 새로운 고층 빌딩이 들어서게 될 것이다. 그리고 전임 시장 마이클 블룸버그Michael Bloomberg의 중개로 시작된 시 당국과 뉴욕 대학의 합작 덕분에 허드슨 야드는 거대한 심리학 실험실이 될 것이다. 뉴욕 대학 연구 팀은 이 야심 찬 사례 연구를 '정량화된 공동체'라고 부른다. 이 정량화된 공동체에서는 개발지의 구조 전체가 학자와 기업들이 분석할 데이터를 캐내는 데 사용된다. 인간을 흰쥐처럼 자극하여 반응을 살피던 왓슨의 행동주의 프로젝트가 이제는 도시계획의 원칙으로까지 스며들고 있다.

빅 데이터의 시대가 설문조사의 시대와 다른 핵심 지점 중 하나는 빅 데이터의 경우 그것을 분석하겠다는 특별한 의도가 없이 그냥 가만히 있어도 수집된다는 점이다. 설문조사는 비용도 많이 들고 특정한 연구 질문을 중심으로 세심하게 설계해야 한다. 반면 트랜잭션 데이터transaction data의 경우 일단 연구자는 그것을 최대한 많이 모을 수 있는 위치를 확보한 뒤 연구 질문에 대해 생각한다. 정량화된 공동체 연구팀은 자신들의 관심 분야를 상당히 분명히 인지하고 있다. 이들의 관심 분야는 보행 흐름, 거리 교통량, 대기의 질, 에너지 사용, 사회적 네트워크, 쓰레기 처리, 재활용, 노동자와 주민들의 건강 및 활동 수준이다. 하지만 이 중에서 프로젝트 설계와 관련하여 정말로 중요한 것은 아무것도 없다. 허드슨 야드의 책임 개발자는 열성적이지만 동시에 불가지론에 가까운 입장이다. 그는 이렇게 말한다. "이렇게 해서 뭘 할 수 있을 것인지는 몰라요. 하지만 데이터가 없으면 아무

| 행복산업 |

것도 못 한다는 것은 분명하죠." 일단 모든 것을 관찰하고 난 뒤 질문은 그 다음에 찾는 것이다.

학계의 연구자가 이런 규모의 프로젝트에 간여하는 일은 드물다. 하지만 이 드문 일이 일어나는 경우에는 행동주의적 분석과 실험을 할 가능성이 대단히 크다. 행동주의 심리학은 다른 사람의 행동을 어떻게 예측 가능하고 통제 가능하게 만들 것인가 하는, 무식할 정도로 단순한 질문을 토대로 삼는다. 순수하게 사람들의 반응을 확인하기 위해 환경을 조작하는 실험은 항상 윤리적 딜레마를 동반한다. 하지만 이것이 전통적인 심리학 실험실의 문을 나와 일상생활에 스며들 경우, 문제는 정치성을 띠게 된다. 과학 엘리트들의 연구 프로젝트를 위해 사회 전체를 이용하고 들쑤시는 것이다.

행동주의에서 항상 그렇듯 이런 식의 프로젝트는 실험에 참가하는 사람들이 무슨 일이 벌어지고 있는지 혹은 무엇을 테스트하고 있는지 전혀 모르는 순진무구한 상황에서만 과학적으로 기능한다. 이는 당황스러운 상황을 초래할 수도 있다. 2013년 영국 정부는 한 블로거가 구직자들을 대상으로 진행되는 정신 측정 설문조사의 결과가 완전히 엉터리라는 사실을 폭로하자 당혹감을 감추지 못했다.[19] 사람들이 뭐라고 답하든지 간에 직업 시장에서 당신의 강점이 무엇인지 알려주는 결과는 모두 동일했던 것이다. 이것은 나중에 정부의 '넛지 유닛Nudge Unit'이 설문을 통해 이런 결과를 알려주면 사람들의 행동이 어떻게 바뀌는지 알아내기 위해 진행했던 실험이었음이 드러났다. 위에서 아래를 굽어보는 사람들이 자신들에게 필요한 결과를 얻기 위해 사회적 현실을 조작했던 것이다.

일반적인 상황이었으면 완전히 비합리적이거나 아예 불법으로 비춰질 수 있는 정책의 도입이 이런 실험의 논리 때문에 가능해지기도 한다. 범죄 활동에 대한 행동 실험은 처벌이 신속하고 분명할 경우 사람들은 심리적으로 마약을 복용하거나 경범죄에 가담하지 않으려는 경향을 나타냄을 보여준다. 처벌이 억제에 성공하려면 행위와 결과 간의 관계가 최대한 확실할 필요가 있는 것이다. 하지만 그러다보면 정당한 법 절차는 행동 변화를 저해하는 비효율적인 방해물로 여겨지게 된다. 이런 유형의 증거를 직접적인 근거로 삼아 마련된 그 유명한 HOPE(하와이 보호관찰 기회 부여Hawaii's Opportunity Probation with Enforcement) 프로그램은 상습범들에게 나쁜 짓을 하다 걸리면 교도소로 직행하게 될 것임을 분명히 알린다.

허드슨 야드의 정량화된 공동체, 넛지 유닛의 가짜 설문조사, 그리고 HOPE 프로그램은 수많은 특징을 공유한다. 가장 분명한 것은 이런 프로젝트를 추진하는 힘은 개별 의사 결정과 관련한 견고한 객관적 지식을 손에 넣을 수 있고, 그러면 거기에 맞춰 공공 정책(혹은 기업 활동)을 설계할 수 있다는 고도의 과학적 낙관론이라는 점이다. 이런 낙관론은 별로 새롭지 않다. 알고보면 몇십 년 단위로 반복되는 경향이 있다. 최초의 물결은 왓슨과 테일러의 '과학적 경영' 원칙에 영감을 받아 1920년대에 일어났다. 두 번째 물결이 일어난 것은 경영에 대한 새로운 통계적 접근법이 나타난 1960년대로 그 지지 세력 중 유명인으로는 베트남전 중 미국의 국방부 장관이었던 로버트 맥나마라Robert McNamara가 있다. 그리고 세 번째 물결이 2010년대에 나타난 것이다.

이렇게 행동주의가 활개를 치게 된 이면에는 어떤 힘이 있을까? 어

| 행복산업 |

떤 경우든 대답은 동일하다. 그것은 바로 대중 감시에 대한 열정적인 포용과 결합된 반反철학적 불가지론이다. 이 두 가지는 반드시 함께 다닌다. 실제 행동주의자의 입을 빌리면 이러하다.

---

나는 사람들의 행동 이면에 있는 이유에 대한 아무런 이론도 없이 시작한다. 결정의 원인이 뇌에 있는지, 관계에 있는지, 몸에 있는지 아니면 과거 경험에 있는지 결코 넘겨짚지 않는다. 도덕이나 정치철학에 기대지도 않는다. 나는 과학자이기 때문이다. 나는 인간이라는 존재에 대해, 내가 눈으로 확인하거나 측정할 수 있는 것을 넘어서는 주장은 결코 하지 않는다.

---

하지만 이런 급진적인 불가지론은 문제의 불가지론자가 막대한 감시 능력을 손에 쥐고 있을 때에만 가능하다. 새로운 행동주의적 낙관론이 항상 새로운 데이터 수집 및 분석 기술과 짝을 이루는 것은 이 때문이다. 위에서 우리를 굽어볼 수 있는 과학자만이 우리와 관련된 데이터를 긁어모으고, 우리의 신체를 관찰하며, 우리의 움직임을 평가하고, 우리의 투입물과 산출물을 측정하면서 인간이라는 존재가 왜 그렇게 행동하는지와 관련하여 아무것도 넘겨짚지 않을 특권을 가진다.

나머지 우리들은 이웃과 담소를 나누거나 논쟁에 간여하면서 사람들의 의도와 사고, 어떤 경로를 선택한 이유, 어떤 발화에 실제로 담긴 의미 등과 관련된 추정에 꾸준히 의지한다. 기본적인 수준에서 다른 사람의 말을 이해한다는 것은 사람들이 사용하는 단어와, 이들이 단어를 사용하는

271

방식에 대한 다양한 문화적 가정에 기댄다는 의미다. 이런 추정들은 엄밀한 의미에서는 이론이 아니라 주변의 사회 세계를 해석하는 데 도움을 주는 경험 법칙에 더 가까울 수 있다. 순수하게 데이터만을 가지고 결정이 어떻게 내려지는지를 알아낼 수 있다는 주장은 오직 망루에 선 감시자만이 할 수 있는 주장이다. 그에게 '이론'은 아직 눈으로 확인할 수 없는 것일 뿐이며, 빅 데이터와 fMRI, 감성 컴퓨팅affective computing 시대에는 완전히 폐기하는 것이 바람직하다.

지금 돌아가는 상황을 보라. 첫 번째는 이론적 불가지론이다. '데이터 과학'은 언젠가 경제학, 심리학, 사회학, 경영학 등등의 독립적인 분과 학문들을 없앨 수 있을지 모른다는 꿈을 먹고 자란다. 분과 학문들이 없어지는 대신 수학자와 물리학자가 거대 데이터 집합을 연구하여 일반적인 행동 법칙을 발견하는, 일반적인 선택의 과학이 등장하게 될 것이다. 시장의 과학(경제학), 작업장의 과학(경영학), 소비자 선택의 과학(시장 연구), 조직과 결사의 과학(사회학) 대신 단일한 과학이 마침내 왜 의사 결정이 그렇게 내려지는지에 대한 진실에 도달하게 될 것이다. '이론의 종말'은 이에 상응하는 분과 학문의 종말을 의미하며, 신경과학과 빅 데이터 분석이 한 묶음의 가혹한 의사 결정 법칙으로 종합되는 새 시대를 알린다.

인간에 대한 추정이 줄어들수록 과학적 발견의 권위는 확대된다. 행동주의는 기나긴 역사를 거치면서 주로 쥐 같은 동물을 연구하는 분야로 일컬어졌다. 그런데 왓슨이 동물에게 적용하던 기법을 인간을 연구할 때도 똑같이 적용해야 한다고 단호하게 주장을 펼쳤고, 이 덕에 그는 미국 심리학계의 혁명적인 인물로 부상했다. 오늘날 우리의 행동을 예측 가능하게

272    

만드는 사람들이 바로 인간이나 사회를 다른 형태의 시스템과 가르는 그 어떤 이론의 명에도 지지 않은 '퀀트'(거대한 데이터 집합 분석에 필요한 알고리즘 기법을 쏠 수 있는 수학자와 물리학자)라는 사실은 더더욱 고무적인 일로 비춰진다.

두 번째는 감시다. 허드슨 야드나 넛지 유닛 같은 사례에서 알 수 있듯 행동주의가 판을 치는 새 시대가 도래할 수 있었던 것은 정치권력과 학계 연구자들 간의 강고한 동맹이라는 발판이 있었기 때문이다. 이러한 동맹 관계에 엮이지 않은 사회과학자들은 '이론'과 '이해'의 엄호 속에 꾸준히 연구에 매진한다. 실제로 우리가 일상생활에서 서로의 상황을 해석하려 할 때 하듯이 말이다. 혹은 페이스북 같은 기업들은 10억 명에 달하는 사람들의 온라인 활동을 관찰하고 분석할 수 있는 능력 덕에, 사람들이 다양한 취향과 기분, 행동에 어떻게 영향을 받는지에 대해 굳건하고도 객관적인 주장을 펼칠 수 있다.

신경과학에 대대적인 행동 감시를 결합시키면, 한 개인이 다양한 환경에서 어떻게 행동할지 예측할 수 있는 의사 결정 전문가들로 구성된 작은 산업이 탄생할 수 있다.《상식 밖의 경제학Predictably Irrational》의 저자 댄 애리얼리Dan Ariely나《설득의 심리학Influence: The Psychology of Persuasion》의 저자 로버트 치알디니Robert Cialdini 같은 인기 있는 심리학자들은 의사 결정의 원인과 관련한 비밀의 베일을 벗긴다. 결국 이들은 사람들은 자신의 선택에 아무런 책임이 없고, 왜 그런 선택을 하는지는 실제로 알 수 없다고 말한다. 작업장 효율성이 목적이든, 공공 정책 설계가 목적이든, 데이트 상대를 찾는 것이 목적이든, 일반적인 선택의 과학은 미신밖에는 아무것도 없던 자리에 사실을 들어오겠냐고 약속한다. 어떤 맥락에서든 '선택'이라는 말은 항상 쇼핑 비슷한 어떤 것을 연상시킨다는 사실은, 결정 과학자들이 편견이나 이론이라는 재앙을 생각만큼 많이 벗어던지지 못했을지 모른다는 여운을 남긴다.

하지만 데이터를 중심으로 사람을 이해하는 접근법이 가진 분명한 합리성은 감시 역량 확대에 더욱 기여하고 있다. '재능 분석'이라고 하는 새로운 기법 덕분에 경영자들이 작업장의 이메일 트래픽에 의해 만들어진 데이터를 가지고 노동자들을 알고리즘에 따라 평가할 수 있게 되면서, 인적 자원 관리 영역은 가장 최근에 데이터 찬양에 경도되었다.[20] 보스턴에 본사를 두고 있는 소시오메트릭 솔루션Sociometric Solutions이라는 회사는 여기서 한발 더 나아가 노동자들이 착용하고 있으면 경영진이 그 움직임과 목소리의 톤, 대화를 추적할 수 있는 장치를 만들었다. 거주자의 행동에 꾸준히 반응할 뿐만 아니라 거주자의 행동을 바꿀 방법을 모색하는 '스마트 시티'와 '스마트 홈' 역시 새로운 과학적 유토피아를 건설 중인 영역이다. 심지어 기업들이 알고리즘 분석이나 스마트 홈 모니터링만을 가지고 소비자에게 물어보지도 않고 집으로 바로 (책이나 식료품 같은) 상품을 보내주는 '예측 쇼핑' 덕분에 머잖아 구매 결정에 대한 책임에서마저 해방되는, 소비주의의 역사상 가장 아이러니한 반전이 일어날 수도 있다.[21]

데이터 상인이라는 수사修辭는 추측의 시대에서 객관적인 과학의 시대로 넘어가고 있음을 보여주는 표현 중 하나다. 그리고 그 속에는 공리주의가 법과 처벌에 미치는 영향에 대한 벤담식의 이해가 잔상처럼 남아 있다. 하지만 이 표현은 이런 형태의 '진보'를 성취하는 데 필요한 권력관계와 장치들을 완전히 뭉개버리는 표현이기도 하다.

어쩌면 이 중 어떤 것도 별로 놀라운 이야기는 아닌지 모른다. 우리는 디지털 트랜잭션이나 친구들과 정보를 공유하는 행위가 모든 것을 아우르는 새로운 실험실의 연구 주제가 될 수 있다는 사실을 직관적으로 이해한다. 스마트 시티나 페이스북을 둘러싼 논란은 이런 형태의 플랫폼이 유발할 수 있는 프라이버시 위협에 초점을 맞춘다. 하지만 대부분의 경우 이 새로운 실험실이 생산하는 과학 그 자체는 비난의 범위를 벗어나 있다. 그동안 개인의 자율성이라는 자유주의적 신화가, 생물학적이든 경제적이든 모든 선택에는 어떤 이유나 객관적인 동기가 있다는 사실을 보이지 않게 가려버렸다는 주장에 우리가 이미 혹해 있기 때문이다. 하지만 우리는 이런 주장은 관찰과 추적, 감시와 검증의 장치들 없이는 아무런 의미가 없다는 사실을 너무 쉽게 망각해버리곤 한다. 인간 활동에 대한 이론과 해석을 취하고 일종의 자기 통치의 가능성을 받아들이든, 행동에 대한 견고한 사실을 취하여 사회를 하나의 실험실로 재건하든 둘 중 하나를 선택해야 한다. 둘 다 선택할 수는 없다.


## 행복 유토피아


2014년 러시아의 알파 은행은 활동 저축 예금Activity Savings Account이라고 하는 독특한 형태의 소비자 금융 상품을 새로 출시했다.[22] 고객들은 핏빗Fitbit, 런키퍼RunKeeper, 저본 업Jawbone UP처럼 하루 보행 수를 측정하는 여러 신체 수석 기기 중 하나를 사용한다. 그러면 보행을 할 때마다 소액의 돈이 활동

예금계좌로 송금되고 여기에는 표준 계정보다 더 높은 이자가 붙는다. [이를 통해] 알파 은행은 이 계좌를 이용하는 고객이 다른 고객보다 두 배 더 많은 돈을 예치하고 러시아 평균보다 1.5배 더 많이 걷는다는 사실을 알아냈다.

그 전해에는 모스크바의 비스타보츠나야Vystavochnaya 지하철역에서 2014년 동계 올림픽 준비의 일환으로 한 가지 실험이 진행되었다.[23] 발권기 중 하나를 감지 장치가 있는 새로운 발권기로 교체한 다음, 승객들에게 30루블을 내고 표를 살 것인지, 아니면 2분간 발권기 앞에서 30회의 스쿼트를 하고 표를 공짜로 받아 갈 것인지 선택하게 한 것이었다. 만일 30회의 스쿼트를 2분 안에 마치는 데 실패할 경우에는 30루블을 내야 했다.

피트니스 추적 발권기 같은 서비스들은 요즘에도 속임수처럼 사용된다. 활동 저축 예금은 심각한 축에 속한다. 생산성 이득을 계산해준다는 명목으로 판매되는 노동자 피트니스 추적 프로그램들은 [아예 목적을 드러내놓고 있다는 점에서] 속임수로서의 요소가 전혀 없다. 주관적인 감정을 어떻게 측정할 것인가 하는 문제에 맞닥뜨렸을 때 벤담은 화폐나 맥박 수를 통해 측정할 수도 있지 않을까 하는 막연한 희망을 표출한 바 있다. 웰빙 전문가들의 기초적인 도구를 정확하게 예측했던 것이다.

행복산업의 다음 단계는 이 분리된 두 개의 웰빙 지표를 통합할 수 있는 기술을 개발하는 것이다. 모든 윤리적·정치적 결과를 평가할 수 있는 단일한 가치 지표가 존재한다고 믿는 일원론은 항상 이런 가치를 나타낼 수 있는 단일한 궁극의 지표를 찾거나 만들 수 없다는 사실 앞에 무릎을 꿇는다. 화폐는 다 좋긴 한데 다른 심리적·생리적 웰빙의 측면들을 포괄하지는 못한다. 혈압이나 맥박 측정은 어느 정도까지는 괜찮지만 우리가 우

| 행복산업 |

리 삶에 얼마나 만족하는지까지 알려주지는 못한다. fMRI 스캔은 감정을 실시간으로 시각화하여 보여줄 수 있지만, 건강과 번영이라는 더 넓은 개념까지 보여주지는 못한다. 감정 척도와 설문지법은 각기 다른 단어와 증상을 어떻게 이해할 것인가라는 문화적 문제와 충돌한다.

육체의 척도를 화폐의 척도로, 그리고 화폐의 척도를 육체의 척도로 번역하는 능력이 요즘 들어 대단히 중요하게 부상하게 된 것은 이 때문이다. 이와 함께 행복이나 쾌락의 정도를 알려주는 별개의 척도를 구분하는 경계가 해체되고 어떤 결정이나 결과나 정책이 **궁극적으로** 모든 면에서 최상인지 계산할 수 있는 장치가 만들어지기 시작했다. 이는 ('그 어디에도 없는 곳'이라는 문자 그대로의 의미에서) 유토피아적인 사안이다. 행복과 웰빙을 측정하는 단일한 척도는 결코 존재할 수 없다. 무엇보다 그런 것들은 단일한 양으로 존재하지 않는다는 타당한 철학적 이유가 있다. 일원론은 수사적으로 유용하고, 다음에 무슨 일을 할지 계산할 수 있는 단순한 방법을 열망하는 권력자들의 관점에서 매력적이다. 하지만 실제로 모든 쾌락과 고통이 단일한 지표상에 놓인다고 **믿는** 바보가 어디 있을까? 물론 우리는 그것이 실제로 가능하기라도 **한 듯** '효용'이나 '웰빙' 같은 비유를 사용해가면서 격론을 벌일 수도 있다. 하지만 그 객관적인 신경 지표, 안면 지표, 심리 지표, 생리 지표, 행동 및 화폐 지표를 치워버리고 나면 단일한 양으로 측정할 수 있는 행복이라는 신기루도 공기중에 흩어져버리고 만다.

어떤 경우든 이런 측정 장치를 만드는 이유는 무엇일까? 왜 그렇게까지 기를 쓰며 행복의 여러 개별적인 파편들을 이어 붙여, 우리 몸을 예금 잔고에 연결시키고 표정을 쇼핑 습관에 연설시키려고 하는 걸까? 과학

277

적 낙관론의 비호 아래 우리는 현실에서는 아무런 의미가 없는 철학의 지배를 받고 있다. 이 철학은 결국 행복이 물리적인 것인지 아니면 형이상학적인 것인지도 똑 부러지게 밝히지 못한다. 행복은 물리적인 것이라고 단언할 때마다 미끄러지듯 빠져나와 버리곤 한다. 하지만 측정 장치들은 그래도 꾸준히 성장하면서 우리의 개인 생활과 사회생활을 파고든다.

1927년 JWT의 연구원을 계단에서 밀친 코펜하겐 시민은 행복 측정의 본질을 정확히 간파했다. 그것은 바로 권력의 전략이었던 것이다. 감정을 감시하고 관리하며 지배하는 작업이 성공하려면 인간에 대한 대안적인 이해 방식과, 대안적인 정치적, 경제적 재현 방식에 물을 타 중화시켜야 한다. [하지만] 이 프로젝트는 결코 뜻하는 바를 이루지 못할 것이다. 신경과학자들은 의사 결정 혹은 감정과 관련한 '마지막 경계'를 넘어서고 있다고 주장하지만, 감정의 '객관적인' 실제에 대한 탐색은 엎어지고 나아가기를 거듭할 것이다. 만일 불행을 측정의 도구로 표현하고, 성공을 정량적인 결과물 위주로 이해하게 된다면, 비판적이고 해방적인 기획들은 덫에 걸리고 이들의 에너지는 제 기량을 발휘하지 못하게 되리라는 점은 기억해둘 필요가 있다.

공리주의는 정신의 최적화를 추구한다는 미명하에 사실상 어떤 형태의 정책 해법이든 허용할 수 있다. 사람들이 더 기분 좋고 건강하다고 느끼게 만들기만 해준다면 준사회주의적인 소규모 조직 및 생산 형태도 문제 될 것이 없다. 공리주의는 긍정심리학자들이 추천하듯, 우정과 이타심을 통해 성취할 수 있는, 열린, 인본주의적 의미의 인간 '번영'에 우호적이다. 하지만 최적화의 정의에 사람들의 환경과 시간, 의사결정에 권력을 행사하기 위한 발언권, 신경학적 혹은 심리학적 인과관계로 환원할 수 없는 자율성의 감각에 대한 통제까지 포함하려 한다면 이는 단순한 계산 가능성의 문제를 넘어선다. 각자가 자신의 마음을 자신도 모르게 노출시키는 것이 아니라 자신의 입으로 말하고, 불행이 처치의 대상이 아니라 비판과 개혁의 기초가 되며, 심신의 문제를 끝없는 의학 연구의 대상으로 삼는 것이 아니라 그냥 간단히 잊어버릴 수 있는, 그런 형태의 인간 성취는 완전히 다른 형태의 정치를 지향한다.

　　수년간 많은 비판적인 심리학자들이 정신 질환은 권력 박탈과 복잡하게 얽혀 있음을 지적하면서 이 문제를 부각시키기 위해 애써왔다. 영감이 넘치는 많은 모험과 실험들은 사람들에게 희망을 주기 위한 방법의 일환으로 자신의 삶에 대해 발언할 수 있는 힘을 회복시켜주기도 한다. 경영과 판매를 하더라도 행동과학에 의존하지 않는 기업들도 있다. 이렇게 곳곳에 흩어져 있는 대안들은 모두 더 큰 대안의 일부이며, 이는 더 나은 행복의 비법이 될 수 있다.

# 8.

# 비판적인
# 동물

야외 활동에는, 특히 자연을 보살피는 일과 관계된 경우 분명한 심리적·정서적 이득이 있다는 사실은 오래전부터 알려져 있었다. 정원 가꾸기는 우울증을 진정시키는 데 도움이 되고, 푸른 잎은 그 존재만으로도 사람의 기분을 즉시 북돋는다는 증거도 있다. 영국 통계청이 '국민 행복'에 관한 최초의 데이터를 만들었을 때 결론은 영국에서 가장 행복한 주민은 스코틀랜드의 아름다운 오지 주민들이고, 가장 행복한 노동자는 삼림 관리인들이라는 것이었다.[1] 일부 연구자들은 녹색이라는 색 자체가 심리적으로 긍정적인 영향을 미친다고 주장하기도 한다.[2]

오래전부터 정신적으로 어려움에 처한 사람들을 농장에 보내 일하게 했던 역사가 존재했다. 사회 일반이 강요하는 정상성에 잘 적응하지 못하던 사람들은 젖을 짜고 밭을 갈고 수확을 하는 반복적인 노동 속에서 고유의 정체성을 찾는다. 자신의 삶에서 이리저리 휘둘리던 사람, 남들이 다 하는 일반적인 일자리에 잘 적응하지 못하던 사람, 심각한 감정적 파열로 고통스러운 나날을 보내던 사람들은 동식물과 함께 지내면서 마음이 차분해짐을 느낀다. 때로는 농경 생활의 척박함 속에서 가치를 발견할 수도 있다. 작황이 나쁘고 날씨마저 도와주지 않을 때 할 수 있는 일이라곤 그저 웃으면서 다른 사람들과 함께 다음 일을 도모하는 것이다. 21세기 신자유주의 정신과는 대조적으로, 개인적인 영광이나 책망 따위는 의미가 없다.

2000년대 초 베렌 앨드리지Beren Aldridge는 영국 레이크 디스트릭트의 컴브리아에 이런 종류의 농장을 만들 생각이었다. 앨드리지는 1년간 미국의 '돌봄 농장'에서 일했고, 컴브리아 정신보건부에서도 일한 경험이 있었다. 그는 정신 건강 서비스를 제공할 수 있는 농장이 반드시 필요하다고 생

8. 비판적인 동물

각하여, 지역개발 당국과 여러 자선 신탁에 호소하기 시작했다. 결국 이들로부터 자금을 지원하겠다는 동의를 받았고 이렇게 해서 2004년 10에이커 규모의 채소 재배 농장인 그로잉 웰Growing Well이 설립되었다. 여기서 재배된 채소는 지역에서 판매할 예정이었다. 원하는 사람은 자원 활동가로 일주일에 반나절 농장에서 일하면서 여러 가지 정신적·감정적 문제에서 회복할 수 있도록 도움을 받을 수 있었다.

투자자나 정책 결정자, 정신 건강 전문가의 관점에서 보았을 때 그로잉 웰은 큰 성공을 거두었다. 평가에 따르면 농장에서 일한 사람들은 분명하게 상태가 호전되었고, 제도적인 의료 행위를 통해 호전된 것보다 더 오래 지속되는 경향을 보였다. 처음 그로잉 웰에 찾아온 사람들은 대부분 복지 기관에 있는 상담사의 소개를 받고 왔다. 하지만 '사회적 처방'이 사회적으로 인정받는 의료 행위로 뜨면서 그로잉 웰 역시 잉글랜드 북서부에 있는 의사들과 폭넓은 관계를 형성할 수 있게 되었다. 2013년까지 이 농장에서 일한 자원 활동가의 수는 130명에 달했다.

그로잉 웰 같은 곳의 성공을 어떻게 이해해야 할까? 인간의 마음이나 뇌를 기묘한 습관과 취향, 변덕과 기능 장애를 별도로 가진 어떤 놀라울 정도로 자율적인 개체로 바라보고, 인간인 우리는 (경영자와 의사, 정책 결정자들의 도움을 받아) 이 마음과 뇌를 돌봐야 한다고 생각할 경우 이야기는 상대적으로 분명해진다. 사람들은 자연 발생적으로 나타나는 정신적 혹은 신경학적 고통의 피해자일 뿐, 이것을 교정할 힘은 없다. 일부 뉴런이 제대로 점화되지 않았기 때문일 수도 있고, 호르몬에 해로운 스트레스 요인들 때문에 호르몬이 뒤죽박죽 잘못 배합되어 혈액으로 흘러들었기 때문일 수도 있다.

아니면 식습관과 운동, 타인에 대한 공감을 통해 행복을 충분히 효과적으로 관리하지 못했기 때문일 수도 있다. 자연환경과 신체 활동은 약물이나 상담·치료처럼, 이런 종류의 질병에 괴로워하는 사람의 심신을 치유해준다.

분명 그로잉 웰의 설립자와 국민 의료보험 직원들은 이런 이야기를 늘어놓고 싶을 것이다. 오늘날 정책 입안가와 경영자들의 상상력에는 이런 종류의 이야기가 깊이 새겨져 있음이 확실하다. 그리고 신경학과 행동주의적 연구 결과들이 꾸준히 주류 매체를 통해(혹은 자립 안내서를 통해서) 전파되고 있는 상황에서 개개의 사람들은 자신의 삶에 대해서도 이런 식의 이야기를 늘어놓으려 할지 모른다. 내 뇌에서 진행 중인 기능장애는 치료를 해야 합니다. 내 마음은 엉덩이에 뿔난 송아지처럼 말썽을 부리기 시작했어요. 식물과 시간을 보내면 의학적으로 도움이 됩니다. 물론 긍정심리학자들이 매정하게 상기시키듯 행복은 선택이지만 말입니다. 누군가가 내 마음이나 뇌를 맡아줬으면 좋겠어요.

하지만 이것은 베렌 앨드리지의 관점과는 차이가 있다. 그에게 있어서 그로잉 웰은 일종의 의료 기관이라기보다는 노동 공동체다. 앨드리지는 이 농장을 설립하기 전에 질병이나 고통스러운 삶의 경험을 한 사람들이 어떻게 노동을 통해 회복될 수 있는지를 연구하는 직업 재활 분야에서 석사 학위를 받았다. 그의 논문은 참여 경영 기법을 다루면서 민주적 기업 구조, 즉 협동조합의 장점을 살펴보는 것이었다. (사회적 기업이든 아니든 간에) 기업 경영에 사람들을 참여시키면 사람들이 자신들의 삶에서 목적의식과 주체성을 재발견하는 데 분명 도움이 될 것이라는 것이 그의 생각이었다. 전동직으로 정신 질환자에 대한 서비스로 여기던 '돌봄 농장' 운동과, 사람들에게 집단적으로 생산하고 조직할 수 있는 권한을 부여하는 협동조합 운동을 합쳐보면 어떨까?

식물과 함께 시간을 보내는 것이 어떤 심리적 영향을 미치는지에 대한 모든 과학적인 분석은 사실상 **어째서** 사람이 식물과 시간을 보내려 하는지에 대해서는 전혀 관심을 두지 않는다. 텃밭을 가꾸고 수확하는 일은 단순한 치유 행위일 뿐이다. 잎사귀와 기분의 관계는 단순한 인과관계로 재현된다. 그로잉 웰의 정신은 이와는 완전히 다르다. 그로잉 웰은 여기에 참여하는 사람들이 좋은 채소를 키우고 판매한다는 같은 목표를 공유하는 것을 중심으로 조직되어 있다. 농장은 영국에서 협동조합을 설립할 때 이용할 수 있는 법적 형태인 '산업 공제조합Industrial and provident society'으로 설립되었다. 고객이든, 자발적인 참여자든, 농업에 대해 공부하고 싶은 방문객이든 그로잉 웰에 관심있는 사람이라면 누구든 구성원으로서 의사 결정에 참여할 수 있다. 자발적인 참여자에게는 원하는 서열에서 기업 운영에 참여할 기회가 제공된다. 참여는 그저 '손으로 노동하는' 수준에 머물지 않는다. 생각을 표현하고 일정한 통제권을 쥐는 데까지 이른다.

그로잉 웰에 돈을 대는 기관들과 그곳의 자원 활동가들에게 환자를 보내는 의사들은 돌아가는 상황에 대해 같은 이론을 공유한다. 하지만 앨드리지와 그 동료들은 이와는 완전히 다른 입장이다. 전자에게 그곳에서 일하는 자원 활동가들은 정신 질환자이며 일종의 치료를 받는 중이다. 하지만 후자에게 이들은 자신의 존엄성을 회복하고 판단력을 발휘하며 지역 사회에서 성공적으로 사업을 펼치는 기업에 참여하는 중이다. 첫 번째 이론에서 자원 활동가들은 자신의 상황에 대해 의학적으로 의미 있는 해석을 전혀 하지 못하는 수동적인 사람들이다. 하지만 두 번째 이론에서 이들은 자신의 상황을 해석하고 이에 대해 토의하면서 자기 주위의 세상에 영향력을 행사할 기회를 거머쥐는 능동적인 사람들이다.

이 두 관점 모두가 맞는 말일 수는 없을까? 피상적으로 보면 가능하다. 사람들은 서로 다른 형태의 증거와 과학적 방법론에 입각하여, 돌아가는 상황에 대해 서로 다른 생각을 품게 될 수 있다. 하지만 이보다 더 근본적인 문제는 특정 심리학·생리학적 설명에 따라 작동하는 것이 사회에, 정치에, 혹은 개인의 인생사에 어떤 의미를 갖는가이다. 한 가지 곤란한 가능성은, 우울증과 불안에 연결된 수동성에 우리를 가둬버리는 것이 바로 마음을 말없이 고통에 시달리는 일종의 내부 장기나 도구로 바라보는 행동주의적·의학적 관점일 수도 있다는 점이다. 벤담의 상상처럼 쾌락과 고통의 변동을 측정하고 관리하기 위해 설계된 사회는 사람들이 발언하고 참여할 수 있도록 설계된 사회보다 더 많은 '정신적 붕괴'를 야기할 수도 있다.

## 불행의 이해

사람들은 왜 불행해할까? 불행을 어떻게 생각해야 할까? 이는 철학자와 심리학자, 정치인, 신경과학자, 경영자, 경제학자, 운동가, 의사가 비슷하게 관심을 가지는 문제들이다. 이 질문에 답하는 방식은 어떤 이론과 해석을 차용하는가에 따라 크게 달라질 것이다. 사회학자의 답이 신경과학자의 답과 다르고, 신경과학자의 답은 정신분석가의 답과 다를 수밖에 없다. 우리가

285                                                    **8. 비판적인 동물**

인간의 행복을 어떻게 설명하고 그에 어떻게 반응하는지는 궁극적으로 윤리적이고 정치적인 문제다. 어디를 집중적으로 부각시킬 것인지 또한 선택의 문제이며, 의도적으로 책임을 무마해버릴 수도 있다.

그로잉 웰의 구조와 기풍의 토대가 된 베런 앨드리지의 통찰은 중요하다. 마음(이나 뇌)을 혼자서 탈이 나기도 하는 일종의 탈맥락화된 독립 개체로 바라보고, 이를 전문가의 모니터링과 교정이 필요한 대상으로 여기는 것 자체가 오늘날 엄청난 양의 불행을 양산하는 문화의 한 증상이기 때문이다. 우울증과 스트레스, 불안의 발생에는 권력 박탈이 필수적인 역할을 한다. 그리고 긍정심리학자들이 아무리 노력해봐야 권력 박탈이 신경이나 행동상의 오류 때문이 아니라, 사회적·정치적·경제적 제도와 전략의 결과로 발생하는 것을 막지는 못한다. 이를 부정하면 행복과학이 해결하겠다고 나선 문제들을 도리어 악화시킬 뿐이다.

이 책에서 다루었던 다양한 행동주의적, 공리주의적 학문 분과들과는 다르게, 이런 맥락에서 권력 박탈 문제에 중점을 두는 연구 전통도 많다. 미국에서 1960년대부터 등장한 공동체 심리학에서는 개인을 그 사회적 맥락 속에서만 이해할 수 있다고 주장한다. 임상 심리학자들 역시 [심리적] 고통을 의료 문제로만 생각하는 경향과, 이를 조장하는 제약회사들을 강하게 비판해왔다. (영국의 데이비드 스메일David Smail과 마크 래플리Mark Rapley 같은) 이런 심리학자들은 자본주의 비판과 연계하여, 불행에 대한 좀 더 사회학적이고 정치적인 이해를 기초로 정신의학적 증상에 대한 대안적인 해석을 제시해왔다.[3] 캐나다의 카를레스 문테이너Carles Muntaner나 영국의 리처드 윌킨슨Richard Wilkinson이 실천하는 사회역학은 정신장애가 사회경제적 조건과 어띤 상관관계가 있으며, 사회와 그 계층에 따라 어떻게 달라지는지 이해하고자 한다.

이런 좀 더 사회학적인 접근법들은 과거 여러 지점에서 친기업적인 사고로 빠져들기도 했다. 가령 제3장에서 살펴본 바와 같이 1930년대와 1940년대에 시장 연구 분야에서 대중들이 세상에서 원하는 바와 세상에 대해 생각하는 바를 알아내기 위해 일종의 의사擬似 민주적 태도를 취하던 시기가 있었다. 사회학자, 통계학자, 사회주의자를 이용하여 대중들의 태도가 어떻게 재현되는지 알아내고자 했던 것이다. 또한 제4장에 다룬 것처럼 1930년대 이후로 경영진이 팀워크와 건강, 열정을 꾸준히 언급하면서 작업장에서 집합적인 권력과 목소리가 생산성과 행복에 얼마나 중요하게 기여하는지를 강조하는 더욱 급진적인 분석이 나타나기도 했다. 이는 단순히 새로운 경영 기교를 넘어선, 완전히 새로운 조직 모델이 필요함을 암시한다.

계몽주의에서부터 오늘날에 이르기까지 행복 측정의 역사상 모든 지점에서 서로 다른 사회적·경제적 세상에 대한 희망이 명멸했고, 그 과정에서 불행은 현 상태에 대한 도전의 토대가 되기도 했다. 노동과 위계, 재정 압박과 불평등에 맞서는 행위는 먼저 이런 것들이 인간의 행복에 가하는 중압감과 고통을 이해하는 데서 출발한다. [하지만] 동일한 근거를 권력 구조가 아닌, 개인의 행위와 정신 상태를 판단하는 기초로 사용하는 순간 이런 해방 정신은 보수적인 정서로 돌변한다. 희망은 내동댕이쳐진다기보다는 덫에 걸리고, 비판은 내부를 향하게 된다. 하지만 일이 반드시 이런 식으로 돌아갈 수밖에 없는 것은 아니다.

비판의 날을 개인의 감정이나 기분에서 제도로 돌리면 사태는 크게 달라 보이기 시작한다. 잘사는 나라들 사이에서도 경제적 불평등이 심각한 미국의 정신 질환 발병률이 1등이라는 점에서 알 수 있듯이, (정신 질환은) 사회 전반의 경제적 불평등 수준과 높은 상관관계를 가진다.[4] 조직 구조와 경영 방식이 그렇듯, 노동의 성격과 구직 가능성은 정신적 행복에 크게 영향을 미친다. 행복경제학에서 가장 중요한 연구 결과 중 하나는 실업이 단순한 소득 상실보다 심리적으로 훨씬 부정적인 영향을 미친다는 점이다.[5]

한편, 사람들이 그 어떤 '기술 재량' 혹은 '결정 권한'을 갖지 못하는 유형의 노동은 코티솔을 혈액으로 뿜어내 동맥경화를 유발하고 심장 질환의 위험을 높인다는 연구 결과는 이미 수차례 발표된 바 있다.[6] 노동자들이 의사 결정에 더 많이 참여하고 권한이 더 많이 분산된 노동자 소유형 기업의 노동자들이 일반적인 주주 소유형 기업의 노동자들보다 행복한 것은 당연하다.[7] 데이비드 스터클러David Stuckler와 산제이 바수Sanjay Basu는 불황이 공중 보건에 어떤 영향을 미치는지 폭넓게 분석하면서 긴축정책이 심신의 건강을 악화시키고 불필요한 사망을 야기해왔음을 정밀하게 설명한다.[8] 또한 이들은 불황을 공중 보건 개선의 기회로 전환시킬 수 있는 대안도 보여준다. 어느 쪽 길을 선택할 것인지는 결국 정치의 문제다.

경제학자와 정책 입안가들은 사람들에게 일자리가 있는지 없는지에만 관심을 기울이지만, 조직의 구조와 목표가 노동자의 심리와 생리에 큰 영향을 미친다는 점을 보여주는 증거는 무시할 수 없을 정도로 많다. 가령 사람들은 민간 기업에서보다 비영리 조직에서 일할 때 더 큰 충족감을 느끼고, 따라서 스트레스도 더 적게 받는다.[9] 오늘날 정책 입안가들이 그러하듯 노동의 목적을 고려하지 않은 채 단순히 노동을 행복의 기여 요인으로 바라볼 경우, 인간을 약간 더 발달된 '언어 행동'을 갖춘 실험실 쥐로 바라보는 행동주의의 오류에 빠질 수 있는 것이다.

광고와 물질주의적 열망에 대한 연구 역시 주목할 만한 비평을 쏟아내고 있다. 미국 심리학자 팀 캐서Tim Kasser가 주도한 다양한 연구들은 물질주의적 가치가 행복과 어떤 상관관계에 있는지 살피면서 위와 마찬가지로 심란한 이야기를 펼쳐놓는다. 물질주의적 가치를 강하게 내면화해온(즉, 아무렇지 않게 자신의 가치를 화폐로 환산하는) 경영학과 학생들은 다른 학생들에 비해 행복과 자아실현의 수준이 낮은 것으로 나타난다.[10] 돈을 너무 강박적으로 소비하는 사람들(너무 벌벌 떨면서 쓰거나 반대로 너무 물 쓰듯 쓰는 사람)은 행복 수준이 낮아 괴로워하는 것으로 밝혀지기도 했다.[11] 그리고 물질주의와 사회적 고립은 서로를 강화하는 관계에 있는 것으로 확인되었다. 즉, 외로운 사람들은 물질적인 것에 더 강박적으로 매달리고, 물질주의적인 사람은 외로움에 시달릴 위험이 더 높다는 것이다.[12]

광고와 마케팅은 이런 부정적인 악순환을 유지하는 데 중요한 역할을 한다. 그리고 실제로 광고업과 마케팅업(그리고 여기에 돈을 대는 집단들)은 이런 부정적 악순환을 유지하는 데서 분명한 경제적 이익을 얻는다. 소비와 물질주의가 불행한 개인주의 문화의 원인이자 결과로 남는 한, 이 악순환은 마케팅 종사자들에게 돈을 벌어다줄 것이다. 광고가 물질주의적 가치를 선전하는 일에 정확히 어떤 역할을 하는지에 대해서는 아직 논란의 여지가 남아 있다. 최소한 광고와 물질주의적 가치가 동시에 출현했음을 확인시켜주는 연구 결과들이 있긴 하지만 말이다.[13]

여기서 인용된 연구 중 어떤 것도 특별히 놀랍기는 않지만 이 많은

289

연구들 대개가 주류 매체에서 왕성한 논의를 불러 모았다. 이 모든 연구들이 궁극적으로 가리키는 문제는 사회와 경제의 권력을 어떻게 분배할 것인가다. 자신이 아무런 영향력을 행사할 수 없는 힘(경영 결정권이든, 재정 불안이든, 완벽한 육체의 이미지든, 무자비한 업무 능력 측정이든, 소셜 미디어 플랫폼의 부단한 실험이든, 행복 전도사들의 강권이든)에 의해 휘둘리고 있다고 느끼는 곳에서, 사람들은 삶에 만족하기 어려울 뿐만 아니라 극단적으로 무너져 내릴 위험 또한 훨씬 커지게 된다. 문테이너의 연구가 보여준 바와 같이 이런 점에서 소득 수준이 가장 낮은 사람들은 대단히 취약하다. 예측 불가능한 소득과 불안정한 노동을 가지고 안정된 가정을 유지하기 위해 애쓰는 일은 사람이 경험할 수 있는 것 중에서 가장 스트레스가 큰 일이다. 사회 취약 계층의 경제적 불안정과 관련하여 자신이 어떤 입장에 서 있는지 분명히 밝히지 않는다면 그 어떤 정치인도 정신 질환이나 스트레스 문제에 대해 논할 자격이 없다.

이렇게 중요한 사실들은 이미 확연하게 드러나 있는데 어째서 비판적인 담론이 정치적으로 크게 한 방 날리지 못하고 있는 걸까? 물질주의에 휘둘리며 극도의 경쟁과 외로움 속에 살기보다는 무엇이 사회적·심리적으로 풍요롭게 살 수 있는 가능성을 가로막고 있는지를 알고 싶다면, 임상심리학과 사회역학, 산업 보건, 사회학, 공동체 심리학 등에서 제공하는 무수한 증거들을 참고하면 된다. 문제는 주관적인 감정과 외부 환경 간의 관계를 과학적으로 분석해온 기나긴 역사 속에는 항상 감정을 외부 환경보다 더 변하기 쉬운 것으로 바라보는 경향이 있었다는 점이다. 요즘 많은 긍정 심리학자들이 열정적으로 독려하듯, 고통의 원인을 바꿀 수 없으면 거기에 반응하고 느끼는 방식을 바꾸려고 노력해보라는 것이다. 이 때문에 비판적인 정치도 함께 맹탕이 되어버렸다.

그렇다고 해서 사회적·경제적 구조를 바꾸기가 쉽다는 말은 아니다. 오히려 이는 좌절을 안겨주고, 예측 불가능하며 때로 큰 실망을 안겨주는 일이다. 하지만 제도와 사람들 스스로가 개인의 감정과 선택을 측정하고 조작하는 일에 빠져들면 사회경제 구조를 적법한 방식으로 바꾸는 것이 사실상 불가능하다는 점은 부정하기 어렵다. 고통을 야기하는 문제에 대한 사회적·정치적 해법이 존재할 가능성이 조금이라도 있다면, 일단 이런 문제들을 심리적인 문제로만 바라보는 관점을 폐기하는 데서 출발해야 한다. 하지만 개인을 예측, 변경, 통제가 가능한 존재로 바라보는 공리주의적·행동주의적 관점이 이렇게까지 성공을 거둔 것이 단순히 집단주의적인 대안이 힘을 잃었기 때문만은 아니다. 특정 엘리트들이 특정 정치적·경제적 목표를 위해 반복적으로 행사해온 압력에서 비롯되었으며, 최근에는 또 다른 정치적 압력이 밀려오고 있다.


## 과학적 전차 궤도

1980년대 이후로 일련의 '뇌의 시대'가 이어졌다. 아버지 조지 부시George H. W. Bush는 1990년대가 '뇌의 10년'이 될 것이라고 밝혔다. 유럽연합 집행위원회 역시 1992년에 이와 같은 의미의 '10년'의 시작을 알렸다. 2013년 오바마Barack Obama 행정부는 10년간 신경과학에 투자하는 새로운 프로그램을 발표했다. 이 세 사선은 모두 두뇌 연구에 대한 공공 투자액을 조금씩 증가시켜 이제는 사상 최고 수치를 기록하고 있다. 오바마의 브레인 이니셔티브는 운영 기간 동안 10억 달러의 비용을 집행한다는 계획이다. 유럽연합 집행위원회의 'FP7' 연구 자금 지원 활동으로 2007년부터 2013년까지 신경과학 프로젝트에 약 20억 파운드가 투자되었다.

미국에서 신경과학의 주된 동력은 1961년 아이젠하워Dwight Eisenhower 대통령이 명명한 '군산 복합체military industrial complex'다. 펜타곤은 [신경과학을] 적군에게 영향력을 행사하고 '복원력이 높은' 미군을 양성하는 새로운 기회라고 생각한다. 옥시토신의 사회적·경제적 중요성을 집중적으로 연구해 온 신경과학자 폴 잭의 다양한 자문 고객 중에는 펜타곤도 있다. 이 경우 펜타곤의 목적은 미군이 어떻게 침략국 민간인들로부터 신뢰를 얻는 방식으로 행동할 수 있을지 알아내는 것이었다. 잭은 현지에서 진행되는 도덕적 교감의 신경학적 기초에 대해 조언한다.

산업계가 두뇌 연구에 막대한 투자를 한다는 사실은 별로 놀라운 일도 아니다. 제약업계의 경우 이 분야에서 과학의 한계를 밀고 나아갈 유인이 대단히 분명하고, 신경 마케터들은 언젠가 뇌의 '구매 버튼'이 무엇인지 정확히 밝혀낼 날이 오리라는 희망을 버리지 않고 있다. 이것이 밝혀지고 나면 남은 문제는 어떻게 광고를 가지고 이 버튼을 누를 것인지를 알아내는 것뿐이다. 다른 사람(노동자든, 범죄자든, 군인이든, '문제 가정'이든, 중독자든 누구든 간에)에게 영향력을 행사하고 통제하고자 하는 이들에게 신경과학은 때로 과장되긴 하지만 어쨌든 자못 분명한 함의를 가지고 있다. 어째서 누군가 y가 아니라 x라는 결정을 내리게 되었으며, 어떻게 하면 나중에라도 이를 뒤집을 수 있는지에 대한 간단한 설명은 힘 있는 자들 사이에서 황금 알을 낳는 시장을 형성할 수 있다.

개별 장기로서의 두뇌에 정치적 초점을 맞추게 된 것은 불과 1990년대 초부터 시작된 일이지만, 이는 19세기 말부터 대학 연구자들과 정부, 기업들 간의 동맹을 만들어낸 유구한 전통과 맥을 같이한다. 1950년대에 행동과학과 '결정 연구' 분야에 많은 연구 투자가 이루어지게 된 것은 냉전으로 인한 군사적 필요 때문이었음은 익히 알려진 사실이다.[14] 제2차세계대전 이후 행동과학과 결정 연구의 중심지였고, 행동 경제학의 진화에서 중심적인 지위를 점하고 있는 미시건 대학은 교전 시의 팀워크와 의사 결정을 더 잘 이해하기 위한 방위 관련 연구 계약을 꾸준히 진행하고 있다.

2014년 페이스북의 기분 조작 실험이 일조하기도 했던 '사회적 전염병'의 과학 역시 미국 국방 문제와 연결되어 있다. 펜타곤의 미네르바 연구 구상Minerva Research Initiative은 미국에 전략적으로 중요한 사안과 지역에 대한 사회과학 지식을 수집하기 위해 2008년 발족했다.[15] 그 일환으로 시민의 불안이 사회적 전염병으로서 어떻게 확산되는지를 연구하기 위해 코넬 대학과 계약을 맺기도 했다. 코넬 대학에서 미네르바의 연구비 지원을 받는 언론 정보학과 교수 제프리 핸콕Jeffrey Hancock은 페이스북 연구에도 참여했다. 한 번이라도 수상쩍은 행동을 했다고 해서 그 사람의 모든 행위를 의심할 수는 없겠지만, 어떤 형태의 지식은 특정한 전략적 이해관계를 가진 어떤 형태의 기관에 유용하다는 점만큼은 분명히 확인할 수 있다.

사회적인 영향력의 비밀을 파헤치겠다고 공언하는 대중 행동주의가 비소설 출판 분야에서 급속하게 성장하면서 댄 애리얼리와 로버트 치알디니 같은 심리학사나 리저드 밀러Richard Thaler 같은 행동주의 경제학자 등 소

293

수의 유명 인사들이 만들어지고 있다. 이런 학자들의 강연료는 하루 5만 달러에서 7만 5,000달러에 육박하는데, 이것만 봐도 이들의 지식이 어떤 유형의 네트워크에 자양분을 제공하는지 예측 가능하다.[16] 빌헬름 분트의 실험실에 찾아왔던 미국인들이 19세기 말 고국으로 돌아온 뒤 쭉 그랬듯, 행동주의와 관련된 전문 지식을 보유한 집단들은 마케팅과 광고업계에 직접 영향력을 행사한다.

오늘날의 신경과학자들은 감정과 정서, 우울과 행복을 체현된 행동 현상으로 '본다'고 고백하지만, 위 사례 중 일반적으로 정의되는 행복이나 웰빙과 관련한 것은 거의 없다. 이런 점에서 행복은 결국 주관적인 측면이 완전히 빠져버린 채 전문가의 사찰을 받는 객관적인 행동 사건이 되고 있다. 뚜렷하게 벤담주의적인 성격을 갖든 말든, 이런 전통들은 모두 인간의 행동과 감정을 예측하고 통제하는 방법을 더 잘 이해하기 위한 심리 과학의 특정한 정치적 의도를 공유한다.

인간의 삶을 공리주의적·생물학적·행동주의적으로 재현하는 일은 오늘날 서구에서 타당성을 독점하다시피 하고 있다. 하지만 이는 인류 역사상 가장 큰 권력과 부의 원천이 이것을 보장하는 방향으로 동원되어왔기 때문이다. 이를 '이데올로기'라고 표현할 수도 있을 것이다. 하지만 이런 용어의 틀에 가둬버릴 경우, 개인의 자유에 대한 어떤 시각이 광범위한 기술적·제도적 장치들 덕에 이론화되고 발전되고 유지되며 집행되는 과정을 간과해버릴 위험이 있다. 이런 일은 시장이나 자본주의, 혹은 신자유주의 덕에 간단히 귀신같이 벌어지는 것이 아니다. 이런 일이 성공하려면 많은 노동과 권력, 그리고 돈이 필요하다.

행동주의적인 행복과학은 개개인들이 자신의 삶을 이런 지식에 맞춰 해석하고 이야기하게 될 때 최고의 성공을 구가하게 된다. 비전문가인 우리들은 우리 자신의 실패와 슬픔을 두뇌나 고장 난 마음의 탓으로 돌리게 된다. 끊임없이 불화하는 다양한 성격들을 상대해야 하는 우리는 인지 행동 치료의 격려를 받으며 자신의 사고를 더 의심하거나, 자신의 감정에 더 관대해지도록 스스로를 훈련시킨다. 우리는 심지어 한 세기 전의 문화 역사학자라면 결코 이해하지 못할 방식으로, 어쩌면 우리 자신보다 더 큰 무언가의 일원이 되고 싶다는 순수한 절박감 때문에, 자신의 행동과 영양 상태나 기분에 대한 정보를 데이터베이스에 갖다 바치며 정량화된 자기 모니터링을 자청하기도 한다. 이런 식으로 우리가 양분되어버리고 나면 자신과의 관계(혹은 우정?)는 말 그대로 고독과 나르시시즘으로 가득하게 될 것이다.

## 신비로운 유혹

이런 견고한 심리 과학에서 도피한다면 어떻게 될까? 만일 정치와 조직이 모든 사회경제적 문제들을 하나의 인센티브나 행동, 행복이나 뇌로 환원하는 등 과도하게 심리학으로 경도되어버릴 경우, 이들을 심리학에서 벗어나게 하려면 무엇이 필요할까? 꾸준한 유혹이 한 가지 답이 될 수 있지만, 대신 주의할 점이 있다. 이것은 냉혹하고 합리주의적이며 객관적인 마음(과 뇌)의 과학을 그 정반대로, 즉 의식과 자유, 감각의 미스터리 속에서 낭만적이고 주관적인 양념을 빌리는 행위도 뒤집는 것과 다르지 않기 때문이다.

반<del>기</del>기계적인 자연의 인과력으로 환원된 사회 세계 앞에서, 신비주의의 유혹은 한결 증폭된다. 모든 내적 감정을 외부 세계에서 볼 수 있게 만들겠다고 주장하는 신경과학과 행동주의의 급진적인 객관주의를 눈앞에 맞닥뜨리면, 정말로 중요한 것은 해당 개인만이 알 수 있다고 주장하는 급진적인 주관주의로 빠져들고 싶은 유혹을 똑같이 느끼게 된다. 문제는 이 두 철학이 완전히 양립 가능하다는 데 있다. 이 둘 사이에는 갈등은 고사하고 그 어떤 마찰도 없다. 구스타프 페히너가 말한 '심신 평행론 psychophysical parallelism'이 이에 해당한다.

그 증거로, 마음챙김을 강조하는 활동들(과 많은 긍정심리학의 활동들)은 우리의 두뇌나 마음이 무슨 일을 '하고 있는지'에 대한 과학적 사실을 펼쳐 보임과 동시에, 가만히 앉아서 자신의 존재를 느끼고, 사건이 의식 안팎을 넘나드는 데 주목하라는 불교식 지침을 아무 거리낌 없이 내리고 있다. 행동주의와 신경과학의 한계는 인간이 누리는 자유의 주관적인 측면들을 무시하려 하면서 주로 대학과 정부, 기업의 전문 연구자들에게만 의미 있는 말을 늘어놓는다는 데 있다. '객관적'으로 만들 수 있는 것이면 무엇이든 초점을 맞춤으로써 좀 더 '주관적'이고 수동적인 담론을 위한 틈을 남겨놓는 것이다. 이 틈을 비집고 들어오는 것이 바로 뉴에이지적 신비주의다.

리처드 레이어드 같은 많은 행복 전도사들은 이 두 전선에서 동시에 활동한다. 이들은 공식 통계를 분석하고, 신경과학의 교훈을 끌어오며, 데이터를 캐내고, 행동을 추적하여 무엇이 사람들을 행복하게 만드는가에 대한 자신만의 객관적인 관점을 만들어낸다. 그리고 난 다음 이들이 새로운 '세속적 종교'와 명상 기법, 마음챙김을 밀어붙이면, 비과학자들은 여기서 제공되는 서사를 가지고 자신만의 행복을 완성한다. 그 결과 힘을 가진 자와 가지지 못한 자는 서로 다른 언어를 쓰게 되고, 이로써 힘이 없는 자의 언어는 힘 있는 자의 언어를 교란시키지 못하게 된다. 이런 조건에서는 힘 있는 자들에 대한 공적인 성토나 비판이 전혀 불가능하다.

전문가 엘리트들은 갈수록 기이하고 대중들과 동떨어진 언어와 이론을 사용한다. '이들'이 인간의 삶을 서술하는 방식과 '우리'가 인간의 삶을 서술하는 방식은 서로 멀어지며, 이 때문에 포용적인 정치적 숙고의 가능성이 훼손되고 있다. 가령 긍정심리학은 남과 비교하는 짓을 그만두고 그 대신 감사와 공감에 집중하라고 강조한다. 하지만 행복 측정의 목표가 바로 비교 아닌가? 서로의 차이를 비교하려면 한 사람에겐 7점을, 다른 사람에겐 6점을 줘야 하는 것 아닌가? 치료의 한 방편으로 제공되는 도덕률이 그 근거가 되는 과학과 기술의 논리와 완전히 따로 노는 경우는 적지 않다.

언제 어디서나 디지털 추적이 가능해지고 그 결과로 빅 데이터가 쌓이는 요즘 같은 시대에 이 문제는 더욱 악화되고 있다. 비판적인 미디어 이론가 마크 안드레제빅Mark Andrejevic은 자신의 책 《정보 과잉Infoglu》에서 과잉 정보라는 현상이 어째서 새로운 지식 탐색법을 필요로 하는지, 또한 어떻게 이를 활성화하는지를 살핀다. 하지만 그가 보여주듯 이 과정에서 극단적인 불평등이 양산된다. 알고리즘 분석과 데이터 마이닝 권력을 소유한 사람들은 개인으로서는 연구할 엄두도 못 낼 정도로 방대한 양의 데이터를 가지고 세상에서 마음껏 활개를 친다. 이런 권력자에는 시장 연구 기관, 소셜 미디어 플랫폼, 보안 서비스업체도 포함된다. 하지만 나머지 우리 같은 사람들에게 충동과 감정은 우리 자신의 실성을 끼워 맞추고 단순히

게 만드는 수단이 되었다. 그래서 디지털 시대에 fMRI와 정서 분석이 중요한 것이다. 우리의 감정을 시각화하고 측정하며 표준화하는 도구들이 수학과 사실로 가득찬 난해한 담론과, 기분과 신령스러운 믿음이나 감정에 대한 비전문가들의 담론을 연결하는 다리 역할을 하는 것이다. '우리'는 그냥 우리대로 더듬거리며 길을 찾아가지만, '그들'은 그 결과를 관찰하고 알고리즘을 이용하여 분석한다. 서로 다른 두 개의 언어가 작동하고 있는 셈이다.

제7장에서 다룬 것처럼 벤담주의는 사회 세계가 완전히 객관화되어 객관적인 것과 주관적인 것 사이의 구분이 무너져 내린 무시무시한 디스토피아를 그리고 있다. 과학자들이 행복을 완벽하게 이해하고 나면 그것을 경험하는 사람이 누군지는 제쳐놓고 그게 언제 어디서 벌어지는지를 알 수 있게 될 것이다. 정교한 마음 독해 기술은 연구 대상자의 '언어 행동'에서 무언가를 배울 필요를 완전히 없애버릴 것이다. 우리 얼굴과 눈, 몸짓과 뇌는 우리를 대신해 우리의 쾌락과 고통을 전달함으로써 정책 결정자들을 '소리의 폭정'에서 해방시켜줄 것이다. 이런 정치적인 사회상은 과도한 해석일 수 있지만, 특정한 심리 과학과 정치 과학의 전통의 나아갈 길을 보여주는 활기 넘치는 이상理想이기도 하다. 이런 사회에서 신비주의는 개인적으로는 철학적 구제책이 되어줄 수도 있겠지만, 결국 정치적으로는 수용적 입장에 다름 아니다.

| 행복산업 |

## '나는 당신의 기분이 어떤지 안다'

다른 사람의 뇌가 '밝게 빛나는 것'을 목격하는 데는 많은 돈이 들어간다. 최첨단 fMRI 스캐너는 한 대에 1만 달러에 육박하고 1년 운영비가 10만 달러에서 30만 달러에 달한다. 이런 기술들은 정신 질환과 뇌의 결함 및 부상에 대한 상당한 통찰력을 제공한다. 기분과 선택, 취향에 대한 우리의 일상 언어가 점점 뇌의 여러 물리적 부분에 상응하는 용어로 전환되고 있다. 신경 마케터들은 이제 어떤 광고는 뇌의 특정 부분을 활성화시키지만 다른 광고는 그러지 못한다는 것을 짚어낼 수 있다. 하지만 이렇게 엄청난 기술 진보가 다른 사람을 이해하는 것과 같은 좀 더 근본적인 사회생활의 문제에 얼마나 도움이 될까?

벤담이 "자연[본성]은 인간이 고통과 쾌락이라는 두 군주의 지배를 받도록 했다"라고 쓰고 고통과 쾌락은 측정 가능하다고 선언했을 때, 그에게는 심리학이 다루는 문제들이 자연과학이 다루는 문제들과 크게 다르지 않다는 어떤 철학적 입장에 대한 확신이 있었다. 실제로 벤담은 심리학 (과 정치학)이 생물학이나 화학 같은 '자연적'이고 '객관적인' 문제를 근거로 삼을 때 비로소 진정한 과학이 될 수 있다고 생각했다. 마찬가지로 인간은 몇가지 생물학적 특성만 빼면 다른 동물과 다를 것이 전혀 없었다. 모든 동물이 고통에서 자유롭지 못하고, 인간 역시 그러하다. 이 책에서 다룬 많은 인물들 역시 이 같은 철학적 편견을 다양한 방식으로 공유한다. 우리의 머릿속에 있는 개념들은 이에 맞추어 형성되었다. '행동', '스트레스', '학습된 무력감' 같은 개념들은 모두 쥐와 비둘기, 개를 이용한 동물 실험에서 유래

299

한 것들이다.

하지만 만일 이런 철학이 오류에서 출발했다면 어떻게 해야 할까? 그리고 만일 두뇌를 스캔하고 마음을 측정하며 안면을 읽는 기기들이 얼마나 진보하든 간에 결국은 같은 잘못을 반복하고 있을 뿐이라면 어떻게 해야 할까? 기술이 점점 정교해지면서 오히려 이런 잘못을 저지를 가능성이 더 높아진다면 어떻게 해야 할까? 루트비히 비트겐슈타인Ludwig Wittgenstein과 그의 추종자들은 인간의 '두 군주'에 대한 벤담의 진술은 심리학적 언어의 본성에 대한 근본적인 오해에 기초하고 있다고 바라본다. 지금까지와는 다른 정치의 개념을 재발견하기 위해서는 먼저 타인의 감정과 행동에 대한 다른 이해법을 발굴해야 할지도 모른다.

비트겐슈타인은 단어의 뜻을 이해한다는 것은 그것이 어떻게 사용되는지를 이해하는 것이라고 주장한다. 여기에는 타인을 이해하는 문제가 그 무엇보다 사회적인 문제라는 의미가 담겨 있다. 마찬가지로 다른 사람이 무엇을 하고 있는지를 이해한다는 것은 이들의 행위가 그들 자신에게, 그리고 그것과 관련한 다른 사람들에게 어떤 의미를 가지는지 이해하는 것이다. 누군가 내게 "그 사람은 기분이 어떤 것 같아?"라고 물어본다면 나는 그 사람의 행위를 해석하거나, 아니면 그에게 물어봐야 답할 수 있다. 답은 그 사람의 머리나 몸 속에 발견되기를 기다리며 들어 있는 것이 아니라, 우리 둘 간의 상호작용 속에 있다. 그것이 다른 사람들이 무엇을 하고 있으며 무엇을 전달하고자 하는지, 혹은 이들의 행위가 어떤 의미인지에 대한 나의 해석이라는 사실을 분명히 하기만 한다면, 나는 타인의 감정에 대해 큰 틀에서 그럭저럭 맞는 말을 할 수밖에 없다. 마치 체온을 재듯 다른 사람

300　　　　　　　　　　　　　　| 행복산업 |

의 감정을 일종의 사실로서 알아내려는 것이 아니다. 이들 역시 아무리 무슨 생각을 하는지 내게 말하라고 해도 사실을 보도하듯 표현하지는 않을 것이다.

이는 심리학의 언어가 비정상적인 특성을 가지고 있음을 의미한다. 그리고 신경과학자들과 행동주의자들은 정확히 이 문제와 관련하여 자승자박을 되풀이하고 있다.[17] '행복', '기분', '동기부여' 같은 심리학 용어를 이해한다는 것은 타인에게서(즉, 행동으로서) 그것이 어떻게 표현되는지의 측면에서뿐만 아니라, 나 자신에게서(즉, 경험으로서) 그것이 어떻게 나타나는지를 이해하는 것이다. 내가 '행복'이 무엇인지 안다고 말할 수 있는 것은 다른 사람이 행복을 어떻게 드러내는지를 알면서 동시에 내 삶에서 행복이 어떤 것인지 알아차릴 수 있기에 가능하다. 하지만 이것은 정상적인 언어라고 보기 어렵다. 당신 안에 있든, 내 안에 있든 '행복'이 객관적인 것이라고 믿는다면, 나는 행복이라는 말을 잘못 이해해온 것이다.

비트겐슈타인은 "심리학적 속성들은 전체로서의 동물의 속성"이라고 주장한다. "내 무릎이 산책을 하고 싶어 한다"는 말은 터무니없다. 인간만이 무언가를 원할 수 있기 때문이다. 하지만 과학적 심리학과 신경과학의 오만함으로 인해 가령 "너의 마음은 네가 그 상품을 사길 원해"나 "나의 뇌는 자꾸 뭘 잊어버려"라는 식의 말이 아무렇지도 않게 되었다. 이런 말을 할 때 우리는 욕구와 망각이란 사회적 관계 속에서 의도와 목적성을 가지고 살아가는 인간에 대한 해석을 토대로 해야만 어떤 의미를 가질 수 있는 행위임을 잊어버린다. 행동주의는 이 모든 것을 배제하려 하지만, 그 과정에서 우리가 다른 사람들을 이해하기 위해 사용하는 언어에 상당한 폭력

301

을 행사한다.

심리학은 비유의 힘을 빌려서든, 좀 더 직설적인 환원주의를 통해서든 생리학이나 생물학을 모델로 삼는 오류를 계속해서 되풀이하고 있다. 물론 심리를 단순히 물리적인 것으로 환원하려는 노력이나, 최소한 기계적 혹은 생물학적 비유를 심리학의 토대로 삼으려는 이런 시도는 이 책에서 다룬 여러 이론가들이 제시하는 권력과 통제의 주요 전략 중 하나다. 제본스에게 있어서 마음은 기계적인 평형 장치로 보는 것이 가장 올바른 이해이고, 왓슨에게 있어서 마음은 관찰 가능한 행동일 뿐이며, 세리에에게 있어서 마음은 육체 속에서 발견 가능하다. 그리고 모레노에게 있어서 마음은 측정 가능한 사회적 네트워크에서 분명히 드러나고, 마케터들은 우리의 결정과 기분을 뇌의 결과로 보기를 좋아한다.

하지만 그렇다고 해서 우리가 페히너나 분트의 이원론으로 회귀할 필요는 없다(그래서는 안 된다). 마음이 육체적인 몸과는 반대로 주관적이고, 초월적이며, 눈으로 볼 수 없는 성질을 가지고 있다고 주장하는 것은 신경과학과 불교를 반씩 섞어놓은 마음챙김의 교리가 그럴듯 같은 이원론을 뒤집어놓는 것과 다를 바 없다. 정신을 외부 세계에서는 결코 볼 수 없는, 완전히 사적인 영역으로 바라보는 시각으로 돌아가고자 하는 것은 여전히 우리 자신에게 전전긍긍하며 편집증적으로 "내가 정말로 어떤 감정을 느끼고 있는 거지?", "그 사람이 정말로 행복한지 모르겠어" 같은 질문을 던지는 상황에서 벗어나지 못한다는 의미다. 바로 이런 종류의 철학적 혼란 속에서 뇌스캐너를 가진 사람은 모든 도덕적·정치적 문제를 영원히 해결할 수 있다며 큰소리친다.[18]

가장 근본적으로, 벤담이냐 비트겐슈타인이냐는 인간이란 무엇인가 하는 질문과 맞닿아 있다. 벤담은 인간은 말없는 육체적 고통이라는 조건 속에 놓여 있고, 이 고통은 전문가의 힘을 빌려 세심하게 설계된 개입을 통해 누그러질 수 있다고 상정한다. 이것은 과학적 감시 사회를 지향하는 공감의 윤리다. 또한 인간과 동물은 철학적으로 의미 있게 구분되지 않는다고 바라본다. 반면 비트겐슈타인의 경우 언어보다 더 중요한 것은 없다. 인간은 말하는 동물이며, 인간의 언어는 다른 인간도 이해할 수 있다. 쾌락과 고통은 그 특권적인 지위를 상실했고, 과학적인 사실로 받아들여질 수 없다. "당신은 언어를 학습하면서 '고통'이라는 개념을 학습한다." 하지만 우리가 자신을 표현할 때 사용하는 단어들 밖에서 어떤 의식의 실체를 찾아봤자 소용없다.[19] 만일 사람들이 스스로 말할 수 있는 상태에 이르게 되면 이들이 어떤 감정 상태에 있는지를 예측할(혹은 측정하려 애쓸) 꾸준한 필요가 갑자기 사라지게 된다. 이와 함께 심신 감시 기술을 언제 어디서나 가동시킬 필요 역시 잠재적으로 사라지게 된다.

## 어떻게 다른 방법으로 인간을 파악할 것인가?

비트겐슈타인이 묘사한 조건하에서도 심리학과 사회과학은 완벽하게 가능할 뿐만 아니라 오히려 훨씬 더 쉬워진다. 다른 사람을 행동과 언어를 통해 이해하려는 체계적인 노력은 분명 가치 있는 일이다. 하지만 이는 우리가 일상생활에서 서로를 이해하기 위해 하는 노력과 크게 다르지 않다. 사회심리학자 롬 하레Rom Harre의 주장처럼 모든 사람은 다른 사람이 무슨 말을 하는지 혹은 어떤 의도를 품고 있는지 자신할 수 없는 문제를 겪곤 하지만, 이런 문제를 극복하는 각자의 방법을 가지고 있다. "유일한 해법은 자기 자신에 대한 이해를 타인에 대한 이해의 기초로 사용하고, 같은 종으로서의 타인에 대한 이해를 발판으로 우리 자신에 대한 이해의 깊이를 확장시키는 것"이라는 게 그의 주장이다.[20]

이를 통해 우리는 심리학적 지식을 얻을 때는 사람들의 말을 훨씬 진지하게 받아들여야 한다는 함의를 얻을 수 있다. 그뿐만 아니라 대부분의 경우 의도와 다른 말을 할 말한 이유를 밝히지 못한다면 사람들의 말을 곧이곧대로 받아들여야 한다. 행동주의는 항상 자신의 감정에 대한 사람들의 '보고'를 믿지 못하고 그 이면에 깔려 있는 감정의 실체를 찾아 헤맸지만, 해석적인 사회심리학은 감정과 말은 궁극적으로 서로 불가분의 관계에 있다고 주장한다. 다른 사람의 감정을 이해한다는 것에는 이들이 '감정'이라는 단어를 사용할 때 무슨 의미를 전달하고자 하는지 이해하는 것도 포함되기 때문이다.

설문조사 같은 기법은 거대하고 다양한 사회에서 상호적인 이해를 육성하는 데 가치 있는 역할을 할 수도 있다. 하지만 설문조사를 진행할 때 무슨 일이 벌어지는지에 대한 오해도 엄청나게 많다. 설문조사는 결코 어떤 준準자연적이고 객관적인 사실의 집합을 재현하는 수단이 될 수 없다. 그보다는 사람들에게 답을 캐묻는 과정에서 이들과 관계를 맺을 수 있는 유용하고 흥미로운 방법이다. 비판적인 심리학자 존 크롬비John Cromby는 행복 설문조사와 관련하여 이렇게 주장했다.

| 행복산업 |

행복은 항상 모든 인간 참가자가 (⋯) 점수표에 특정한 방식으로 체크하도록 확실한 힘을 행사하지 못한다. 행복과 설문지 응답 간의 관계는 가령 수은의 양과 그 온도 간의 관계처럼 딱 맞아떨어질 수가 없다.[21]

그렇다고 해서 행복 설문조사가 아무것도 밝히지 못한다는 것은 아니다. 하지만 그것이 담고 있는 내용은 조사자와 조사 대상 간의 사회적 상호작용과 불가분의 관계에 있다. (예컨대 트위터 정서를 분석함으로써) 응답자의 자의식을 제거하여 이보다 더 객관적인 무언가를 발견하겠다는 이상은 터무니없는 환상일 뿐이다. 게다가 여기에는 연구자와 그 외 모든 사람들 간의 사이를 더욱 멀어지게 만드는 일종의 사기와 조작까지 끼어 있다.

이 주장을 이해하는 또 다른 방법은, 심리학을 정치적 대화에 이르기 위해 통과하는 문으로 보는 것이다. 이는 이 책에서 설명한 공리주의나 행동주의 전통과 상반된다. 오히려 공리주의와 행동주의는 심리학을 정치로 가는 문을 닫아버리고 생리학이나 경제학으로 가기 위한 단계로 보기 때문이다. 뭔가 잘못되지만 않는다면, 심리학의 핵심 질문은 상대적으로 단순하다. "그 사람은 무엇을 하고 있는가?", "그 사람은 지금 어떤 감정을 느끼고 있는가?" 대부분의 경우 이런 질문에 대한 답은 상대적으로 무난하다. 그리고 이 질문에 대한 답을 찾기 위한 1차적이면서도 가장 중요한 '방법론'은 우리 모두가 매일 사용하는 방법, 즉 그 사람에게 직접 물어보는 것이다.

경영 엘리트들은 당연하게도 이런 방법론을 별로 신지하게 여기지 않는다. 이런 방법론에는 반드시 숙고의 과정이 필요하다. 이는 각자의 환경에 대한 적당한 해석 능력과 비평 능력이 있음을 인정하는 것이기도 하다. 또한 이런 방법론에는 다른 사람의 말에 귀 기울이는 기술이 필요한데, 감시하고 시각화하는 권력을 특권처럼 여기는 사회에서 이런 기술은 이미 종적을 감추었다. 정·재계의 지배자들은 사람들이 자신의 감정과 판단을 의도적으로 표현할 수 있는 상황보다는, 뇌가 '밝게 빛나는 것' 즉, 사고하는 과정을 '야구 관람하듯 눈으로 볼 수 있는' 상황에 더 안심한다. 여러 가지 이유로, 마음을 눈으로 볼 수 있게 만드는 것이 귀로 들을 수 있게 하는 것보다 더 안전하다고 여기는 모양이다. 아무런 말도 하지 않는 자동화된 마음을 선호하던 행동주의적 시각이 폐기되고, 똑똑하고 자기 의사 표현을 할 줄 아는 마음을 선호하는 환경이 만들어지려면 조직 구조 전체가 바뀌어야 할 수도 있다.

객관적인 심리적 척도를 중심으로 조직된 사회에서 경청의 힘은 대단히 전복적인 잠재력을 갖는다. 눈의 감각 능력을 중심으로 설계된 정치 체제에서 귀의 감각 능력을 중시하는 데는 무언가 급진적인 구석이 있다. 임상심리학자 리처드 벤탈Richard Bentall은 오늘날 서구에서 보통 약물로 치료하는 중증 '정신 질환'마저도 인내심을 가지고 조심스럽게 환자와 환자의 인생사에 개입함으로써 완화시킬 수 있다고 주장한다. 그는 이렇게 말한다.

---

만일 정신의학 서비스가 진정으로 치유에 도움이 되려면, 그리고 사람들의 어려움을 단순히 '관리'하기보다는 정말로 도움을 주고자 한

다면, 따스함과 친절함과 공감을 가지고 환자와 관계 맺는 기술을 재발견할 필요가 있다.[22]

이야기를 들어주고 대화를 나눈다고 해서 사람들을 '고치지는' 못할 것이다. 무엇보다 그런 것들은 치료가 아니기 때문이다. 하지만 정신증과 조현병 같은 증세의 이면에는 훌륭한 경청자만이 발견할 수 있는 이야기와 정서적 상처가 있다.

최근 다른 사회과학 분야에서는 경청의 재발견이 대단히 중요한 사안으로 다뤄지고 있다. 사회학자 레스 백Les Back은 "세상을 향해 귀를 열어두는 것은 날 때부터 주어진 자동적인 능력이 아니라 훈련이 필요한 기술"이라고 주장하면서, 한없이 쏟아지는 데이터와 분석, 사실과 수치로 이루어진 '추상화되고 꺼림칙한 경험주의' 사회에는 아무도 이런 훈련을 하지 않다보니 경청의 기술이 사라져버렸다고 지적한다.[23] 다른 사람을 안다는 것은 그 사람의 이야기와, 그 사람이 이야기를 하는 과정에 관여하는 것이다. 과거에는 '이데올로기'를 비판하면서 대부분의 사람들이 자기 자신의 실제 이익이 무엇인지 알지 못한 채 '허위의식'에 사로잡혀 살아간다고 말했다. '넛지'과 은밀한 페이스북 실험의 시대에, 일반인들이 자신이 무엇을 하고 있는지를 **아는** 방법과, 자신의 삶을 **이해하는** 방법 그리고 자신의 이익을 분명하게 **직시하는** 방법을 정확히 강조하는 것이 더 급진적일 수 있다는 주장은 역설처럼 보인다. 이런 면에서 연구자들은 겸양의 미덕을 배울 필요가 있다.

무엇보다 사회심리학자들이 재발견한 가장 중요한 인간의 능력 중

307         

하나는 비판적인 판단을 할 수 있는 화자의 능력이다. 비판이나 불평을 '불행'이나 '불쾌'의 한 형태로 설명하는 것은 비판이나 불평이라는 용어의 의미, 혹은 이런 것을 경험하거나 실행하는 것의 의미를 단단히 오해한 것이다. '비판'은 뇌에 나타나지 않는다. 그렇다고 해서 비판적인 판단력을 행사할 때 신경학적 수준에서 아무일도 일어나지 않는다는 말은 아니다. (종종 우울증과 동격으로 인식되는) 불행이라는 단일한 신경상 혹은 정신적 정의에 모든 형태의 부정성을 끌어다 붙이려는 시도는, 어쩌면 공리주의의 정치적 결과 중에서 가장 사악한 것일 수 있다.

'비판'과 '불평'은 세상에 대한 특정 형태의 부정적인 지향과 관련되어 있고, 비판자 자신과 이 비판을 듣는 청중들 모두 이 사실을 알고 있다고 보는 것이 더 적절한 이해라 할 수 있다. 하레는 이렇게 표현한다. "말로 불평하는 것은 불만족스러움이 표현되는 방식 중 하나다. '불만족한' 사람에게는 불평을 잘하는 사람이라는 꼬리표가 따라다닌다."[24] 모든 사람에게는 각자의 삶을 해석하여 자신만의 서사를 만들어낼 고유한 힘이 있음을 인정하지 않을 경우 '비판'과 '불평' 같은 개념은 아무런 의미를 갖지 못한다. 트위터의 데이터를 캐내는 '정서 분석가'가 사람들이 **우연히** 노출하는 심리적 감정의 근거를 찾아다니는 세상에서, 자신의 굴곡진 인생을 털어놓는 누군가에게 귀 기울인다는 것은 곧 그 사람에게 이해력과 표현력이라는 인간으로서의 존엄성을 부여하는 것과 같다.

사람들의 분노와 비판 의식, 저항과 좌절을 인식한다는 것은 이런 식으로 느끼거나 행동하는 이유가 있음을 이해하는 것이기도 하다. 사람들이 자신을 드러낼 때는 그 방식이나 자신감의 수준이 천차만별이지만,

308 　　　　　　　　　　　　　　| 행복산업 |

각자의 삶에 대한 서사를 인정할 이유는 충분하다. 누군가 자신의 감정을 (정확한 이름을 밝히거나 양으로 측정하라는 가르침 대신) 표현하라는 권유를 받을 경우, 그는 이것을 사회적 현상으로 끌어올린다. 비판 의식이나 분노를 품게 된 사람은 자신의 외부에 있는 것에 **대해서** 역시 비판 의식이나 분노를 품게 될 수 있다. 똑 부러지게 할 말은 하는 사람으로 통하는지 전문가로 통하는지는 중요하지 않다. 비판 의식이나 분노를 품게 되었다는 것은 이미 자신의 마음이나 뇌가 어떻게 돌아가고 있는지, 마음과 뇌를 향상시키기 위해서는 어떻게 해야 하는지 따위에 관심을 갖는 사람에 비해 외로움이나 우울증, 자아도취에 빠질 공산이 적다는 의미다.


## 심리 통제에 반대한다

행동주의적인 행복 의제를 밀어붙이는 한 줌의 정치 세력과 금융자본이 다른 데 정신을 팔게 되면 어떤 일이 벌어질까? 우리 마음과 감정, 뇌에서 일어나는 극히 작은 변화를 모니터링하고 예측하며 처리하고 시각화하고 심지어 앞지르기 위해 들어가는 수백억 달러를 대안적인 정치 경제 조직을 고안하고 이행하는 데 쓴다면? 기업과 대학 경영진, 정부 등 고위층들은 분명 이런 제안을 비웃음으로 일축하겠지만, 이는 오히려 심리 통제 기법이 정치적으로 얼마나 중요해졌는가를 나타내는 반증으로 볼 수 있다.

깨어 있는 정신과 의사나 사회역학자는 어떨까? 이들도 마찬가지로 웃기는 소리라고 생각할까? 난 그러지 않으리라 생각한다. 많은 정신과 이

사들과 임상심리학자들은 자신들에게 돈을 주고 처리를 맡긴 문제들이 한 개인의 마음이나 몸에서 시작되거나 심지어는 가족력 때문에 발생하는 것이 아니라는 점을 누구보다 잘 알고 있다. 이런 문제들은 그보다 더 넓은 사회적·정치적 혹은 경제적 몰락에서 시작된다. 심리학과 정신의학을 의학(혹은 경제학의 색채가 짙은 행동주의 과학)의 영역으로 한정 짓는 것은 이런 분야의 비판적 잠재력을 거세하기 위한 한 방편에 불과하다. 그렇다면 비판적 잠재력을 회복하기 위해서는 무엇을 요구해야 할까?

최근 들어 [사람들의 정신적] 곤경을 탈의료화시켜 제약 산업(과 미국 정신의학계 내부에 있는 그 대변자들)의 마수에서 벗어나게 해야 한다는 주장이 점점 힘을 얻고 있다.[25] 1980년《정신 질환 진단 및 통계 편람》3판의 총책임자였던 로버트 스피처마저 이제는 도가 지나칠 정도로 평범한 일상적인 문제에 대해서도 의학적인 진단을 확대하는 분위기라고 주장한 일이 있다. '사회적 처방'은 대안적인 사회·경제적 제도를 만들어가려는 노력과 의료화 사이에 있을 수 있는 중간 지점의 하나다. 사회적 처방은 서로 득을 볼 수 있는, 기존과는 다른 사회·경제적 협력의 모델을 추구하는 것일 수도 있지만, 사회적 관계의 의료화를 훨씬 더 심화하여 노동과 여가 모두 개인의 생리적 혹은 신경학적 효용의 관점에서 평가하게 만들 수도 있기 때문이다.

대화와 협력을 통한 통제의 원칙을 중심으로 조직된 기업 역시 내부가 아닌 바깥세상을 향해 비판의 날을 세우기 위한 또 다른 출발점이 될 수 있다. 노동자 소유형 기업의 장점 중 하나는 1920년대 이후로 기업 경영자들이 의지해온 것과 같은 심리적 통제에 크게 의지하지 않는다는 데 있다. 구조 자체가 노동자 중심인 회사에서는 '직원이 제1의 자산'이라는 다소 반어적인 수사를 사용할 필요가 없다. 대부분의 노동자들을 소모품처럼 생각하는 소유 및 경영 구조에서는 이렇게 나긋나긋한 수사적 노력을 통해 당신들이 소모품이 아님을 꾸준히 상기시켜야만 한다.

조직에 대해 조금이라도 현실주의적인 생각을 갖는다면 최적의 대화와 협의는 (프레더릭 테일러식의) 완전한 안하무인과 꾸준한 심사숙고 사이 어딘가에 있음을 인식해야 한다. 민주적 기업 구조에 찬성한다고 해서 모든 결정 하나하나를 민주적으로 해야 한다는 의미는 아닐 수 있다. 하지만 자주 경영 옹호론이 아무리 원론에 충실하더라도 여전히 유효한지는 분명하지 않다. 위계질서를 찬성하는 이유가 효율적이고 비용을 줄여주며 일이 진행되도록 만든다는 것이라면 행복과 스트레스, 우울과 결근에 대한 그 많은 연구들은 오늘날의 조직 구조가 이런 제한적인 목표마저 달성하지 못함을 보여준다.

갤럽의 계산처럼 불행 때문에 매년 미국 경제가 생산성 저하와 세수 감소의 형태로 5000억 달러씩 손해를 보고 있다면, '테일러'와 '꾸준한 숙고'를 양극단에 놓았을 때 작업장 내 경제적으로 최적화된 협력과 대화의 양은 후자에 상당히 가깝다고 보아야 하지 않을까? 그저 노동자들의 비위를 맞추기 위해서 시늉만 하는 협의나 대화는 무용지물일 뿐 아니라 같은 오류를 반복하기만 한다. 목표는 노동자들이 존중받는 느낌을 갖게 하는 것이 아니라 권력관계를 재조정하여 실제로 이들이 존중받는 분위기를 형성하는 것이기 때문이다. 그리고 이런 분위기는 부수적으로 노동자들의 감정에 영향을 미칠 공산이 크다.

심사숙고를 우선시하는 조직 구조는 제대로 운영하기기 대단히 어

311

렵지만, 이는 연습과 전문적인 조언, 실험이 워낙 없기 때문이다. 문화 비평가 레이먼드 윌리엄스Raymond Williams는 1961년에 쓴 글에서, 민주적 대화를 통해 기업과 지역공동체를 운영하고자 한다면 민주적 대화를 꾸준히 연습할 필요가 있다고 제언한 바 있다. 그는 이렇게 적었다. "이는 진정한 제도의 힘으로서 사람들에게 특정한 감정의 방식을 적극적으로 학습시킨다. 민주주의를 실질적으로 배울 수 있는 제도는 분명 충분치 않다."[26] 성공적인 협동조합의 사례는 윌리엄스의 통찰이 옳았음을 보여준다. 시간이 지날수록 구성원들은 집단성에 대해 숙고하는 기술이 향상되고, 민주적 구조를 자신의 개인적인 불만과 불행을 분출하기 위한 출구로 사용하지 않게 된다. 물론 이 학습 과정에서 이들에 대한 지원도 필요하다.[27] 윌리엄스의 제언 이후 50년이 지난 지금 복원력과 마음챙김, 즉 타자들과의 시끌시끌한 관계가 아니라 자아와의 조용한 관계에 집중하라는 제언이 판을 치고 있는 상황은 우리의 정치 문화가 얼마나 변했는지 적나라하게 보여준다.

스트레스는 의학적인 문제로 볼 수도 있지만, 정치적인 문제로 볼 수도 있다. 더 넓은 사회적 맥락에서 스트레스를 연구해온 사람들은 더 이상 자신의 노동 생활을 통제하기 어려워진 상황에서 스트레스가 부상하게 되었고, 따라서 육체나 의학적 치료가 아니라 불안정 노동과 전제적인 경영에 정책적 관심을 쏟아야 함을 익히 알고 있다. 2014년 영국 공공 건강 단체Faculty of Public Health의 대표 존 애쉬튼John Ashton은 영국이 과잉 노동과 과소 노동이라는 양대 스트레스 요인을 완화하기 위해서는, 점진적으로 주 4일 근무로 바꾸어야 한다고 주장했다.[28]

오늘날 공리주의적 측정과 경영의 전선에서는 인간 최적의 상태를

312

하나의 척도로 나타내겠다는 일원론적인 환상에 힘입어 경제학과 의학이 하나의 웰빙 과학으로 통합되는 중이다. 육체를 겨냥한 척도들은 생산성과 이윤을 위해 설계된 척도로 환산 가능해지고 있다. 이는 중요한 비판과 저항의 지점이다. 원론적으로 사람들은 행복을 추구하는 것과 돈을 추구하는 것은 전적으로 다른 측정 영역에 남아 있어야 한다고 말할지 모른다.[29] 이런 원칙에서 추론해보면 공공 의료를 엄호하는 데서부터 작업장의 웰빙 감시에 대한 반대, 피트니스 행동을 금전적 보상으로 바꾸려 하는 앱과 기기들에 대한 거부에 이르기까지 다양한 실천 경로를 생각해낼 수 있다.

시장이 반드시 문제는 아니다. 오히려 시장은 일상을 파고드는 심리 통제에서 벗어날 수 있는 탈출구가 될 수도 있다. 전통적인 지불노동은 워낙 빤히 들여다보여서 추가적인 심신 관리가 불필요하다. 반면 사람들을 좀 더 낙천적인 감정으로 유도하거나 사람들의 자존감을 육성하기 위한 방편으로 제시되는 노동 복지 제도workfare와 인턴십은 종종 노골적인 착취와 함께 심한 심리적 통제를 동반한다. 제5장에서 주장했듯 '자유' 시장에 대한 신자유주의의 존중은 어떤 경우든 항상 과장되어왔다. 마케팅은 기업의 불확실성을 낮추는 데 주력하기 때문에 오랫동안 시장보다는 기업들에 훨씬 매력적이었다. 대부분의 소셜 미디어 플랫폼처럼 무료로 제공되는 서비스에 대한 의심은 심리 통제 기술에 대한 좀 더 일반적인 걱정이 표현되는 징후의 하나에 불과하다. 그리고 이것은 프라이버시에 대한 전통적인 관심과는 다르다.

20세기 초에 최초로 '과학화'된 광고는 가장 강력한 대대적 행동 조작 기법 중 하나다. 이 문제와 관련하여 광고업자들은 스스로를 민빅터면서 잇속을 챙긴다. 고객은 왕이고 고객에게 사기를 쳐서는 안 되며, 광고는 단순히 상품을 전달하는 매체일 뿐이라는 것이다. 하지만 다른 한편에서 광고에 지출되는 돈은 꾸준히 늘고 있고, 미디어와 공적 공간, 스포츠와 공공 기관을 [자신들의] 이미지로 도배하려는 유명 브랜드와 마케팅 기관들의 힘을 억제하려는 노력은 맹공에 시달리고 있다. 광고가 그렇게 순수하다면, 어째서 우리 주위에 이렇게나 많은 광고가 범람하는 걸까?

('시각 공해'에 반대하는) 광고 청정 공간 운동은 세계 여러 도시에서 몇 건의 주목할 만한 성과를 거둔 바 있다. 브라질의 상파울로 시에서는 2006년 시장이 도입한 '청정 도시법'에 따라 공공 광고판을 전혀 찾아볼 수 없다. 다른 브라질 도시들도 광고의 양을 줄이거나 아예 없애기 위해 이와 유사한 조치를 검토했다. 2007년 베이징에서는 고급 숙박 시설 광고가 완전히 사라졌다. 시장은 이런 광고들이 "과장된 표현으로 저소득 집단이 감당할 수 없는, 따라서 수도와 어울리지 않는 사치와 방종을 조장한다"고 설명했다. 미국 단체인 커머셜 얼러트Commercial Alert는 매년 '애드 슬램Ad Slam' 대회를 열어 일상 공간에서 가장 많은 광고를 걷어낸 학교에 5,000달러를 포상금으로 지급한다.

이런 캠페인들은 공적인 것을 지키는 방법에 대한 다소 전통적인 생각에 어쩔 수 없이 의존하고, 상대적으로 낡은 심리 통제 기법들을 겨냥한다. '공짜' 미디어와 오락 콘텐츠에 상품을 끼워 넣는 것은 전적으로 다른 형태의 문제이며, 인터넷 덕분에 마케팅 분야에서는 훨씬 정교하고 개별화된 방식으로 개인을 모니터하고 관찰할 수 있게 되었다. 앞으로는 사람과 중앙화된 데이터 스토어 간의 꾸준한 피드백 순환을 제공하는 '스마트'한

하부 시설이 광고에서부터 건강관리, 도시 행정, 인적 자원 관리까지 모든 것을 해결할 것이라는 장밋빛 청사진이 떠돌고 있다. 하지만 제7장에서 검토한 대로 모든 것을 아우르는 실험실은 소름 끼치는 미래일 뿐이다. 아무리 훌륭하다고 해도 이를 되돌릴 길이 난망하다는 점에서 특히 그렇다. 공공장소에서 안면 인식 같은 방식이 합법적이어야 할 이유는 전혀 없다.

스마트함에 대한 비판은 어떤 형태가 될까? 그리고 이에 대한 저항은 어떤 의미를 갖게 될까? '멍청함'에 대한 찬미일까? 아니면 단순히 건강 추적용 팔찌를 차지 않는 수준일까? 아마 후자에 가까울 것이다. 트윗의 위치 데이터를 채굴함으로써 자신이 살고 있는 도시에서 가장 행복한 이웃을 찾아내는 감정 분석가라든지, 기분을 좋게 하고 육체적 스트레스를 줄이기 위해 매사에 감사함을 많이 갖도록 연습하라는 의사의 충고처럼 공리주의적 유토피아의 어떤 측면들은 어쩔 수 없이 받아들여야 할 수도 있다. 하지만 이런 모험 속에 내재된 철학적 모순과 그 역사적·정치적 기원을 잊지 않는다면 최소한 단순한 육체적 혹은 신경학적 상관관계를 찾을 수 없는 그것, 불행 속에서도 새로운 행복의 기미를 찾아내는 그것, 바로 희망이라는 것의 근원을 발견하게 될지 모른다.

## 감사의 말

내가 넓게 보았을 때 경제심리학이라는 분야에 관심을 갖게 된 것은 2009년부터였다. 행동 경제학과 신경과학이 세계 금융 위기를 믿음직하게 설명할 수 있다는 주장에 충격을 받았던 것이다. 그 후 2년간 나는 옥스퍼드 대학의 과학 혁신 및 사회 연구소Institute for Science Innovation and Society의 연구원으로 지내며 행동 경제학, 행복경제학 그리고 이 양자의 정책적 적용에 대한 급증하는 문헌들을 읽기 시작했다. 이 연구 결과 〈불행의 정치경제학 The Political Economy of Unhappiness〉(New Left Review, 71, Sept.–Oct. 2011)과 〈네오공동체주의의 등장The Emerging Neocommunitarianism〉(Political Quarterly, 83: 4, Oct.–Dec. 2012) 같은 몇 편의 논문이 나오게 되었다(후자의 논문은 나중에 《계간 정치Political Quarterly》에서 그해에 발표된 최고의 논문에 주는 버나드 크릭 상Bernard Crick Prize을 받았다).

그리고 2011년에는 [온라인의 독립 미디어인] 오픈데모크라시openDemocracy의 아우어킹덤OurKingdom 부문에서 행복을 주제로 한 일련의 논문들을 편집했다. 2012년 초에는 베르나데트 렌Bernadette Wren의 초대로 타비스톡 클리닉Tavistock Clinic에서 나의 연구에 대해 토론하는 시간을 가졌고, 거기서 여러 소중한 사회적·지적 관계를 맺었다. 그중 일부는 이 책에 결정적인 도움을 주었다. 특히 세바스티안 크라에머Sebastian Kraemer의 통찰과 도움이 큰 힘이 되었다. 이 기간 동안 내 연구를 도와준 모든 동료들과 토론자, 편집자들에게도 감사의 뜻을 전한다.

나는 버소Verso 출판사의 내 담당 편집자인 레오 홀리스Leo Hollis와 함께 이 책의 기획안을 미세하게 조정한 뒤 2012년 말부터 이 책을 쓰기 시작했다. 워윅 대학 간학문 방법론 연구소Centre for Interdisciplinary Methodologies에 있는 동료들은 항상 지적 자극을 주었고, 측정과 정량화를 비판적으로 사고하는 다양한 방법을 보여주었다. 원고를 마무리하던 몇 달간 나는 이 책의 각 장을 나보다 더 해당 주제의 전문가라고 생각하는 사람들에게 보냈다. 이 책의 다소 논쟁적인 스타일에 이들이 항상 공감한 것은 아니지만, 모두 존경스러운 인내심을 보여주었다. 리디아 프라이어Lydia Prior, 마이클 퀸Micheal Quinn, 닉 테일러Nick Taylor, 하비에르 레사운Javier Lezaun, 롭 호닝Rob Horning, 존 크럼비John Cromby가 바로 그들이다. 소중한 피드백을 보내준 이 독자들에게 감사의 말을 전한다. 줄리안 몰리나Julian Molina는 이 책을 진행하는 수많은 단계에서 연구에 큰 도움을 주었다. 이렇게 열정적이고 부지런한 사람이 나를 도와주다니 난 정말 운이 좋았다. 이 책의 곳곳에서 그는 이 책이 더 나은 방향으로 나아갈 수 있도록 영향을 미쳤다.

레오 홀리스는 내가 아직 제대로 방향을 잡지 못하던 시기부터 이 책에 대한 분명한 관점을 한결같이 유지했다. 레오와 같은 편집자와 함께 일한 경험은 내게 의미 있는 학습의 기회였다. 이 경험은 내가 더 나은 글을 쓰는 데 도움이 되었다고 믿어 의심치 않는다. 그가 이 책에 투자한 그 어마어마한 에너지와 자신감에 감사를 표하고 싶다.

항상 그렇듯 내 연구에 지지와 관심을 보여준 내 가족과 친구들에게, 그 중에서도 특히 나의 가장 든든한 행복의 근원인 리처드 헤인스Richard Haines에게 감사의 마음을 전하고 싶다. 버소 출판사와 이 책을 쓰기로 계약한 뒤 몇 달만에 이 세상에 태어난 마사Martha는 내 삶을 활기차고 소란스럽게 만들어주었다. 한동안은 마사 때문에 모든 일이 틀어지는 게 아닐까 걱정하기도 했지만 실제로 그런 일은 일어나지 않았고, 오히려 잘 설명할 수 없지만 마사가 사실상 모든 상황을 개선시켜주었다고 생각한다. 지난 달부터 마사는 행복할 때면 말을 하기 시작했다. 마치 행복은 우리가 그 옳고 그름을 판별할 수 있는 어떤 것이 아니라, 표현 방식을 잘 알 수도 있고 그러지 못할 수도 있는 것이라는 비트겐슈타인의 통찰을 입증하기라도 하려는 듯 말이다.

마지막으로 위 모든 과정에서 지원을 아끼지 않았던 리디아에게도 감사의 말을 전한다.《뉴 레프트 리뷰New Left Review》가 행복에 관한 나의 논문을 받아주기로 했음을 알게 되었던 2011년 어느 봄날 저녁 애슈몰린 박물관에서 내게 샴페인 한 잔을 사준 것도, 2014년 여름 이 책의 초고를 완전히 넘겼을 때 함께 샴페인을 마셔준 것도 모두 리디아였다. 우리가 함께 읽고 토론했던 이 책의 많은 부분들에 대해 언젠가는 리디아가 나보다 더욱 풍부한 상상력을 바탕으로 훨씬 더 진전시킬 수 있으리라 확신한다. 이 책을 당신에게 바친다.


2014년 10월

## 옮긴이의 말

한시절을 풍미했던 한국의 '웰빙' 열풍이 산업사회의 각종 오염 요소들에 찌든 육체에 대한 뒤늦은 사과였다면, 역시 한 시절 다양한 영역에서 종횡무진했던 '힐링' 바람은 성장의 강박과 소외로 너덜너덜해진 영혼에 대한 돌팔이 의사들의 사후 약방문이었는지도 모르겠다. '웰빙'과 '힐링'이 허울 좋은 질소 충전 과자처럼 구매자의 욕구를 충족시키기는커녕 씁쓸한 뒷맛만 남기는 상품일 뿐임은 이제 그 누구도 부정할 수 없을 것 같다.

얼핏 이 책의 제목만 보면 행복을 돈벌이 수단으로 이용하는 현 시대의 다양한 업계에 대한 폭로일 것 같지만, 내용을 하나하나 읽어가다보면 제목만으로 넘겨짚었던 상상 속의 시나리오는 사실 이제는 그런 책도 좀 나와야 한다는 내 안의 요청이었을 뿐임을 깨닫게 된다. 처음에는 애초 기대와 다른 이야기를 끌고 가는 저자를 향해 한두 마디 옹알이 같은 불만을 투덜거려보기도 하지만, 결국은 지금의 정량화된 행복에 대한 경도가 오랜 역사 속에서 정치학과 경제학, 심리학과 정신의학, 그리고 최근에는 사용자의 지능을 비웃듯 필요 이상의 친절을 베푸는 IT 기술의 공모가 빚어낸 결과라는, 생각할수록 소름 끼치는 저자의 논지를 마주하고 잠시 아득해진다.

사실 오늘날의 행복산업에서 무시 못 할 영향력을 행사하는 영역은 다름 아닌 출판업계다. 멘토를 자처하며 토해내는 알맹이 없는 위로와 격려의 말들, 당신의 마음을 알려주겠노라며 전문가연 폼을 잡는 얼치기 심리서들은 출판계 최고의 불황속에서도 성황리에 투안 새생산되고 있다. 하국 국민들은 메르스 광풍 속에 치료 약이 없을 때는 대증요법이라도 써야 한다는 교훈을 또렷하게 깨치긴 하지만 사실 인간의 불행의 경우, 그에 대한 치료 약이 없어서가 아니라 그것이 인간을 파편화와 소외의 구렁텅이로 몰아넣어야만 생존 가능한 자본주의 본연의 생리와 정면으로 배치되기 때문에 대증요법에만 매달릴 수밖에 없다는 통찰은 그동안 눈을 씻고도 찾아볼 수가 없었다. 어차피 그런 대증요법 덕에 권력과 재력을 거머쥔 자들에게서는 기대할 수 없는 통찰이기도 하지만 말이다. 이런 점에서 완전히 다른 시각과 결로 행복 문제에 접근하는 이번 책은, 책을 팔아먹는 데 눈이 먼 자칭 멘토들과 심리학자들에는 불편할 수 있지만, 결국은 "너의 능력과 노력이 문제"라고 몰아세우는 조언에 신물 난 독자들에게는 개안의 환희를 안겨줄 수도 있으리라.

벨기에 감독 다르덴 형제의 영화 〈내일을 위한 시간〉에서 두 아이의 엄마이자 우울증으로 휴직 중이던 영세 공장의 노동자 산드라는 자신이 없는 사이 사측에서 나머지 노동자들에게 보너스와 산드라의 복직 중 하나를 택하는 투표를 실시하도록 한 결과 자신이 1,000유로의 보너스에 밀렸음을 알게 된다. (여기부터는 완벽한 스포일러이므로 유의할 것.) 퇴근하려는 사장을 만나 이틀의 말미를 얻어 재투표를 허락받은 산드라는 주말 이틀간 열여섯 명의 동료 노동자들을 만나 재투표에서 자신의 복직을 밀어줄 것을 어렵사리 부탁하지만 결국 재투표는 동수로 부결되고, 짐을 챙겨 나가려는 산드라를 불러 세운 사장은 회사 단합 차원에서 보너스와 복직 모두를 베풀되, 대신 산드라의 복직을 위해 계약직 노동자를 해고하겠다고 말한다. 하지만 동료들을 만나고 다니는 동안에는 결기에 찬 모습은커녕 너무 심약

| 행복산업 |

하고 불안정해서 시종일관 관객들의 마음을 졸아들게 했던 산드라는 사장의 제안을 일언지하에 거절하고 회사를 나서면서 남편에게 전화를 걸어 이렇게 말한다. "우리 정말 잘 싸웠지? 나 지금 행복해."

그러니까 행복은 날 때부터 부족함을 모르고 자란 왕자님 공주님이 누리는 것도, 그저 "괜찮아 괜찮아" 하는 말만으로 얻어지는 것도 아닌지 모른다. 자본주의 사회가 부단하게 우리에게 떠안기는 모멸감과 소외, 좌절과 공허함을 정면으로 응시할 수 있는 용기와 우리의 존엄성을 위협하는 온갖 종류의 유혹과 통제에 휘둘리지 않기 위한 눈물겨운 투쟁, 그리고 그 덕에 얻어진 소외되지 않은 노동자들의 평등하고 자유로운 연대 속에 찰나의 휴식처럼 깃드는 것, 그것이 바로 행복인지 모른다. 문제는 너의 능력과 노력이 아니다. 문제는 너의 능력과 노력을 무참히 짓밟고 너에게 짐승의 길을 강요하는 저들이다. 내가 행복한지 탐색하게 해준다는 유혹의 말에 홀려 거울의 방에 들어갔다가 그 속에서 완전히 길을 잃어버렸다면 이제 그 거울을 깨뜨리고 그 무수한 혼돈의 거울을 세워놓은 자들이 누구인지 똑똑히 봐두어야 한다. 그래야 다시 길을 잃지 않을 테니.

황성원

**옮긴이의 말**

# 주註

## 서문

1— Jill Treanor and Larry Elliott, 'And Breathe . . . Goldie Hawn and a Monk Bring Meditation to Davos', theguardian.com, 23 January 2014.

2— Robert Chalmers, 'Matthieu Ricard: Meet Mr Happy', independent.co.uk, 18 February 2007.

3— Matthew Campbell and Jacqueline Simmons, 'At Davos, Rising Stress Spurs Goldie Hawn Meditation Talk', bloomberg.com, 21 January 2014.

4— Dawn Megli, 'You Happy? Santa Monica Gets $1m to Measure Happiness', atvn.org, 14 March 2013.

5— 가령 펜실베이니아 대학의 긍정심리학자 팀과 마틴 셀리그먼은 인지 행동 치료를 교실에 도입하기 위해 펜 리질리언스 프로젝트Penn Resilience Project를 고안했다. 2007년 영국의 3개 교육기관은 영국 교사 100명을 펜 리질리언스 프로젝트에 파견하여 이를 영국의 상황에 맞게 재현하도록 했다.

6— 'Work for World Peace Starting Now — Google's "Jolly Good Fellow" Can Help', huffingtonpost.com, 27 March 2012.

7— Sarah Knapton, 'Stressed Council House Residents Get £2,000 Happiness Gurus', telegraph.co.uk, 9 October 2008.

8— Fabienne Picard, Didier Scavarda and Fabrice Bartolomei, 'Induction of a Sense of Bliss by Electrical Stimulation of the Anterior Insula', Cortex 49: 10, 2013; 'Pain "Dimmer Switch" Discovered by UK Scientists', bbc.com, 5 February 2014.

9— Gary Wolf, 'Measuring Mood: Current Research and New Ideas', quantiedself.com, 11 February 2009.

10— Friedrich Nietzsche, Twilight of the Idols and The Anti-Christ, New York: Penguin, 1990, 33.

11— Campbell and Simmons, 'At Davos, Rising Stress Spurs Goldie Hawn Meditation Talk'.

12— Richard Wilkinson and Kate Pickett, The Spirit Level: Why More Equal Societies Almost Always Do Better, London: Allen Lane, 2009을 볼 것. 카를레스 문테이너의 연구는 이 문제를 더 깊이 탐색한다.

13— Gallup, State of the Global Work place Report 2013, 2013.

14— Adam Kramer, Jamie Guillory and Jeffrey Hancock, 'Experimental Evidence of Massive-Scale Emotional Contagion Through Social Networks', Proceedings of the National Academy of the Sciences 111: 24, 2014.

15— F. A. Hayek, The Road to Serfdom, London: Routledge, 1944.

## 1. 네 감정을 알라

1— "흄은 최고의 전성기를 구가했고, 그의 주장은 모두에게 친숙할 정도가 되었다. 나와 흄의 차이는, 흄은 그것이 무엇인가를 설명하고자 했다면 나는 그것이 무엇이어야 하는가를 보여주고자 했다는 점에 있다." Charles Milner Atkinson, Jeremy Bentham: His Life and Work, Lenox, Mass.: Hard Press, 2012, 30에서 인용.

2— Philip Schofield, Catherine Pease-Watkin and Michael Quinn, eds., Of Sexual Irregularities, and Other Writings on Sexual Morality, Oxford: Oxford University Press, 2014.

3— Atkinson, Jeremy Bentham: His Life and Work, 109에서 인용.

4— Ibid., 222.

5— Jeremy Bentham, The Principles of Morals and Legislation, Amherst, NY: Prometheus Books, 1988, 20.

6— Ibid., 70.

7— Joanna Bourke, The Story of Pain: From Prayer to Painkillers, Oxford: Oxford University Press, 2014.

8— Junichi Chikazoe, Daniel Lee, Nikolaus Kriegeskorte and Adam Anderson, 'Population Coding of Affect Across Stimuli, Modalities and Individuals', Nature Neuroscience, 17: 8, 2014.

9— 논쟁의 여지가 없는 것은 아니지만 벤담이 일원론적 철학의 입장에 서 있었음을 상당히 확실하게 보여주는 주장이다. Michael Quinn, 'Bentham on Mensuration: Calculation and Moral Reasoning', Utilitas 26: 1, 2014.

10— Bentham, The Principles of Morals and Legislation, 9.

11— Ibid., 29-30.

12— Immanuel Kant, 'An Answer to the Question "What is Enlightenment?"', in Kant: Political Writings, ed. Hans Reiss, transl. H. B. Nisbet, Cambridge: Cambridge University Press, 1970.

13— Paul McReynolds, 'The Motivational Psychology of Jeremy Bentham: I. Background and General Approach', Journal of the History of the Behavioral Sciences 4: 3, 1968; McReynolds, 'The Motivational Psychology of Jeremy Bentham: II. Efforts Toward Quantification and Classification' Journal of the History of the Behavioral Sciences 4: 4, 1968.

14— Gustav Fechner, Elements of Psychophysics, New York: Holt, Rinehart and Winston, 1966, 30-1.

15— 그는 정신심리학을 "육체와 영혼의, 혹은 좀 더 일반적으로 말해서 물질적인 것과 정신적인 것, 물리적인 세계와 심리학적인 세계의 기능적으로 의존적인 관계에 대한 정확한 이론"이라고 정의한다. Fechner, Elements of Psychophysics, 7.

16— "모든 동기는 쾌락을 창출 혹은 유지하거나, 불쾌함을 제거 혹은 예방하는 방향으로 쏠려 있다." Michael Heidelberger, Nature from Within: Gustav Theodor Fechner and His Psychophysical Worldview, transl. Cynthia Klohr,

324

Pittsburgh: University of Pittsburgh Press, 2004, 52에서 인용.

17— 마음과 몸의 관계는 "복잡한 메커니즘을 가진 증기 엔진과 비슷하다. 엔진이 얼마나 많은 증기를 만들어내느냐에 따라 그 운동에너지는 높이 치솟을 수도, 낮게 떨어질 수도 있다." Fechner, Elements of Psychophysics, 35.

18— Bourke, The Story of Pain, 157에 나오는 표현이다.

19— Martin Lindstrom, Buyology: How Everything We Believe About Why We Buy Is Wrong, New York: Random House, 2012.

20— Richard Godwin, 'Happiness: You Can Work it Out', Evening Standard, 26 August 2014.

21— Gertrude Himmelfarb, 'Bentham's Utopia: The National Charity Company', Journal of British Studies 10: 1, 1970.

22— '통치'에 대한, 국가의 경계를 넘어선 이 같은 포괄적인 이해는 벤담의 영향을 크게 받은 미셸 푸코Michel Foucault를 통해 더욱 상세한 논의가 전개되었다. 나중에 많은 푸코주의 사회학자들은 영국 같은 자유주의 사회에서 '통치성'이 어떻게 작동하는지를 분석했다. Michel Foucault, Security, Territory, Population: Lectures at the College de France, 1977 – 1978, Basingstoke: Palgrave Macmillan, 2007; Nikolas Rose, Powers of Freedom: Reframing Political Thought, Cambridge: Cambridge University Press, 1999; Nikolas Rose and Peter Miller, Governing the Present: Administering Economic, Social and Personal Life, Cambridge: Polity, 2008를 볼 것.

23— Association for Psychological Science, 'Grin and Bear It: Smiling Facilitates Stress Recovery', sciencedaily.com, 30 July 2012.

24— Maia Szalavitz, 'Study Shows Seeing Smiles Can Lower Aggression', time.com, 4 April 2013.

25— Dan Hill, About Face: The Secrets of Emotionally Effective Advertising, London: Kogan Page Publishers, 2010.

325

26— Richard Layard, Happiness: Lessons from a New Science, London: Allen Lane, 2005, 113.

## 2. 쾌락의 가격

1— Andrew Malleson, Whiplash and Other Useful Illnesses, Montreal: McGill-Queen's University Press, 2002.

2— House of Commons Transport Select Committee.

3— House of Commons Transport Select Committee.

4— Harro Maas, 'An Instrument Can Make a Science: Jevons's Balancing Acts in Economics', History of Political Economy 33: Annual Supplement, 2001.

5— R. S. Howey, The Rise of the Marginal Utility School, 1870 –1889. Lawrence: University of Kansas Press, 1960.

6— Anson Rabinbach, The Human Motor: Energy, Fatigue, and the Origins of Modernity, Berkeley: University of California Press, 1992.

7— Margaret Schabas, A World Ruled by Number: William Stanley Jevons and the Rise of Mathematical Economics, Princeton: Princeton University Press, 1990.

8— Darian Leader, Strictly Bipolar, London: Penguin, 2013.

9— William Stanley Jevons, The Theory of Political Economy, London: Macmillan, 1871, 11에서 인용.

10— Howey, The Rise of the Marginal Utility School.

11— Jevons, The Theory of Political Economy, 101.

12— "우리는 소비라는 단 한 가지 목적을 가지고 생산에 노동을 투여한다. 그리고 생산된 상품의 종류와 양은 우리가 소비하고자 하는 것이 무엇인지와의 관련 속에서 결정되어야 한다." Ibid., 102.

13— Harro Maas, 'Mechanical Rationality: Jevons and the Making of Economic Man', Studies in History and Philosophy of Science 30: 4, 1999.

14— "이제 개인의 마음은 자체적인 비교를 할 수 있는 균형 저울이자, 감정의 양을 최종적으로 가늠하는 판관이다." Jevons, The Theory of Political Economy, 84.

15— Ibid., 11–12.

16— Rosalind Williams, Dream Worlds: Mass Consumption in Late Nineteenth-Century France, Berkeley: University of California Press, 1982.

17— Jevons, The Theory of Political Economy, 101.

18— Alfred Marshall, Principles of Economics, Basingstoke: Palgrave Macmillan, 2013, 53.

19— Jevons, The Theory of Political Economy, 83.

20— Philip Mirowski, More Heat Than Light: Economics as Social Physics, Physics as Nature's Economics, Cambridge: Cambridge University Press, 1989, 219에서 인용.

21— Philip Mirowski, Edgeworth on Chance, Economic Hazard, and Statistics, Lanham, MD: Rowman & LittleEeld, 1994를 볼 것.

22— David Colander, 'Retrospectives: Edgeworth's Hedonimeter and the Quest to Measure Utility', Journal of Economic Perspectives 21: 2, 2007.

23— D. Wade Hands, 'Economics, Psychology and the History of Consumer Choice Theory', Cambridge Journal of Economics 34: 4, 2010.

24— Marion Fourcade, 'Cents and Sensibility: Economic Valuation and the Nature of "Nature"', American Journal of Sociology 116: 6, 2011에서 이 사례를 다루고 있다.

25— 가령 다음을 볼 것. Rita Samiolo, 'Commensuration and Styles of Reasoning: Venice, Cost Benefit, and the Defence of Place', Accounting, Organizations and Society 37: 6, 2012. 이 논문은 비용 편익 분석을 가지고

327

베니스 홍수 방어 시설의 가치를 어떻게 계산했는지를 다루고 있다.

26— 다음을 볼 것. Department for Culture, Media & Sport, 'Understanding the Drivers, Impacts and Value of Engagement in Culture and Sport', gov.uk/government/publications, 2010.

27— Andrew Oswald and Nattavudh Powdthavee, 'Death, Happiness, and the Calculation of Compensatory Damages', Journal of Legal Studies 37: S2, 2007.

28— Simon Cohn, 'Petty Cash and the Neuroscientific Mapping of Pleasure', Biosocieties 3: 2, 2008.

29— Daniel Zizzo, 'Neurobiological Measurements of Cardinal Utility: Hedonimeters or Learning Algorithms?' Social Choice & Welfare 19: 3, 2002.

30— Brian Knutson, Scott Rick, G. Elliott Wimmer, Drazen Prelec and George Loewenstein, 'Neural Predictors of Purchases', Neuron 53: 1, 2007.

31— Coren Apicella et al., 'Testosterone and Financial Risk Preferences', Evolution and Human Behavior 29: 6, 2008.

32— 이 주장을 내놓은 사람은 영국 정부의 전임 고위 과학 자문관 데이비드 넛David Nutt이다. 다음을 볼 것. 'Did Cocaine Use by Bankers Cause the Global Financial Crisis', theguardian.com, 15 April 2013.

33— Michelle Smith, 'Joe Huber: Blame Your Lousy Portfolio on Your Brain', moneynews.com, 17 June 2014.

34— Alec Smith, Terry Lohrenz, Justin King, P. Read Montague and Colin Camerer, 'Irrational Exuberance and Neural Crash Warning Signals During Endogenous Experimental Market Bubbles', Proceedings of the National Academy of the Sciences 111: 29, 2014.

## 3. 구매 의향

1— Ruth Benschop, 'What Is a Tachistoscope? Historical Explorations of an Instrument', Science in Context 11: 1, 1998.

2— Jonathan Haidt, The Righteous Mind: Why Good People Are Divided by Politics and Religion, New York: Pantheon Books, 2012.

3— 다음을 볼 것. Maren Martell, 'The Race to Find the Brain's "Buy-Me Button"', welt.de, 20 January 2011, transl. worldcrunch.com, 2 July 2011.

4— Robert Gehl, 'A History of Like', thenewinquiry.com, 27 March 2013.

5— Lea Dunn and JoAndrea Hoegg, 'The Impact of Fear on Emotional Brand Attachment', Journal of Consumer Research 41: 1, 2014.

6— Jeffrey Zaslow, 'Happiness Inc.', online.wsj.com, 18 March 2006.

7— Keith Coulter, Pilsik Choi and Kent Monroe, 'Comma N' Cents in Pricing: The Effects of Auditory Representation Encoding on Price Magnitude Perceptions', Journal of Consumer Psychology 22: 3, 2012.

8— Drazen Prelec and George Loewenstein, 'The Red and the Black: Mental Accounting of Savings and Debt', Marketing Science 17: 1, 1998.

9— Jonathan Crary, Suspensions of Perception: Attention, Spectacle, and Modern Culture, Cambridge, Mass.: MIT Press, 2001.

10— Robert Rieber and David Robinson, eds., Wilhelm Wundt in History: The Making of a Scientific Psychology, Dordrecht: Kluwer Academic Publishers, 2001.

11— 다음을 볼 것. James Beniger, The Control Revolution: Technological and Economic Origins of the Information Society, Cambridge, MA: Harvard University Press, 1988.

12— Robert Rieber, ed., Wilhelm Wundt and the Making of a Scientific Psychology, New York: Plenum Publishing Company Limited, 1980.

13— Ibid.

14— 미국 심리학자 에드워드 손다이크Edward Thorndike는 1907년 이런 글을
남겼다. "심리학은 사회학, 역사학, 인류학, 언어학, 그 외 인간의 사상과
행동을 다루는 과학들이 토대로 삼아야 하는 기본적인 원리를 제공한다,
혹은 제공해야 한다. (…) 심리학의 사실과 법칙들은 (…) 역사학이
연구하는 위대한 사건을 해석하고 설명하기 위한 일반적인 토대를
제공해야 한다." Kurt Danziger, 'The Social Origins of Modern Psychology:
Positivist Sociology and the Sociology of Knowledge', in Allen Buss, ed.,
Psychology in Social Context, New York: Irvington Publishers, 1979에서
인용.

15— Rieber, Wilhelm Wundt and the Making of a Scienti5 c Psychology.

16— 다음을 볼 것. John Mills, Control: A History of Behaviorism, New York:
NYU Press, 1998.

17— nudgeyourself.com을 볼 것.

18— David Armstrong, 'Origins of the Problem of Health-Related Behaviours: A
Genealogical Study', Social Studies of Science 39: 6, 2009.

19— John B. Watson, Psychology from the Standpoint of a Behaviorist,
Memphis, TN: General Books LLC.

20— Kerry Buckley, Mechanical Man: John Broadus Watson and the Beginnings
of Behaviorism, New York: The Guilford Press, 1989.

21— Ibid., 130.

22— Watson, Psychology from the Standpoint of a Behaviorist, 41-42.

23— Emmanuel Didier, 'Sampling and Democracy: Representativeness in the
First United States Surveys', Science in Context 15: 3, 2002.

24— Sarah Igo, The Averaged American: Surveys, Citizens, and the Making of a
Mass Public, Cambridge, MA: Harvard University Press, 2009.

25— Igo, The Averaged American에서 인용.

26— Stefan Schwarzkopf, 'A Radical Past?: The Politics of Market Research in Britain 1900 −50', in Kerstin Brückweh, ed.,The Voice of the Citizen Consumer: A History of Market Research, Consumer Movements, and the Political Public Sphere, Oxford: Oxford University Press, 2011.

27— Igo, The Averaged American.

28— Loren Baritz, The Servants of Power, Middletown, CT: Wesleyan University Press, 1960.

29— Thomas Frank, The Conquest of Cool: Business Culture, Counterculture, and the Rise of Hip Consumerism, Chicago: University of Chicago Press, 1997.

## 4. 심신이 통합된 노동자

1— Gallup, Inc., State of the Global Workplace: Employee Engagement Insights for Business Leaders Worldwide, gallup. com, 2013.

2— Ibid.

3— David MacLeod and Nita Clarke, 'Engaging for Success: Enhancing Performance Through Employee Engagement, A Report to Government', Department for Business, Innovation & Skills, bis.gov.uk, 2011.

4— Fiona Murphy, 'Employee Burnout Behind a Third of Absenteeism Cases', covermagazine.co.uk, 26 June 2014.

5— 유럽 신경정신약리학 대학European College of Neuropsychopharmacology은 유럽인의 38퍼센트가 정신 건강 문제에 시달리고 있다고 추정한다. Sarah Boseley, ' A third of Europeans are suffering from a mental disorder in any one year', theguardian.com, 5 September 2011.

6— Royal College of Psychiatrists et al, Mental Health and the Economic Downturn: National Priorities and NHS Solutions, 2011.

331

7— Ibid.

8— World Economic Forum, The Wellness Imperative: Creating More Effective Organizations, weforum.org, 2010.

9— Andrew Oswald, Eugenio Proto and Daniel Sgroi, 'Happiness and Productivity', The Warwick Economics Research Paper Series No. 882, University of Warwick, Department of Economics, 2008.

10— Robert Karasek and Tores Theorell, Healthy Work: Stress, Productivity, and the Reconstruction of Working Life, New York: Basic Books, 1992.

11— MacLeod and Clarke, 'Engaging for Success'.

12— Luke Traynor, 'Benefit Cuts Blind Man Committed Suicide After Atos Ruled Him Fit to Work', mirror.co.uk, 28 December 2013.

13— Daniel Boffey, 'Atos Doctors Could Be Struck Off', theguardian.com, 13 August 2011.

14— Adam Forrest, 'Atos, Deaths and Welfare Cuts', bigissue.com, 10 March 2014.

15— Izzy Koksal, "'Positive Thinking" for the Unemployed — My Adventures at A4e', opendemocracy.net, 15 April 2012.

16— Richard Layard, David Clark, Martin Knapp and Guy Mayraz, 'Cost-Benefit Analysis of Psychological Therapy', CEP Discussion Paper No. 829, Center for Economic Performance, London School of Economics and Political Science.

17— Department for Work and Pensions, 'Working for a Healthier Tomorrow: Work and Health in Britain', gov.uk/government/publications, 2008.

18— Tim Smedley, 'Can Happiness Be a Good Business Strategy?', theguardian.com, 20 June 2012.

19— Kathy Caprino, 'How Happiness Directly Impacts Your Success', forbes.com, 6 June 2013.

20— Drake Baer, 'Taking Breaks — You're Doing It Wrong', fastcompany.com, 6 December 2013; Dan Pallotta, 'Take a Walk, Sure, But Don't Call It a Break', blogs.hbr.org, 27 February 2014.

21— Anson Rabinbach, The Human Motor.

22— Matthew Stewart, The Management Myth: Debunking Modern Business Philosophy, New York: W. W. Norton & Company, 2010.

23— Richard Gillespie, Manufacturing Knowledge: A History of the Hawthorne Experiments, Cambridge: Cambridge University Press, 1993, 100에서 인용.

24— 다음을 볼 것. Harvard Business School Baker Library's own online history of this: Michel Anteby and Rakesh Khurana, 'The "Hawthorne Effect"', in 'New Visions', library.hbs.edu.

25— Stewart, The Management Myth, 117.

26— Megan McAuliffe, 'Psychology of Space: The Smell and Feel of Your Workplace', triplepundit.com, 31 January 2014. 웃음을 작업장에서 더욱 진정성 있는 소통의 기초로 다루는 것은 스탠퍼드 경영 대학 에릭 치칠린Eric Tsytsylin의 전공 분야다.

27— Peter Miller and Nikolas Rose, 'The Tavistock Programme: The Government of Subjectivity and Social Life', Sociology, 22: 2, 1988.

28— Matthias Benzer, 'Quality of Life and Risk Conceptions in UK Healthcare Regulation: Towards a Critical Analysis', CARR Discussion Paper No. 68, Centre for Analysis of Risk and Regulation, London School of Economics and Political Science.

29— Hans Selye, The Stress of Life, New York: McGraw-Hill, 1970, 17.

30— Hans Selye, The Stress of My Life: A Scientist's Memoirs, New York: Van Nostrand Reinhold, 1979.

31— Selye, The Stress of Life, 1.

32— Hans Selye, Stress Without Distress, New York: Signet, 1974, 116.

333

33— 다음을 볼 것. Cary Cooper and Philip Dewe, Stress: A Brief History, Chichester: John Wiley & Sons, 2008.

34— 이 주제에 대한 가장 중요한 연구 중 하나는 영국의 공무원 조직이 1967년부터 1977년에 실시한 소위 '화이트홀Whitehall 연구'다. 이 연구는 사회경제적 지위와 건강 영향 간에는 분명한 인과관계가 있음을 보여주었다.

35— 'Unilever Gets Down to Business with Health', hcamag.com, 18 May 2010.

36— Cf. Michael Hardt and Antonio Negri, Empire, Cambridge, MA: Harvard University Press, 2000; Adam Arvidsson and Nicolai Peitersen, The Ethical Economy: Rebuilding Value After the Crisis, New York: Columbia University Press, 2014; Jeremy Gilbert, Common Ground: Democracy and Collectivity in an Age of Individualism, London: Pluto Press, 2014.

## 5. 권위의 위기

1— 'Full Text: Blair's Newsnight Interview', theguardian.com, 21 April 2005.

2— Richard Wilkinson and Kate Pickett, The Spirit Level.

3— ESPNcricinfo staff, 'We Urge the Development of Inner Fitness', espncricinfo.com, 1 April 2014.

4— 'Competitiveness and Perfectionism: Common Traits of Both Athletic Performance and Disordered Eating', medicalnewstoday.com, 22 May 2009.

5— Tim Kasser, The High Price of Materialism, Cambridge, MA: MIT Press, 2003.

6— 다음을 볼 것. Toben Nelson et al., 'Do Youth Sports Prevent Pediatric Obesity? A Systematic Review and Commentary', Current Sports Medicine Reports 10: 6, 2011.

7— 지니계수에 따른 것이다.

8— Kim Phillips-Fein, Invisible Hands: The Making of the Conservative Movement from the New Deal to Reagan, New York: W. W. Norton & Company, 2009.

9— Jessica Grogan, Encountering America: Humanistic Psychology, Sixties Culture and the Shaping of the Modern Self, New York: Harper Perennial, 2013.

10— Hadley Cantril, The Pattern of Human Concerns, New Brunswick: Rutgers University Press, 1966.

11— Jamie Peck, Constructions of Neoliberal Reason, Oxford: Oxford University Press, 2010, 117에서 인용.

12— Andrew McGettigan, 'Human Capital in English Higher Education', paper given at Governing Academic Life, London School of Economics and Political Science, 25–26 June 2014.

13— Edmund Kitch, 'The Fire of Truth: A Remembrance of Law and Economics at Chicago, 1932–1970', Journal of Law and Economics 26: 1, 1983.

14— Ibid.

15— George Priest, 'The Rise of Law and Economics: A Memoir of the Early Years', in Francesco Parisi and Charles Rowley, eds., The Origins of Law and Economics: Essays by the Founding Fathers, Cheltenham: Edward Elgar, 2005, 356.

16— Milton Friedman, 'The Social Responsibility of Business Is to Increase Its Profits', The New York Times Magazine, 13 September 1970.

17— Will Davies, The Limits of Neoliberalism: Authority, Sovereignty and the Logic of Competition, London: Sage, 2014.

18— Nikolas Rose, 'Neurochemical Selves', Society, November/December, 2003; Nikolas Rose, Politics of Life Itself: Biomedicine, Power and Subjectivity in the Twenty-First Century, Princeton, NJ: Princeton University Press, 2007.

19— Peter Kramer, Listening to Prozac, London: Fourth Estate, 1994.

20— Alain Ehrenberg, The Weariness of the Self: Diagnosing the History of Depression in the Contemporary Age, Montreal: McGill-Queen's University Press, 2010.

21— David Healy, The Antidepressant Era, Cambridge, MA: Harvard University Press, 1997.

22— 폭넓은 연구와 논평을 통해 알려졌다시피 항우울제의 효과는 플라시보보다 아주 조금 더 나을 뿐이며, 플라시보의 효과는 해가 갈수록 증대되고 있다. 다음을 볼 것. B. Timothy Walsh, Stuart N. Seidman, Robyn Sysko and Madelyn Gould, 'Placebo Response in Studies of Major Depression: Variable, Substantial, and Growing', Journal of the American Medical Association 287: 14, 2002.

23— Thomas Szasz, The Myth of Mental Illness: Foundations of a Theory of Personal Conduct, New York: Harper Perennial, 2010.

24— D. L. Rosenshan, 'On Being Sane in Insane Places', Science 179, 1973.

25— Ehrenberg, The Weariness of the Self.

26— Healy, The Antidepressant Era.

27— Hannah Decker, The Making of DSM-III: A Diagnostic Manual's Conquest of American Psychiatry, Oxford: Oxford University Press, 2013.

28— John Feighner et al., 'Diagnostic Criteria for Use in Psychiatric Research', General Psychiatry 26: 1, 1972. 이 논문은 이후 미국 정신의학계 역사상 가장 많이 인용되었다.

29— Decker, The Making of DSM-III, 110

30— 우울증 같은 증후군이 당사자의 환경에 '비례해서' 나타나는지의 여부는 마이어의 입장을 지지하는 정신의학계에서 중대한 문제였다. 이는 1950년대와 1960년대에는 많은 정신의학자들과 사회 개혁 운동가들 사이에 암묵적인, 그리고 때로는 노골적인 동맹이 형성되어 있었음을

336

의미했다. 이 동맹을 깨뜨린 것이 바로《정신 질환 진단 및 통계 편람》
3판이었다. 다음을 볼 것. Allan Horwitz and Jerome Wakefield, The Loss
of Sadness: How Psychiatry Transformed Normal Sorrow into Depressive
Disorder, Oxford: Oxford University Press, 2007.

31—  Decker, The Making of DSM-III에서 인용.

32—  이 사례는 승소한 라파엘 오셔로프Raphael Osheroff의 이름을 따서 '오셔로프
판결'이라고 한다. 그는 자아도취성 인격 장애로 1979년 치료를 받고
정신요법을 처방받았다. 이듬해 다른 정신의학 기관으로 옮긴 뒤 리튬을
처방받자 즉시 상태가 호전되기 시작했다. 1983년 55만 달러의 보상금 지급
판정을 받았다.

33—  Tara Parker-Pope, 'Psychiatry Handbook Linked to Drug Industry',
well.blogs.nytimes.com, 6 May 2008.

34—  Peter Whoriskey, 'Antidepressants to Treat Grief? Psychiatry Panelists with
Ties to Drug Industry Say Yes', washingtonpost.com, 26 December 2012.

35—  가령 다음을 볼 것. Julie Kaplow and Christopher Layne, 'Sudden Loss and
Psychiatric Disorders Across the Life Course: Toward a Developmental
Lifespan Theory of Bereavement-Related Risk and Resilience ', The
American Journal of Psychiatry 171: 8, 2014.

36—  가령 우울증으로 유럽 고용주들이 치른 비용은 연간 770억 달러였다.
다음을 볼 것. Sara Evans-Lacko and Martin Knapp, 'Importance of Social
and Cultural Factors for Attitudes, Disclosure and Time Off Work for
Depression: Findings from a Seven Country European Study of Depression
in the Workplace' PLOS One, 9: 3, 2014.

37—  The HR Leadership Forum to Target Depression in the Workplace,
'Depression in the Workplace in Europe: A Report Featuring New Insights
from Business Leaders', targetdepression.com, 2014.

## 6. 사회적 최적화

1— University of California – Berkeley, 'Gratitude or Guilt? People Spend More When They "Pay It Forward"', sciencedaily.com, 26 November 2012.

2— Chuck Leddy, 'When 3+1 Is More Than 4', news.harvard.edu/gazette, 24 October 2013.

3— 다음 글에서 나는 이 문제를 더욱 심도 있게 다루었다. William Davies, 'The Emerging Neocommunitarianism', Political Quarterly 83: 4, 2012; and William Davies, 'Neoliberalism and the Revenge of the "Social"', opendemocracy.net, 16 July 2013.

4— 이는 경영전략 분야의 기본적인 전제다. 다음을 볼 것. Michael Porter, 'How Competitive Forces Shape Strategy', Harvard Business Review, March 1979.

5— Karon Thackston, '7 Thank You Pages That Take Post-Conversion to the Next Level', unbounce.com, 2 April 2014.

6— Kate Losse, 'Weird Corporate Twitter', thenewinquiry.com, 10 June 2014.

7— Mo Costandi, 'Shared Brain Activity Predicts Audience Preferences', theguardian.com, 31 July 2014.

8— Peter Ormerod, 'Is Your Friend an Unpaid Branding Enthusiast?', theguardian.com, 13 January 2014.

9— Stephen Baker, 'Putting a Price on Social Connections', businessweek.com, 8 April 2009.

10— John Cacioppo and William Patrick, Loneliness: Human Nature and the Need for Social Connection, New York: W. W. Norton & Company, 2009.

11— Hospital for Special Surgery, 'Socially Isolated Patients Experience More Pain After Hip Replacement', sciencedaily.com, 27 October 2013.

12— University of Zurich, 'Brain Stimulation Affects Compliance with Social Norms', sciencedaily.com, 3 October 2013.

13— MIT Technology Review, 'Most Influential Emotions on Social Networks Revealed', technologyreview.com, 16 September 2013.

14— Guy Winch, 'Depression and Loneliness Are More Contagious Than You Think', psychologytoday.com, 9 August 2013.

15— René Marineau, Jacob Levy Moreno, 1889–1974: Father of Psychodrama, Sociometry, and Group Psychotherapy, London: Tavistock/Routledge, 1989, 30에서 인용.

16— Marineau, Jacob Levy Moreno, 44에서 인용.

17— Jacob Moreno, Who Shall Survive?: Foundations of Sociometry, Group Psychotherapy and Sociodrama, Beacon, NY: Beacon House, 1953, 7.

18— Linton Freeman, The Development of Social Network Analysis: A Study in the Sociology of Science, Vancouver: Empirical Press, 2004.

19— 다음을 볼 것. 'Over 38 Percent of Americans Suffer from Internet Addiction', english.pravda.ru, 24 June 2013.

20— Dave Thier, 'Facebook More Addictive Than Cigarettes, Study Says', forbes.com, 2 March 2012.

21— Damien Pearse, 'Facebook's "Dark Side": Study Finds Link to Socially Aggressive Narcissism', theguardian.com, 17 March 2012.

22— Ethan Kross et al., 'Facebook Use Predicts Decline in Subjective Well-Being in Young Adults, PLOS One 8: 8, 2013.

23— Scott Feld, 'Why Your Friends Have More Friends Than You Do', American Journal of Sociology 96: 6, 1991.

24— Stephen March, 'Is Facebook Making Us Lonely?', theatlantic.com, 2 April 2012.

25— Jeremy Gilbert, 'Capitalism, Creativity and the Crisis in the Music Industry', opendemocracy.net, 14 September 2012.

## 7. 실험실에서 산다는 것

1— Jennifer Scanlon, 'Mediators in the International Marketplace: US Advertising in Latin America in the Early Twentieth Century', The Business History Review 77: 3, 2003.

2— Jeff Merron, 'Putting Foreign Consumers on the Map: J. Walter Thompson's Struggle with General Motors' International Advertising Account in the 1920s', The Business History Review 73: 3, 1999.

3— Ibid.

4— Thomas Davenport and D. J. Patil, 'Data Scientist: The Sexiest Job of the 21st Century', Harvard Business Review, October 2012.

5— Viktor Mayer-Schönberger, and Kenneth Cukier, Big Data: A Revolution That Will Transform How We Live, Work and Think, London: John Murray, 2013.

6— Anthony Townsend, Smart Cities: Big Data, Civic Hackers, and the Quest for a New Utopia, New York: W. W. Norton & Company, 2013, 297.

7— Mark Harrington, 'How Social Intelligence Is Revolutionizing Market Research', business2community.com, 20 June 2013.

8— 'Carol Matlack, 'Tesco's In-Store Ads Watch You — and It Looks Like You Need a Coffee', businessweek.com, 4 November 2013.

9— Mark Bright, 'Facial Recognition Ads Planned for Manchester Streets', salfordonline.com, 28 May 2013.

10— Rob Matheson, 'A Market for Emotions', newsoffice.mit.edu, 31 July 2014.

11— James Armstrong, 'Toronto May Soon Track Residents' Online Sentiments About City Services', globalnews.ca, 17 June 2013; Sabrina Rodak, 'Sentiment Analysis: An Emerging Trend That Could Give Hospitals an Edge in Patient Experience', beckershospitalreview.com, 28 June 2013.

12— Dana Liebelson, 'Meet the Data Brokers Who Help Corporations Sell Your Digital Life', Mother Jones, November/December 2013.

13— Adam Kramer, Jamie Guillory and Jeffrey Hancock, 'Experimental Evidence of Massive-Scale Emotional Contagion Through Social Networks', Proceedings of the National Academy of the Sciences 111: 24, 2014.

14— Robinson Meyer, 'Everything We Know About Facebook's Secret Mood Manipulation Experiment', theatlantic.com, 28 June 2014.

15— Ernesto Ramirez, 'How to Measure Mood Using Quantified Self Tools', quantifiedself.com, 17 January 2013.

16— Matthew Killingsworth and Daniel Gilbert, 'A Wandering Mind Is an Unhappy Mind', Science 330: 6006, 2010.

17— Mount Sinai Medical Center, 'Neuroimaging May Offer New Way to Diagnose Bipolar Disorder', sciencedaily.com, 5 June, 2013; Lucy McKeon, 'The Neuroscience of Happiness', salon.com, 28 January 2012.

18— Steve Lohr, 'Huge New Development Project Becomes a Data Science Lab', bits.blogs.nytimes.com, 14 April 2014.

19— Shiv Malik, 'Jobseekers Made to Carry Out Bogus Psychometric Tests', theguardian.com, 30 April 2013.

20— Randy Rieland, 'Think You're Doing a Good Job? Not If the Algorithms Say You're Not', smithsonianmag.com, 27 August, 2013.

21— Cass Sunstein, 'Shopping Made Psychic', nytimes.com, 20 August 2014.

22— Rian Boden, 'Alfa-Bank Uses Activity Trackers to Offer Higher Interest Rates to Customers Who Exercise', nfcworld.com, 30 May 2014.

23— 'Moscow Subway Station Lets Passengers Pay Fare in Squats', forbes.com, 14 November 2013.

## 8. 비판적인 동물

1— Lizzie Davies and Simon Rogers, 'Wellbeing Index Points Way to Bliss: Live on a Remote Island, and Don't Work', theguardian.com, 24 July 2012.

2— Cari Nierenberg, 'A Green Scene Sparks Our Creativity', bodyodd.nbcnews.com, 28 March 2012.

3— 2011년 봄, 영국 심리학회는《정신 질환 진단 및 통계 편람》5판을 비판하는 내용으로 임상심리학자들이 작성한 공개서한을 발표했다.

4— 다음을 볼 것. Richard Wilkinson and Kate Pickett, The Spirit Level.

5— 영국의 행복경제학자 앤드류 오스왈드Andrew Oswald의 계산에 따르면, 실업자 한 사람이 실업의 부정적인 심리적 영향을 보상받으려면 연간 25만 파운드의 수당이 필요하다.

6— Sally Dickerson and Margaret Kemeny, 'Acute Stressors and Cortisol Responses: A Theoretical Integration and Synthesis of Laboratory Research', Psychological Bulletin 130: 3, 2004; Robert Karasek and Tores Theorell, Healthy Work: Stress, Productivity, and the Reconstruction of Working Life, New York: Basic Books, 1992.

7— Ronald McQuaid et al., 'Fit for Work: Health and Wellbeing of Employees in Employee Owned Businesses', employeeownership.co.uk, 2012.

8— David Stuckler and Sanjay Basu, The Body Economic: Why Austerity Kills, New York: HarperCollins, 2013.

9— 다음을 볼 것. CIPD Absence Management Annual Survey, cipd.co.uk, 2013.

10— Tim Kasser and Aaron Ahuvia, 'Materialistic Values and Well-Being in Business Students', European Journal of Social Psychology 32: 1, 2002.

11— Miriam Tatzel, M. '"Money Worlds" and Well-Being: An Integration of Money Dispositions, Materialism and Price-Related Behavior', Journal of Economic Psychology 23: 1, 2002.

12— Rik Pieters, 'Bidirectional Dynamics of Materialism and Loneliness: Not Just a Vicious Cycle', Journal of Consumer Research 40: 3, 2013.

13— Andrew Abela, 'Marketing and Consumerism: A Response to O'Shaughnessy and O'Shaughnessy', European Journal of Marketing, 40: 1/2, 2006, 5-16.

14— S. M. Amadae, Rationalizing Capitalist Democracy: The Cold War Origins of Rational Choice Liberalism, Chicago: University of Chicago Press, 2003.

15— Nafeez Ahmed, 'Pentagon Preparing for Mass Civil Breakdown', theguardian.com, 12 June 2014.

16— 이 액수는 애리얼리와 탈러를 섭외한 연설자 섭외 기관이 저자에게 알려준 금액이다.

17— 이 지점과 관련해서는 비트겐슈타인 철학자인 피터 해커Peter Hacker의 연구를 참고할 것. Max Bennett and Peter Hacker, Philosophical Foundations of Neuroscience, Hoboken: Wiley, 2003; and his unpublished paper, 'The Relevance of Wittgenstein's Philosophy of Psychology to the Psychological Sciences'.

18— "엄격하게 말해서 신경과학은 데카르트 철학이 마음에 속한다고 생각했던 것과 똑같은 범위의 속성들을 뇌에 속한다고 여긴다." Bennett and Hacker, Philosophical Foundations of Neuroscience, 111.

19— Ludwig Wittgenstein, Philosophical Investigations, Oxford: Blackwell, 2001, book 1, para 384.

20— Rom Harré and Paul Secord, The Explanation of Social Behaviour, Oxford: Basil Blackwell, 1972.

21— John Cromby, 'The Greatest Gift? Happiness, Governance and Psychology', Social and Personality Psychology Compass 5: 11, 2011.

22— Richard Bentall, Doctoring the Mind: Why Psychiatric Treatments Fail, London: Allen Lane/Penguin, 2009, xvii.

23— Les Back, The Art of Listening, Oxford: Berg, 2007, 7.

24— Harré and Secord, The Explanation of Social Behaviour, 107.

25— See Horwitz and WakeE eld, The Loss of Sadness; Mark Rapley, Joanna MoncrieU and Jacqui Dillon, eds. De-Medicalizing Misery: Psychiatry, Psychology and the Human Condition, Basingstoke: Palgrave Macmillan, 2011.

26— Raymond Williams, The Long Revolution, Cardigan: Parthian Books, 2011, 358. 이 점을 지적해준 제러미 길버트에게 감사의 말을 전한다.

27— Will Davies and Ruth Yeoman, 'Becoming a Public Service Mutual: Understanding Transition and Change', Oxford Centre for Mutual & Employee-owned Business, 2013; Will Davies, 'Reinventing the Firm', demos.co.uk, 2013.

28— Denis Campbell,'UK Needs Four-Day Week to Combat Stress, Says Top Doctor', theguardian.com, 1 July 2014.

29— 철학적으로 말해서 경쟁 관계에 있는 측정 영역 혹은 가치 영역들은 서로 독립적인 상태를 유지해야 한다는 주장은 다음과 관련한 것이다. Michael Walzer, Spheres of Justice, New York: Basic Books, 1983.